中國人權評論

第9辑

西南政法大学人权研究院　主办

主　　　编：张永和

副　主　编：何　为　周　力

本辑中文编辑：李国梁　杨雨莎　伍科霖　莫　林　朱晓灿
张　晗　李明伟　邓　晋

本辑英文编辑：朱元庆　朱　颖　孙　林　张　莉　席小琼
曹志建

U0833115

法律出版社
LAW PRESS · CHINA

China Human Rights Review

Volume 9

Host: Human Rights Institute at SWUPL

Editor-in-Chief: *Zhang Yonghe*

Associate Editors-in-Chief: *He Wei* *Zhou Li*

Chinese Editors-in-Charge:

Li Guoliang *Yang Yusha* *Wu Kelin* *Mo lin*

Zhu Xiaocan *Zhang Han* *Li Mingwei* *Deng Jin*

English Editors-in-Charge:

Zhu Yuanqing *Zhu Ying* *Sun Lin* *Zhang Li*

Xi Xiaoqiong *Cao Zhijian*

编辑委员会（按姓氏笔画排列）

顾　　问	文正邦　李　龙　李步云　郭道晖
主　　任	付子堂
副 主 任	孙长永　汪太贤　宋玉波　张永和　岳彩申
委　　员	丁宝同　王　洪　王学辉　王隆文　亓同惠
	邓　斌　毋爱斌　朱　颖　任惠华　向　燕
	全小莲　李　娟　李昌林　李超群　何　为
	张　力　张　震　张吉喜　张建文　张晓君
	张祺乐　陆幸福　陈　伟　陈　苇　陈步雷
	陈翠玉　周　力　周　伟　周　江　周尚君
	周祖成　周振超　郑晓均　孟庆涛　赵树坤
	胡大武　胡兴建　袁　林　徐　泉　高一飞
	唐　力　黄茂钦　梅传强　梁洪霞　颜德如
	潘国平

Editorial Board

Advisers

Wen Zhengbang Li Long Li Buyun Guo Daohui

Director

Fu Zitang

Associate Directors

Sun Changyong Wang Taixian Song Yubo
Zhang Yonghe Yue Caishen

Editorial Board Members

Ding Baotong Wang Hong Wang Xuehui Wang Longwen
Qi Tonghui Deng Bin Wu Aibin Zhu Ying
Ren Huihua Xiang Yan Quan Xiaolian Li Juan
Li Changlin Li Chaoqun He Wei Zhang Li
Zhang Zhen Zhang Jixi Zhang Jianwen Zhang Xiaojun
Zhang Qile Lu Xingfu Chen Wei Chen Wei
Chen Bulei Chen Cuiyu Zhou Li Zhou Wei
Zhou Jiang Zhou Shangjun Zhou Zucheng Zhou Zhenchao
Zheng Xiaojun Meng Qingtao Zhao Shukun Hu Dawu
Hu Xingjian Yuan Lin Xu Quan Gao Yifei
Tang Li Huang Maoqin Mei Chuanqiang Liang Hongxia
Yan Deru Pan Guoping

序

人权乃人类共同事业。人类虽得共享人权理念，然绝不否定人权理解差异之存在。现代多元社会，人权表述与人权实践之歧异性，实向人权多元发展开放空间。在此人权国际化背景下，中国能够为人类人权事业作出何种贡献？

中国近代转型，经历了并且仍然在经历着从西方到东方、从传统到现代之变迁。人权理念向中国传播，亦是中国向世界敞开胸怀。中国人权发展实为整个世界整体性变迁之缩版。世界人权浪潮正劲，中国独树一帜，足以为人权再添一抹新绿。经过30多年的努力，中国可以理直气壮地在世界面前讲人权了！中国人可以表达对人权之基本理论的独特理解，中国人可以向世界展示自己的人权实践，中国人可以对世界人权发展作出自己的评价。

中国之人权问题，首先乃中国之问题。此为中国人权研究的立场与基本出发点。基于此立场，关注中国人权，首必具中国问题意识。吾辈非狭隘民族主义者，然身为炎黄子孙，必有中华民族之责任担当。关注国家人权问题及状况，关注中国公民之基本生存状态，实即关注中华民族之未来。学术良心，不唯客观公允，亦有国家、民族与个体命运之关怀。尽管问题相同，然而学术应有学术之关怀方式。学术秉承理性精神，反思理论与实践。

西南政法大学人权研究学术氛围浓烈、底蕴深厚。既有学术耆老，亦不乏青年新锐；既显持成稳重，又呈朝气蓬勃。为砥砺思想、呼应实践，西南政法大学人权研究院创办《中国人权评论》，以学术方式关怀中国乃至于世界人权事业。

本书将在关注中国人权之理论与实践之时，亦环顾世界人权发展。或阐幽发微，穷究罅隙，通达学术前沿；或深入学理，钩沉史海，洞彻学术机理；或烛照实践，剥丝抽茧，展示现实状态；或寻经稽册，索引发明，评析人权典籍；或集中专题，条分缕析，展现立体视野。《中国人权评论》倡导观点争鸣，故不拘一格，不问出身学历，只以学术为准，诚邀天下道同者与谋共进。

史家司马迁有言："究天人之际，通古今之变，成一家之言。"《中国人权评论》无此宏愿巨力，唯欲提供学术交流平台，为人权略尽绵帛之力！

目 录

理论篇

实践篇

书 评

译 介

Contents in Brief

Theories

Practice

Book Review

理论篇

国家在公民权利和政治权利领域的域外义务

于　亮*　黄梅艳**

一、引言

本文对传统的以领土边界为限的国际人权义务观念提出挑战和反思。人权的权利主体是个人，义务主体是国家。[1] 然而，对某个特定国家而言，它有义务保障哪些人的人权呢？《中华人民共和国宪法》第二章的标题为“公民的基本权利和义务”，目前，我国宪法学界的最新研究成果表明：基本权利的享有者不以公民为限，其应该包括在我国领土内的外国人。不过，该研究成果尚不清楚基本权利的享有者是否包括在我国领土之外的人。[2] 此外，还有学者指出应以“世界公民”作为人权的权利主体，但该学者并未论及国家对在其领土外的人的人权保障义务问题。[3] 在经济全球化时代以及某些国家频繁开展海外军事行动的背景下，某国对他国人民享有的人权极有可能产生负面影响甚至直接损害。常见的例子有北约军事行动对域外人权的影响、美国在关塔那摩监狱（位于古巴领土内）的虐囚丑闻、澳大利亚在领海外拦截非法移民并将其集中关押在瑙鲁的难民营（难民未经审判被限制人身自由，难民营时常暴出性侵、虐待等丑闻）等。在国际法中，至少有三个分支与国家域外行为有关：关于尊重他国主权的一般国际法、保护武装冲突受难者的国际人道法，以及很少被想到的国际人权法。本文从国际人权法的视角研究国家对在其领土外的人是否负有人权保障义务。但这并不意味着前两个国际法分支不重要，而是基于以下现实考虑。第一，国家的域外行动并不必然侵犯他国主权但却影响域外人权，如北约军事行动在多数情况下获得了联合国安理会的授权。第二，虽然国际人道法主要解决域外问题，但其仅适用于武装冲突时期，且没有个人申诉机制。第三，国际人权法既适用于和平时期，也适用于武装冲突时期，并有丰富的个人申诉机制，允许权利受到侵害的个人直接申诉。事实上，欧洲人权法院已经审理了多起涉及域外人权的案件。

---

* 荷兰马斯特里赫特大学法学院博士候选人。

** 上海市锦天城律师事务所律师。

本文写作受国家留学基金委“国家建设高水平大学公派研究生项目”资助。

[1] 本文不考虑法人的人权问题。有关法人能否享有人权，参见徐显明、曲相霏：《人权主体界说》，载《中国法学》2001 年第 2 期。还需要说明的是，国际人权法涉及横向法律关系和纵向法律关系。前者是指一国对他国遵守国际人权条约的合理期待和法律利益，后者是指国家与条约所要保护的个人之间的关系，本文仅研究后者。

[2] 参见杨小敏：《论基本权利主体在新中国宪法文本中的变迁》，载《法学论坛》2011 年第 2 期。

[3] 参见曲相霏：《人、公民、世界公民：人权主体的流变与人权的制度保障》，载《政法论坛》2008 年第 4 期。

目前笔者发现最早探讨人权公约域外义务的文献是美国学者特奥多·麦伦(Theodor Meron)教授于1995年发表的《人权条约的域外性》一文,该文只有4页篇幅,核心观点是美国在入侵海地之后应当遵守美国加入的人权条约,特别要尊重当地民众的生命权、免受酷刑的权利和有关正当程序的权利。[4] 之后数年内,人权条约域外义务问题几乎无人问津。直到2001年,欧洲人权法院作出"班考维奇等诉比利时等国案"的判决,域外义务问题才真正成为国际人权法学界关注的焦点。参与此轮论战的主要是欧洲学者,他们提出了国家域外人权义务的理论,认为国家基于人权条约对在其领土外的人也负有人权义务。[5] 应当承认,域外义务理论的出发点是好的,其旨在敦促国家避免域外人权侵害,促进人权的普遍实现。域外义务理论得到人权条约监督机构和有关司法机构特别是欧洲人权法院的践行。域外义务理论最初是在公民权利和政治权利领域创立的,并有向经济、社会和文化权利领域扩张的趋势。[6] 虽然公民权利和政治权利方面的域外义务得到了欧洲学界的总体认可,但从现有文献来看,域外义务理论分化为两种不同的理论进路。早期观点认为,国家义务以管辖为前提,域外义务取决于对管辖的解释。晚近,少数学者提出,人权条约中的管辖条款只能约束积极义务的范围,而消极义务则不受其限。本文结合欧洲人权法院的判例,在比较两种不同理论进路的基础上试图说明早期理论的前提假设有误及论证方法不当,而晚近少数学者的观点则更可取。不过,前述少数学者的观点仍有局限性,不能很好地解释《公民权利和政治权利国际公约》(以下简称《B公约》)的域外义务。笔者将在晚近理论的基础上,运用基本权利功能分类的分析方法提出对《B公约》第2条的合理解释。

中国长期坚持和平与发展的方针,极少进行海外军事行动,在国际交往中也注意尊重他国的主权和人权。域外义务问题似乎与我国并无直接关系。不过,作为若干人权条约的缔约国以及已经签署正待批准的人权条约的签署国,中国有必要对国际人权法领域的最新理论和实践保持关注。况且,域外义务问题与我国存在潜在联系。中国已经在联合国安理会的授权下派遣军舰赴亚丁湾海域进行护航,与国际社会共同打击海盗。只是由于我国刑法没有关于海盗罪的规定,我国海军只对海盗进行驱离,并未将其捕获回国审判。[7] 与此相关的问题是,我国在打击海盗的同时是否需要保护海盗的人权,尽管这些海盗对我国而言是外国人并且不在我国境内。此外,需要强调的是,域外义务议题不仅与武装冲突时期的人权保护有关,在和平时期也有潜在的应用价值。例如,随着中国经济实

[4] See Theodor Meron,"Extraterritoriality of Human Rights Treaties",*The American Journal of International Law* 89,1995,pp. 78 – 79.

[5] See Sigrun Skogly and Mark Gibney,"Transnational Human Rights Obligations",*Human Rights Quarterly* 24,2002,pp. 781 – 798; Michal Gondek,*The Reach of Human Rights in a Globalising World: Extraterritorial Application of Human Rights Treaties*,Antwerp,Intersentia,2009. 美国学者也探讨域外人权问题,但他们的视角是美国宪法的域外适用。Jules Lobel,"Fundamental Norms,International Law,and the Extraterritorial Constitution",*The Yale Journal of International Law* 36,2011,pp. 312 – 315; Galia Rivlin,"Constitutions Beyond Borders: The Overlooked Practical Aspects of the Extraterritorial Question",*Boston University International Law Journal* 30,2012,pp. 151 – 162.

[6] 于亮:《国家在经济、社会和文化权利方面的域外义务》,载《法制与社会发展》2016年第1期。

[7] 参见邓大鸣:《论我国刑法与国际法海盗罪立法之接力》,载《郑州大学学报》(哲学社会科学版)2010年第5期;黄瑶、卢婧:《论索马里海盗的审判及处罚问题》,载《法学评论》2011年第6期。

力的提升,我国海外投资日益增多,域外义务如果得以证成,是否意味着中国有义务采取措施规范海外投资行为,使总部在我国的跨国公司在海外也能保护人权?

二、域外义务理论的两种进路

(一)早期观点:基于"管辖"的域外义务理论

1. 将管辖作为国家义务的前提条件

早期域外义务理论将《欧洲人权公约》第1条、《B公约》第2条第1款或《美洲人权公约》第1条作为论证的起点,并认为这些条款是关于国家义务的一般规定。其中,《欧洲人权公约》第1条规定:"缔约国应当确保在它们管辖之下的每个人享有本公约第一章所确定的权利和自由。"《B公约》第2条第1款规定:"本公约每一缔约国承担尊重和保证在其领土内和受其管辖的一切个人享有本公约所承认的权利……"《美洲人权公约》第1条规定:"本公约缔约国承担尊重本公约所承认的权利和自由,并确保在其管辖下的人自由并充分地享有那些权利和自由……"学者们将上述条款中的"管辖"理解为国家义务的必要条件,并以此为前提构建域外义务理论,这也是目前学界的主流观点。[8] 据此观点,域外义务取决于对管辖的解释。换句话说,域外管辖是引起国家域外义务的前提条件。在此基础上,早期域外义务理论认为,应当对人权法中的管辖作扩张解释,因为人权法中的管辖不同于一般国际法中的管辖,前者的目的是决定国家是否有义务做某事,而后者的目的是决定国家是否有资格做某事。[9]

域外义务理论的早期观点深受欧洲人权法院受理的"班考维奇等诉比利时等国案"(Banković and Others v. Belgium and Others)的影响。在该案中,欧洲人权法院认为,公约义务应以"全有或全无"的方式适用,管辖是引起全部国家义务的前提条件。[10] 法院明确否定了申诉人提出的积极义务可以根据国家对个人的控制程度来调整的观点。[11] 按照申诉人的观点,国家对个人不同程度的控制可以引起不同程度的国家义务。然而,法院则认为管辖是公约整体义务适用的前提条件。在"伊沙等诉土耳其案"(Issa and Others v. Turkey)中,欧洲人权法院再次重申,管辖是国家对其侵犯权利的作为或不作为承担责

[8] See Michal Gondek, "Extraterritorial Application of the European Convention on Human Rights: Territorial Focus in the Age of Globalization?", *Netherlands International Law Review* 52, 2005, p. 352; Wouter Vandenhole, "Beyond Territoriality: The Maastricht Principles on Extra-Territorial Obligations in the Area of Economic, Social and Cultural Rights", *Netherlands Quarterly of Human Rights* 29, 2011, p. 430; Samantha Besson, "The Extraterritoriality of the European Convention on Human Rights: Why Human Rights Depend on Jurisdiction and What Jurisdiction Amounts to", *Leiden Journal of International Law* 25, 2012, p. 860.

[9] See Marko Milanović, "From Compromise to Principle: Clarifying the Concept of State Jurisdiction in Human Rights Treaties", *Human Rights Law Review* 8, 2008, pp. 417-422.

[10] See The European Court of Human Rights, Banković and Others v. Belgium and Others, Grand Chamber, Decision as to the Admissibility of Application, 12 December 2001, para. 75.

[11] Ibid., paras. 75-76.

任的必要条件。[12] 早期域外义务理论没有深刻反思将管辖作为国家整体义务的前提条件的观点,而是在其基础上试图对管辖进行扩张解释。比如,迈克尔·贡德克(Michal Gondek)博士认为,适用《欧洲人权公约》的前提是受害人在受到侵害的相关时间内处于缔约国的管辖下。[13]

然而,早期观点有意无意地忽略了不同人权条约之间的细微差别。在描述国家义务时,《欧洲人权公约》笼统地使用"确保"一词,没有区分消极义务和积极义务。而《B公约》和《美洲人权公约》则明确区分了消极义务和积极义务,分别使用"尊重"和"保证"(或"确保")的表述。在《美洲人权公约》中,管辖仅仅限制积极义务,而消极义务则不受管辖的限制。《欧洲人权公约》没有区分消极义务和积极义务,单从字面来看,既可以认为管辖仅仅限制积极义务,又可以认为管辖同时限制消极义务和积极义务。早期观点显然认为管辖同时限制消极义务和积极义务。《B公约》区分了消极义务和积极义务,但它的独特之处在于使用了"领土和管辖"的措辞,而非单一的管辖,而且从表面来看,"领土和管辖"似乎同时限制消极义务和积极义务。

笔者对早期观点的前提假设有两点质疑。其一,《欧洲人权公约》第1条、《B公约》第2条第1款或《美洲人权公约》第1条都是关于国家义务的总体规定吗?或者说它们是国家义务的充分必要条件吗?笔者认为,至少对《B公约》来说并非如此。从条文所处的位置来看,"领土和管辖"条款并不在第1条,而在第2条。如果是关于国家义务的总体规定,为何不放在第1条?此外,"领土和管辖"条款也仅仅出现在第2条第1款中,而第2条另外两款也实质性地规定了国家义务。因此,将领土和管辖条款理解为国家义务的充分条件而不是必要条件似乎更妥。

其二,为何认为管辖同时约束消极义务和积极义务?《美洲人权公约》明文规定管辖仅仅限制积极义务而非消极义务。《欧洲人权公约》中的管辖条款和《B公约》中的领土和管辖条款也不尽然同时限制消极义务和积极义务。人权事务委员会在关于缔约国一般义务的《第31号一般性意见》中指出:"缔约国承担的一般义务是:尊重《B公约》承认的权利并且确保在其领土内和受其管辖的一切个人享有这些权利。"[14] 从这句评论来看,人权事务委员会认为领土和管辖条款仅仅限制积极义务而非消极义务。不过,令人遗憾的是,人权事务委员会在同一文件中作出了自相矛盾的解释,其在另一处指出《B公约》第2条第1款意味着"缔约国必须尊重和确保在其权利范围内或者有效控制下的任何人享受《B公约》所规定的权利。"[15] 人权事务委员会似乎又认为领土和管辖条款同时限制消极义务和积极义务,只不过将"和"字解释为"或"的含义。

---

[12] See The European Court of Human Rights, Issa and Others v. Turkey, Chamber, Judgment, 30 March 2005, para. 66.

[13] See Michal Gondek, "Extraterritorial Application of the European Convention on Human Rights: Territorial Focus in the Age of Globalization?", *Netherlands International Law Review* 52, 2005, p. 352.

[14] 人权事务委员会:《第31号一般性意见:〈B公约〉缔约国的一般法律义务的性质》,文件编号:CCPR/C/21/Rev.1/Add.13,归档日期:26 May 2004,第3段。

[15] 同上,第10段。

2. 对《B 公约》第 2 条第 1 款中领土和管辖的分离解释

当然,早期观点也意识到《B 公约》领土和管辖条款的独特性。在所有公民权利和政治权利类的条约中,只有《B 公约》采用“领土”和“管辖”双重标准,其他条约均采用单一的“管辖”标准。如果按数学中集合的概念来看,领土和管辖存在交集,但不存在一个包含另一个的问题。一方面,在一国领土内的人通常被认为处于国家的管辖下,只有少数在一国领土内的人不在该国的管辖下,如来访的外国国家元首、在该国办公的国际组织公务员等。另一方面,在一国领土外的人也可能处于该国的管辖下,如船旗国或航空器注册国对驶出其领土的船舶或航空器及其乘客的管辖,或者国家使馆人员在驻在国对本国公民行使一定的管辖。

在上述早期观点预设的前提假设基础上,《B 公约》领土和管辖条款中“和”(英文为“and”)字意味着国家仅对在其领土内并且在其管辖下的人负有人权义务。如此,域外义务便无从谈起。为了得到国家有域外义务的结论,早期观点忽略“和”的字面意思,对领土和管辖作分离解释,即认为国家对在其领土内或在其管辖下的人负有人权义务。[16] 其实质是将“和”解释为“或”的含义,这种解释得到包括国际法院在内的国际司法或准司法机构的支持。

人权事务委员会在《第 31 号一般性意见》中指出:“第 2 条第 1 款规定,缔约国必须尊重和保证在其领土内和受其管辖的一切个人享有《B 公约》所承认的权利。这就意味着缔约国必须尊重和确保在其权利范围内或者有效控制下的任何人享受《B 公约》所规定的权利。其中甚至包括不在缔约国领土上的一些人的权利。”[17] 也就是说,国家对在其领土外但在其管辖下的人负有人权义务。

在“在被占领的巴勒斯坦领土修筑隔离墙的法律后果的咨询意见”中,国际法院需要对《B 公约》第 2 条第 1 款的含义进行解释。法院认为,权利主体的范围既可以被解释为在缔约国领土内并在其管辖下的人,又可以被解释为在缔约国领土内的人和在该缔约国管辖下的人。在考察了《B 公约》的目的和宗旨以及人权事务委员会对该公约的解释之后,国际法院选择了后者,认为《B 公约》适用于国家在领土外行使管辖的行为。[18]

从最终效果来看,上述将“领土”和“管辖”分离的解释具有一定的合理性,它强调人权的普遍性,正如国际法院所言,符合《B 公约》的目的和宗旨。不过,其实质是将“和”字解释为“或”的含义,该解释是否符合《维也纳条约法公约》所宣示的条约解释习惯法方法值得商榷。《维也纳条约法公约》第 31 条第 1 款规定:“条约应依其用语按其上下文并参照条约之目的及宗旨所具有之通常意义,善意解释之。”将“和”解释为“或”虽然参照了《B 公约》的目的和宗旨,但不符合其通常含义。事实上,将“和”解释为“或”不仅不符合

---

〔16〕 See Dominic McGoldrick, “Extraterritorial Application of the International Covenant on Civil and Political Rights”, in F. Coomans and M. Kamminga, eds., *Extraterritorial Application of Human Rights Treaties*, Antwerp-Oxford, Intersentia, 2004, pp. 47 – 49.

〔17〕 人权事务委员会:《第 31 号一般性意见:〈B 公约〉缔约国的一般法律义务的性质》,文件编号:CCPR/C/21/Rev. 1/Add. 13,归档日期:2004 年 5 月 26 日,第 10 段。

〔18〕 See International Court of Justice, *Legal Consequences of the Construction of a Wall in the Occupied Palestinian Territory*, *Advisory Opinion* of 9 July 2004, paras. 108 and 111.

通常含义,甚至完全扭曲了"和"的含义。即使《维也纳条约法公约》第31条第3款允许参考"嗣后实践"和"适用于当事国间关系之任何有关国际法规则",也不应将某个词汇解释为与其意思完全相左的含义。"和""或"是两个完全不同的逻辑连接词,两者无论如何也不能互换。

此外,将"和"解释为"或"的另一个理由是如果不这样解释就会产生荒谬的结果。根据《维也纳条约法公约》第32条的规定,当根据第31条所作之解释的结果"显属荒谬或不合理时",可以使用包括《B公约》准备工作资料在内的补充资料来解释《B公约》。人权事务委员会在"洛兹多诉土耳其案"(Lopez Burgos v. Uruguay)中指出严格按照"和"的字面含义解释《B公约》第2条第1款将会产生非常荒谬的结果,即导致国家在他国领土从事在自己国家被禁止的侵犯人权的行为。[19] 托穆沙特委员(Christian Tomuschat)在该案的附属同意意见中提出参考《B公约》的缔约准备资料以避免荒谬的解释结果。[20] 他指出,各缔约国引入领土条款的本意是避开一些影响《B公约》实施的特殊情况:比如,一个国家通常不可能确保定居他国的本国公民的人权的充分实现。起草者绝没有放纵国家在他国肆意从事在本国被禁止的侵犯人权的行为。[21] 适用《维也纳条约法公约》第32条的前提条件是根据第31条的解释方法得到的结果显然荒谬。然而,上述所谓荒谬结果并非按字面意思解释"和"字所导致的,而是由于对"领土和管辖"条款的作用对象("尊重"?"保证"?还是两者同时?)理解有误所导致的。

因此,对领土和管辖条款的分离解释在方法论上是错误的,其根源在于早期域外义务理论假设的前提有误。早期理论错误地认为"领土和管辖"条款是国家义务的必要条件。比较合理的理解是"领土和管辖"条款是国家义务的充分条件,而非必要条件。或者说,该条款仅仅限制国家的积极义务而非消极义务,正如《美洲人权公约》第1条规定的那样。

美国政府在国际社会坚决反对将领土和管辖条款的"和"解释为"或"。[22] 然而,令人遗憾的是,美国政府又赞同早期域外义务理论的前提假设,认为领土和管辖条款是国家义务的必要条件。其结果是,美国政府否认任何域外义务。不过,值得注意的是,美国政府虽然在国际层面上坚决反对任何域外义务,但其国内宪法实践已经抛弃了此种观念。晚近美国联邦法院的判例表明,政府在《权利法案》下有域外尊重人权的义务。在"布迈丁诉布什案"(Boumediene v. Bush),联邦最高法院认为,被美军在阿富汗及美国本土之外其他国家俘获的关押在关塔那摩监狱(位于古巴)的外国人有权获得宪法性的人身保护法的保护。[23] 法院的主要理由为:关塔那摩监狱虽然在他国领土,但处在美国的绝对的和无期限的控制下。[24]

---

〔19〕 See Human Rights Committee, Sergio Euben Lopez Burgos v. Uruguay, CCPR/C/13/D/52/1979, 29 July 1981, para. 12(3).

〔20〕 Ibid., Individual opinion by Mr. Christian Tomuschat.

〔21〕 Ibid.

〔22〕 See Human Rights Committee, Consideration of Reports Submitted by States Parties under Article 40 of the Covenant, United States of America, 28 November 2005, CCPR/C/USA/3, Annex I, p. 109.

〔23〕 See Boumediene v. Bush, 553 U.S. 723(2008).

〔24〕 Ibid.

3. 对管辖的扩张解释

在上述前提假设基础上,早期域外义务理论通过对管辖进行扩张解释来证成域外义务。从现有文献来看,多数学者认为,人权条约中的管辖与一般国际法中的管辖服务于不同目的,因此应作不同的理解。[25] 这种观点得到欧洲人权法院的支持。

(1)管辖主要以领土为限,例外扩展到领土外

欧洲人权法院认为,《欧洲人权公约》第1条所指的管辖主要限于缔约国的领土内,只有在例外情况下才扩展到缔约国的领土外。法院认为,作为例外的域外管辖需要逐案证成,并根据具体案件事实来判断是否成立。[26] 法院在数个案例中逐渐阐明了下列两种例外情形。

(2)例外一:对他国领土的有效控制

在"塞浦路斯诉土耳其案"(Cyprus v. Turkey)中,欧洲人权法院认为,当缔约国对他国领土进行有效控制时,在该领土上的人就处于缔约国的管辖下,缔约国对这些人就负有人权义务。[27] 在"班考维奇等诉比利时等国案"中,法院虽然确认了缔约国对他国领土的有效控制构成《欧洲人权公约》第1条所指的管辖,但认为这种情形并不适用于对《欧洲人权公约》非缔约国领土的控制。原因在于,法院认为公约是区域性条约,其目的和宗旨在于确保欧洲的人权,即公约具有"法律空间"(convention legal space)。[28] 不过,"法律空间"的概念明显违背了人权条约的非互惠性特点,欧洲人权法院后来抛弃了这一概念。在"斯卡伊尼等人诉英国案"(Al-Skeini and Others v. the United Kingdom)中,法院认为对任何国家的领土的有效控制均使缔约国对该领土上的人负有人权义务。[29]

(3)例外二:对人的权威和控制

在"奥卡兰诉土耳其案"(Öcalan v. Turkey)中,欧洲人权法院认为,当肯尼亚官员在肯尼亚国际机场将申请人交给土耳其官员后,申请人就有效地处于土耳其的权威下,因此从那时起申请人属于在缔约国(土耳其)管辖下的人。[30] 在"伊沙等人诉土耳其案"中,法院认为对人的"权威和控制"(authority and control)构成《欧洲人权公约》第1条所指的管辖。[31] 在"斯卡伊尼等人诉英国案"中,法院再次重申对人的权威和控制构成管辖。[32] 在对人的权威和控制标准下,争议较大的问题是"是否需要对人进行身体上的现实控制"。换句话说,管辖的成立是否以国家实际羁押某人(in the custody of the state)为前提。由于科技的发展,国家有能力对在他国领土上的人实施远程精确打击。国家在实施远程

---

[25] See Marko Milanovic, "From Compromise to Principle: Clarifying the Concept of State Jurisdiction in Human Rights Treaties", *Human Rights Law Review* 8, 2008, p. 417.

[26] See The European Court of Human Rights, Jaloud v. The Netherlands, Judgment, 20 November 2014, para. 139.

[27] See The European Court of Human Rights, Cyprus v. Turkey, Judgment, 10 May 2001.

[28] See The European Court of Human Rights, Banković and Others v. Belgium and Others, Grand Chamber, Decision as to the Admissibility of Application, 12 December 2001.

[29] See The European Court of Human Rights, Al-Skeini and Others v. the United Kingdom, Grand Chamber, Judgment, 7 July 2011.

[30] See The European Court of Human Rights, Öcalan v. Turkey, Grand Chamber, Judgment, 12 May 2005.

[31] See The European Court of Human Rights, Issa and Others v. Turkey, Chamber, Judgment, 30 March 2005.

[32] See The European Court of Human Rights, Al-Skeini and Others v. the United Kingdom, Grand Chamber, Judgment, 7 July 2011.

打击之前并没有事先羁押某人,于是产生了远程精确打击本身是否构成管辖的问题。多数学者认为,管辖的成立不以实际羁押为前提,并提出“起因和结果”(cause and effect)标准来判断对人的权威和控制,即只要国家的行为直接影响在他国领土的人就对这些人产生管辖。[33] 在晚近的“贾鲁德诉荷兰案”(Jaloud v. The Netherlands)中,欧洲人权法院表明对人的权威和控制不以实际羁押某人为前提,国家行为对个人产生直接不利影响的事实本身即属于对人的权威和控制。[34]

虽然欧洲人权法院一再声称管辖主要限于缔约国领土内,只在例外情形时扩展到缔约国领土外,但其在个案中确立的具体标准大大缩小了管辖的内涵,使管辖的外延远远大于一般国际法中管辖的外延。特别是在对人的权威和控制标准下,法院甚至认为,只要国家行为对个人产生直接不利影响就对该人行使了管辖。有学者将欧洲人权法院的标准总结为,管辖是国家与个人之间的“事实关系”而非“法律关系”。[35] 当然,欧洲人权法院对管辖的态度也经历了一次重大转变。在2001年“班考维奇案”判决之际,西方国家面临着反恐战争的压力。法院显然被政治大环境所影响,不愿阻碍反恐战争的进行,于是对管辖采取较高的标准,强调依据一般国际法解释管辖。然而,“班考维奇案”判决引起了广泛批评,被认为体现了非常荒谬的、以欧洲为中心的人权观念。[36] 于是,自“伊沙案”之后,欧洲人权法院逐渐对管辖进行扩张解释,形成上述非常宽松的判断管辖的标准。不过,欧洲人权法院过于强调人权法的自治性,严重背离一般国际法对管辖的界定,产生了确定性不足的问题。此外,降低管辖的门槛是否意味着对国家施加了过重的义务负担?这正是“班考维奇案”判决所令人担忧的问题。从目前的案例来看,这个问题尚未显现,原因在于,迄今为止的北约军事行动系列案件通常只涉及国家对被害人死亡事件进行调查的程序性义务,尚无案件挑战国家的实体性积极义务。

(二)晚近观点:管辖仅限制积极义务的范围

针对早期域外义务理论和实践存在的不足,晚近有学者提出了新观点。马科·米拉诺维奇(Marko Milanovic)在《人权条约域外适用:法律、原则和政策》一书中认为,消极义务不受管辖的限制,管辖仅仅限制积极义务。[37] 该作者指出,欧洲人权法院将管辖作为国家义务的门槛是不合适的,因为无论采取对领土的有效控制标准还是对人的权威和控制标准都会使法院自身陷入两难境地:第一个标准门槛过高,容易放纵国家逃避义务;第

〔33〕 See Hugh King, “The Extraterritorial Human Rights Obligation of States”, *Human Rights Law Review* 9, 2009, pp. 530, 552 – 553; Beth Van Schaack, “The United States' Position on the Extraterritorial Application of Human Rights Obligations: Now is the Time for Change”, *International Law Studies* 90, 2014, pp. 41 – 49.

〔34〕 See The European Court of Human Rights, Jaloud v. The Netherlands, Judgment, 20 November 2014, para. 139.

〔35〕 See Hugh King, “The Extraterritorial Human Rights Obligation of States”, *Human Rights Law Review* 9, 2009, p. 556.

〔36〕 See Erik Roxstrom, Mark Gibney, and Terje Einarsen, “The NATO Bombing Case (Bankovic et al. v. Belgium et al.) and the Limits of Western Human Rights Protection”, *Boston University International Law Journal* 23, 2005, pp. 135 – 136.

〔37〕 See Marko Milanovic, *Extraterritorial Application of Human Rights Treaties: Law, Principles and Policy*, New York, Oxford University Press, p. 209.

二个标准门槛太低，容易给国家增加其无法履行的义务。[38] 由于管辖的作用是限制国家的积极义务，为了避免给国家带来过重的负担，作者认为，在解释管辖时应采空间标准，即上文提及的对他国全部或部分领土的有效控制标准。[39] 据其理论，国家对一切人负有尊重的义务，即消极不作为义务。无论这些人身在何处，也无论这些人是否在国家的管辖下，国家仅对在其有效控制领土内的人负有积极义务。也就是说，管辖是国家义务的充分条件，而非必要条件。笔者总体上赞同该作者的观点，其理论具有以下优点。第一，该理论清晰明了，解决了欧洲人权法院判例法确定性不足的问题。第二，该理论找到了早期理论和实践的问题根源，后者的前提假设有误，把管辖作为全部国家义务的前提。第三，该理论合理地平衡了国家与个人的关系，国家履行消极义务不受能力限制，因此国家对一切人负有尊重的义务；但国家履行积极义务通常受能力和空间所限，因此该理论将域外积极义务限定于在国家有效控制下的领土，因为国家在这些领土行使权力的能力如同在其本国领土一样。

当然，正如作者自己所言，该理论也有局限性并不完美。第一，该作者承认消极义务和积极义务的划分并非泾渭分明，并坦言某些积极义务也不受管辖条款的限制。[40] 事实上，积极义务又可分为程序性积极义务和实体性积极义务。作者认为实体性积极义务和预防或惩罚私人侵犯人权的程序性积极义务均受管辖条款的限制，只有预防或惩罚政府官员侵犯人权的程序性积极义务不受管辖条款的限制。[41] 然而，笔者反对预防或惩罚私人侵犯人权的程序性积极义务均受管辖限制的观点。对于那些源于缔约国领土内的私人侵害，该国仍有程序性积极义务，而不论受害人受侵害时是否在其管辖下。[42] 如下文所示，晚近人权条约机构的实践支持了笔者的观点。第二，上述理论的作者也意识到不同人权条约的管辖条款不尽相同，但他没有分别探讨对每个人权条约的解释，而是整体上提出适用于所有人权条约的域外义务理论。应当承认，该理论比较适合解释《欧洲人权公约》的域外义务，事实上该书作者也主要是在欧洲人权体制内探讨相关问题。总体来说，上述理论具有一定的可取之处，但不能直接应用于对《B 公约》的解释，需要进行一定的修正和完善，原因在于《B 公约》的条文结构和具体条款明显不同于《欧洲人权公约》。

三、对《B 公约》域外义务的合理解释

（一）《B 公约》第 2 条的结构分析

早期域外义务理论的错误在于将《B 公约》第 2 条第 1 款视为国家义务的总体表述。

---

〔38〕 See Marko Milanovic, *Extraterritorial Application of Human Rights Treaties: Law, Principles and Policy*, New York, Oxford University Press, p. 209.

〔39〕 Ibid., p. 201.

〔40〕 Ibid., p. 216.

〔41〕 Ibid.

〔42〕 参见于亮：《〈经济、社会和文化权利国际公约〉中母国规制跨国公司的义务——兼评经济、社会和文化权利委员会的最新实践》，载《环球法律评论》2014 年第 6 期。

笔者认为,《B公约》第2条整体才是国家义务的总体表述。《B公约》第2条规定择要如下:

> 一、本公约每一缔约国承担尊重和保证在其领土内和受其管辖的一切个人享有本公约所承认的权利……
>
> 二、凡未经现行立法或其他措施予以规定者,本公约每一缔约国承担按照其宪法程序和本公约的规定采取必要的步骤,以采纳为实施本公约所承认的权利所需的立法或其他措施。
>
> 三、本公约每一缔约国承担:
>
> (甲)保证任何一个被侵犯了本公约所承认的权利或自由的人,能得到有效的补救,尽管此种侵犯是以官方资格行事的人所为;
>
> (乙)保证任何要求此种补救的人能由合格的司法、行政或立法当局或者由国家法律制度规定的任何其他合格当局断定其在这方面的权利,并发展司法补救的可能性;
>
> (丙)保证合格当局在准予此等补救时,确能付诸实施。

《B公约》第2条第1款同时提到了消极义务和积极义务,第2条第2款是对实体性积极义务的进一步细化,第2条第3款则是对程序性积极义务的进一步细化。国内学界已经基本认可按基本权利功能分类的基本权利分析框架。基本权利具有防御权功能、受益权功能和客观价值秩序功能,分别对应国家的消极义务、给付义务和保护义务。[43] 给付义务属于实体性积极义务,保护义务属于程序性积极义务。这是一种层进式的国家义务体系,对国家而言,履行消极义务、程序性积极义务和实体性积极义务的难度依次增加。[44] 每个类型的义务相对独立,且各自在《B公约》中对应不同的条文,因此可以分别确定其是否具有域外性。

(二)消极义务的范围

消极义务是一种不作为义务,它要求的是国家的克制。从这类义务本身特性来看,其范围不应受到管辖条款(或领土和管辖条款)的限制。也就是说,国家应当尊重一切人的人权,无论这些人是否在其领土内或者是否在其管辖下。其背后的法理为国家不得在领土外从事在本国领土被禁止的行为。[45] 在这方面,《美洲人权公约》第1条就是很好的范例,它规定:"本公约缔约国承担尊重本公约所承认的权利和自由,并确保在其管辖下的人自由并充分地享有那些权利和自由……"其中,消极义务(尊重之义务)并不受管辖条

---

[43] 参见张翔:《基本权利的受益权功能与国家的给付义务——从基本权利分析框架的革新开始》,载《中国法学》2006年第1期。

[44] 参见龚向和、刘耀辉:《基本权利的国家义务体系》,载《云南师范大学学报》(哲学社会科学版)2010年第2期。

[45] See The European Court of Human Rights, Issa and Others v. Turkey, Chamber, Judgment, 30 March 2005, para. 71.

款的限制,管辖条款仅仅限制国家的积极义务(确保之义务)。国家加入人权条约就意味着对其他缔约国和全人类作出承诺,国家自身应当尊重所有人的人权,各人权条约的序言都表明了这一点,如《B公约》序言强调"对人类家庭所有成员的固有尊严及其平等的和不移的权利的承认"。因此,虽然《B公约》第2条第1款规定的是"尊重和保证在其领土内和受其管辖的一切个人享有本公约所承认的权利",但是应该将"在其领土内和受其管辖的"解释为仅仅是对积极义务的限制,而非对消极义务的限制。同时,从语法角度来看,"尊重"一词不能后接宾语补足语,而"保证"一词则可以。"尊重"一词的通常用法为"尊重某人"或"尊重某项权利",而不能说"尊重某人做某事"。由此观之,"在其领土内和受其管辖的一切个人享有"应该仅与"保证"一词连读,"尊重"应与"本公约所承认的权利"连读。总体来说,消极义务的范围不受限制,国家应当尊重一切人的人权。例如,在《第35号一般性评论》中,人权事务委员会指出:"缔约国不得在其境外任意或非法逮捕或拘留人员"。[46] 以美国在古巴设立的关塔那摩监狱为例,美国政府自身不得虐待囚犯,因为美国应当尊重一切人的人权,这是一种消极义务。

(三)积极义务的范围

积极义务的概念主要是欧洲人权法院等人权机构在司法实践中逐步发展起来的。与经济、社会和文化权利类公约不同,公民权利和政治权利类的人权公约通常采用消极义务的表述方式来描述某项具体权利或义务,即要求国家不得干预个人的某项自由或权利。受到宪法学关于基本权利和国家义务理论的影响,国际法理论和实务界逐渐接受了积极义务的概念,认为国家在公民权利和政治权利方面也有积极义务。[47] 比如,在著名的"X先生和Y小姐诉荷兰案"(X and Y v. the Netherlands)中,荷兰一名心智残疾的少女(Y小姐)遭到性侵犯,其父(X先生)要求检察官进行调查并追究加害人的刑事责任。[48] 荷兰当时的法律规定对此类性侵案件的刑事调查必须由受害者本人申诉才能启动。Y小姐因心智原因无法提出申诉,故荷兰检察官拒绝启动刑事诉讼程序。[49] X先生在欧洲人权法院的诉求之一是荷兰政府违反了其和Y小姐的私人和家庭生活获得尊重的权利(《欧洲人权公约》第8条)。[50] 欧洲人权法院认为,第8条不仅要求缔约国不得干预私人和家庭生活,还要求缔约国承担确保私人和家庭生活受到有效尊重的积极义务。[51] 法院认为,

---

〔46〕 人权事务委员会:《第35号一般性评论:第九条(人身自由和安全)》,文件编号:CCPR/C/GC/35,归档日期:2014年12月16日,第63段。

〔47〕 See Dimitris Xenos, *The Positive Obligations of the State under the European Convention of Human Rights*, London: Routledge, 2012, pp. 213 – 214.

〔48〕 See The European Court of Human Rights, X and Y v. the Netherlands, Chamber, Judgment, 26 March 1985, paras. 7 – 9.

〔49〕 Ibid., paras. 10, 11.

〔50〕 See The European Court of Human Rights, X and Y v. the Netherlands, Chamber, Judgment, 26 March 1985, para. 18. 此外,性侵犯与尊重私人生活的联系在于私人生活的概念包含个人的身体和精神的完整性的要求,因此性生活也属于私人生活的范畴。See The European Court of Human Rights, X and Y v. the Netherlands, Chamber, Judgment, 26 March 1985, para. 22.

〔51〕 See The European Court of Human Rights, X and Y v. the Netherlands, Chamber, Judgment, 26 March 1985, para. 23.

荷兰的刑事法律未能为心智残疾的少女提供有效保护，违反了第8条要求的积极义务。[52] 事实上，这种为了保障人权充分实现而要求政府采取措施（特别是制度性建设）的积极义务在《B公约》中也能找到依据——《B公约》第2条第2款规定："本公约每一缔约国承担按照其宪法程序和本公约的规定采取必要的步骤，以采纳为实施本公约所承认的权利所需的立法或其他措施。"

从欧洲人权法院的司法实践来看，积极义务可被细分为实体性积极义务（substantive positive obligation）和程序性积极义务（procedural positive obligation）。[53] 实体性积极义务，是指为确保公约权利的充分实现而需要国家采取的基本措施，通常为制度性的措施，如防止强迫劳动的措施、防止囚犯被其他囚犯虐待的措施、承认变性人的身份等。[54] 上述"X先生和Y小姐诉荷兰案"中的积极义务以及《B公约》第2条第2款的规定就属于实体性积极义务。程序性积极义务，是指缔约国为声称权利受到侵害的个人提供程序上救济的义务，如进行有效的调查、追究加害人的责任等。[55] 程序性积极义务也能在《B公约》找到依据。《B公约》第2条第3款规定："（缔约国）保证任何一个被侵犯了本公约所承认的权利或自由的人，能得到有效的补救，尽管此种侵犯是以官方资格行事的人所为。"对于程序性积极义务需要澄清一点：有学者认为，程序性积极义务仅包括对私人侵害的救济，不包括对公权力侵害的救济，后者属于因违反消极义务而产生的第二性义务。[56] 上述观点有一定的道理，但就《B公约》第2条第3款而言，程序性积极义务显然既包括对私人侵害的救济也包括对官方侵害的救济。总体来说，较之程序性积极义务，实体性积极义务对国家的要求更高。前者仅仅要求事后救济，后者要求事前预防并提供有效的制度保障。

笔者认为，《B公约》的实体性积极义务的范围受到"在其领土内和受其管辖的"条款约束。不过，此处对"和"字的解释大可直接采用字面意思，无须背离字面含义将其解释为"或"的含义。因此，实体性积极义务的权利主体为在国家领土内的人。与消极义务不同，履行实体性积极义务需要国家投入大量资源，在主权国家并存的国际社会结构中不可能期待国家为他国人民的"福利"埋单。不可否认，国际社会的结构正在发生深刻变革，当今世界已经处于中等程度的合作型国际社会，并朝向更高程度的合作型社会发展。[57] 国际人权法领域的变革表现为强调通过国际合作促进人权的普遍实现。以食物权为例，所有国家都应该进行合作，提供一个有利的国际环境，促进实现所有国家的食物权，这种国际合作的义务在人权条约机构的实践中得到反复重申。[58] 即便如此，从严格的权利、义务角度来看，国际合作并非实质性地保证他国人民的人权，而仅仅是国家间的程序义

---

[52] See The European Court of Human Rights, X and Y v. the Netherlands, Chamber, Judgment, 26 March 1985, para. 30.

[53] See Jean-François Akandji-Kombe, "Positive Obligations under the European Convention on Human Rights", *Human Rights Handbooks* 7, Council of Europe, 2007, p. 16.

[54] Ibid.

[55] Ibid.

[56] 参见龚向和、刘耀辉：《论国家对基本权利的保护义务》，载《政治与法律》2009年第5期。

[57] 参见徐崇利：《国际社会的法制化：当代图景与基本趋势》，载《法制与社会发展》2009年第5期。

[58] 参见朱利江：《食物权视野下的全球农业贸易体制》，载《国际法研究》2014年第3期。

务。也就是说,国家有义务进行国际合作,但并不必然承担为他国人民提供食物的实质性义务。因此,《B公约》实体性积极义务的范围以国家领土为限。仍以美国在古巴设立的关塔那摩监狱为例,虽然美国自身不得虐囚(消极义务),但美国根据《B公约》没有义务确保囚犯不被其他囚犯虐待。这个结论是否荒谬?答案是否定的。首先,只是在《B公约》项下美国没有确保囚犯不被其他囚犯虐待的实体性积极义务,因为被虐囚犯不在美国领土内;然而,美国仍受国际人道法的约束,因为这些囚犯主要是战俘。其次,古巴政府对囚犯负有实体性积极义务,因为囚犯在古巴领土内。古巴作为主权国家,当然有权允许别国在本国领土设立监狱,但是如果古巴是《B公约》缔约国,那么允许的前提是要该国确保被关押囚犯的人权。

履行程序性积极义务也需要消耗国家的资源,但法治原则要求国家尽可能提供这种资源特别是司法资源,为声称权利受到侵害的人提供程序上的救济,只要国家与相关案件有充分联系并在国际法上有权处理此案。根据《B公约》第2条第3款至少可以推断出,如果有初步证据证明侵害是由以国家官方资格行事的人造成的,那么无论受害人受侵害时身在何处或者是否在国家管辖下,该国均有程序性的积极义务,如进行充分、有效的调查等。此外,《B公约》第2条第3款中的"尽管此种侵犯是以官方资格行事的人所为"表明,程序性积极义务包括但不限于对公权力侵权的救济,也包括对私人侵权的救济。晚近,国际人权监督实践表明,只要伤害源在某国领土,即便不是该国官方人员所为,也无论受害人受侵害时是否在该国领土或管辖下,该国都有程序性积极义务。比如,如果跨国公司在东道国侵犯人权,尽管受害人在受侵害时不在母国的领土或其管辖之下,母国也有程序性的调查义务。人权事务委员会在2012年针对德国的结论性意见中指出:"在欢迎缔约国采取措施为据称在海外违反相关人权标准的公司提供补救办法之际,人权事务委员会关切就上述所有违反人权的案情而论,这类补救办法可能还不够。人权事务委员会鼓励缔约国清晰阐明希望所有在本国境内开设和/或在该国司法管辖下的公司,在整个经营生产过程中依据《B公约》,尊重各项人权标准。人权事务委员会还鼓励缔约国采取适当措施加强所提供的补救措施保护因上述公司的海外经营运作活动蒙受伤害的人们。"[59]需要强调的是,正如其名称所示,这是一种程序性的义务,国家只要善意地进行调查、起诉等程序即可,但并不必然确保某种结果。再以美国在古巴设立的关塔那摩监狱为例,如果囚犯被虐待或遭受酷刑,无论虐囚者是否为美国官方人员,受害人均可以向美国寻求司法救济,因为美国虽然没有实体性积极义务,但仍有程序性积极义务。[60]

四、结语

在全球化时代,国家人权义务已不仅仅限于其领土范围,在某些情况下国家负有域外

---

〔59〕 人权事务委员会:《人权事务委员会第一〇六届会议通过的关于德国第六次定期报告的结论性意见(2012年10月15日至11月2日)》,文件编号:CCPR/C/DEU/CO/6,归档日期:2012年11月13日,第16段。

〔60〕 "布迈丁诉布什案"(Boumediene v. Bush)即为很好的例证。关塔那摩监狱囚犯以关押当局侵犯其正当程序权为由向美国联邦法院起诉,联邦法院受理了案件,并按公正的程序进行审理,这表明美国履行了程序性积极义务。案件实体部分的判决依据的是美国宪法,联邦最高法院认为,宪法具有域外性,适用于此案。

人权义务。欧洲早期域外义务理论错误地将管辖作为国家义务的前提,对管辖进行了过分扩张的解释,虽然其初衷是好的,但方法论存在缺陷。晚近域外义务理论认为,消极义务不受管辖限制,管辖仅限制积极义务的范围,且应采空间标准解释管辖,即管辖是对领土的有效控制。晚近理论具有一定的合理性,比较适合解释《欧洲人权公约》的域外义务,但不能用来解释《B公约》的域外义务。就《B公约》而言,消极义务的范围不受限制,国家应当尊重一切人的人权;实体性积极义务的范围以国家领土为限;程序性积极义务不以受害人在受到侵害时是否在国家领土或管辖之下为限,只要该国与相关案件有充分联系并在国际法上有权处理此案,国家就应当为受害人提供司法救济。

康德法哲学中的人权、所有权与国家

汤沛丰*

所有权的合法性问题是西方政治生活中的重要主题,它涉及整个政治架构的设计及其运作。在西方现代政治生活中,所有权之所以成为宪法上的基本权利,除了是社会发展的结果外,还有赖于早期启蒙哲学不可忽视的推动作用。

所有权的合法性根据何在?这是早期启蒙哲学家最关注的基本问题之一。关于这个问题的回答,霍布斯(Thomas Hobbes,1588～1679年)认为,所有权并非脱胎于人权,而是国家立法的产物。洛克(John Locke,1632～1704年)却认为,主体的劳动能将主体的属性与作为劳动对象的客体相混同,并使客体不可避免地具有主体通过劳动所赋予的属性,所有权无非是人权的延伸。而康德(Immanuel Kant,1724～1804年)则表明,所有权既不是国家立法的结果,也不是简单地通过劳动就能纳入人权的范畴,而是经由理性从人权中演绎出来的权利。

随之而来的问题是,所有权的原始取得是一种单方行为,它在自然状态中不可能得到普遍承认。对此,康德认为,应当以许可的方式,授权人们在自然状态中暂时取得对客体的所有权。康德为什么要引入许可法?他对此有着怎样一种问题意识?

为了回答康德法哲学中的上述问题,本文首先考察康德对人权与所有权之间关系的思考,以澄清康德与霍布斯、洛克这两位前辈的差别;之后揭示,在自然状态中,必须有一条许可法对原始取得授予法权效力。其次,从康德的角度出发,考察许可法的含义;在揭示出许可法含义后,分析康德所有权、许可法与国家的关系。最后,再现康德论述所有权和许可法的真正目的。

一、人权与所有权的关系

康德认为,某样物品,当且仅当其能够在法权上归为"我的"东西的时候,才能够成我的所有物。"法权上的'我的'(*meum iuris*)是这样的东西,我与它结合在一起,他人未经我的许可而使用它,就会对我造成侵害。"[1]这意味着,构成所有权需要包含以下要素:首先,主体能够对客体进行排他的使用;其次,客体与主体相互"结合";再次,主体有意作这种结合,他人不能未经我的"许可"来使用它;最后,违背我意志的使用会对我造成"侵害"。

---

* 暨南大学法学院讲师。

〔1〕 Immanuel Kant,Kant's gesammelte Schrifften,Band VI,a. a. O. ,S. 245.

可以说，构成所有权的诸要素中，最为关键的要素有二：一是主体必须能够排他地使用客体，二是主客体的结合。第一点涉及的问题是，主体对客体的使用是否只能是排他的，如果没有这一可能性，则意志的行动就没有专属的施展空间。由于排他地使用指向的是未来的使用，所以它需要主体有可能保留该客体。而第二点恰恰涉及这种保留之合法性的问题，即主体与客体如何结合，才能够使上述这种保留得以在法权上具有可能性，使主体有权利去保留该客体。

那么，洛克式的劳动是否符合这一主客体相结合的要求呢？

洛克认为，劳动是主体混同与其人格属性的媒介，能够使客体归为主体的一部分，进而以主体与生俱来的人权来保障其未来排他地使用该客体的可能性。

在《论美感与崇高》与《法权学说准备性写作》中，康德确实曾以劳动作为主体获得某物的媒介。但在他将批判哲学引入法哲学以后，逐渐摒弃了这个看法。劳动作为一种外在地对客体的表象进行改造的行动，不可能触及客体的本体，因而无法在根本上使客体具有劳动主体的属性，也不可能将客体纳入人权的范畴。倘若洛克依然要解释这种归属的可能性，就必须使劳动的客体人格化，将其当作法权关系中的义务主体。据此，劳动的主体通过加工仿佛给该物强加了一种责任，以至于它虽然“已经不在第一个占有者手中了，但毕竟始终对他负有义务，就是说，它拒绝任何别的僭妄的占有者，因为它已经对前一个占有者负有责任。而且就这样，我的权利就像是一个陪伴着物、保护它不受任何外来侵袭的守护神一样，总是把外来的占有者指引向我”。[2] 康德认为，这显然是荒谬的，物和人格是两个相反的概念，刻意将其结合无非是一种“欺骗”。[3]

康德的批判表明，他并不同意身体的行动能使主体的属性附加到客体上，从而将其纳入到人权的范畴，更不同意将客体理解为一种义务主体，而要在劳动模式以外寻求使主客体相结合的方式。

由于劳动模式并不可行，康德把目光投向传统，采用占有模式来建立起主体和客体的联系，使主体能够在法律上独享客体。由于占有是使主体和客体相互结合的行动，因此康德认为，“使用可能性的一般主观条件就是占有”，[4] 而“一个人想声称一个物是自己的，就必须处在对一个对象[5]的占有中”。[6] 在罗马法上，占有（*possessio*）主要涉及对于物（主要是土地）的持有和使用的可能性。[7] 康德所着眼的正是这一传统概念中主体、持有和土地使用之间所存在的相互关系，这也意味着康德所采取的是一种反思性的策略。

---

[2] Immanuel Kant, *Kant's gesammelte Schrifften*, Band VI, hrsg., von Königlich Preußischen Akademie der Wissenschaften, Berlin: Walter de Gruyter & Co., 1968, S. 260. 本文中引用凡涉及皇家普鲁士科学版《康德著作全集的》之处，主要参考以下中译本：李秋零主编：《康德著作全集》，中国人民大学出版社2007年版。

[3] See Immanuel Kant, *Kant's gesammelte Schrifften*, Band VI, a. a. O., S. 269.

[4] Immanuel Kant, *Kant's gesammelte Schrifften*, Band VI, a. a. O., S. 245.

[5] 在法权学说中，客体（Objekt）和对象（Gegenstand）几乎是同义词。

[6] Immanuel Kant, *Kant's gesammelte Schrifften*, Band VI, a. a. O., S. 247.

[7] See Kenneth R. Westphal, "Do Kant's Principles Justify Property or Usufruct?", *Jahrbuch für Recht und Ethik/Annual Review of Law and Ethics* 5, 1997, S. 149.

"占有"这个概念首先让人们联想到一种在时空之中作出的行动。占有概念在德语中是Besitz,在拉丁语中则是*possidere*,两者的词根都有"坐下"之意,因而它形象地展示出以下图景:一个人坐在"土地上的一处"[8]或凭借自身的"人身(*Leibe*)"去覆盖该处土地。因为每个人都有与生俱来的权利运用其人身来行动,所以每个人都有权利凭借其人身去覆盖一处土地。就此而言,没有人"能够强迫我,去为他腾出该我和该处土地所处的空间,因为他借此会有损我的法律自由"。[9] 这样的支配称为"物理占有"或"持有(*detentio*)"[10],借助它,主体就能够通过自己的身体以物理接触的方式去支配土地。但这只是对占有概念非常形象化的理解,通过反思,我们将看到其更丰富的内涵。

首先,占有的对象其实不仅仅限于土地,而是包含所有的不动产和动产,康德将两者定位为一种类似于实体和偶性的关系,就此而言,所有的动产都依附于不动产。[11]

其次,这里面临着一个问题,主体和客体以物理的方式相结合是否真的足以产生出一项权利,使主体能够保留将来排他使用对象的可能性。如果答案是肯定的,则这种占有不但是一种物理占有,更是法权占有。在这种情形下,若他人未经我的同意改变我的占有状态,也会改变我的权利,并构成侵权。

康德否定物理占有具有构建起上述权利的可能性。而之所以如此,其根源在于,以该方式所理解的占有会导致主体的自由被客体所奴役:

> 既然纯粹实践理性仅仅把任意(Willkür)所使用的形式法则奠定为基础,因而不考虑任意的质料,即不考虑客体当它只是任意的一个对象时的其余性状[笔者按:对象和客体是同义词],所以,就这样一个对象而言,纯粹实践理性就不可能包含使用该对象的任何绝对禁令,因为这种禁令将会是外在自由与自身的一个矛盾。[12]

这段话是所有权演绎的关键段落,因为它表达了如下意思:如果我们不以形式的方式来把握客体,会使自由概念自相矛盾。但是,它为什么会导致这一矛盾呢?康德在此处语焉不详,但他在《法权学说的准备性写作》中还有大量表达类似信息的段落,论述要清楚得多:

> 假设最终只有物理占有是必要的,那么我们的自由任意在对客体的使用问题上就会使自身依赖于客体,也就是说,不仅仅是任意,还有自由在对客体的使用上(该客体一般处在自由的支配力之下)受到客体的限制;而这是不可能的。[13]

---

[8] Immanuel Kant, *Kant's gesammelte Schrifften*, Band XXIII, Hrsg., von der Deutschen Akademie der Wissenschaft zu Berlin, 1968, S. 231.

[9] Immanuel Kant, *Kant's gesammelte Schrifften*, Band XXIII, a. a. O., S. 231.

[10] Immanuel Kant, *Kant's gesammelte Schrifften*, Band XXIII, a. a. O., S. 307.

[11] See Immanuel Kant, *Kant's gesammelte Schrifften*, Band VI, a. a. O., S. 261.

[12] Immanuel Kant, *Kant's gesammelte Schrifften*, Band VI, a. a. O., S. 243.

[13] Immanuel Kant, *Kant's gesammelte Schrifften*, Band XXIII, a. a. O., S. 213.

物理占有又被康德称为"现象占有"(*possesio phaenoumenon*),因为它着眼的是客体的物理属性、经验条件和现象方面,所以康德认为,仅仅以物理占有来结合主体和对象,并将这种结合作为所有权的根据,会使主体自由与物的经验条件相互纠缠不清。换言之,主体想要排他使用客体,必须不停地以其身体接触客体,造成人被物所奴役的局面。为了避免这种状态的发生,必须在一种非物理性的占有中寻找所有权的根据。

非物理性占有又被康德称为"本体占有"(*possesio noumenon*)、"理知占有"、"理性占有"、"观念占有"或"法权占有"。尽管部分用语比较生僻,但意思却并不含糊,"理知占有"就是一种主体无须在物理上占有客体,却能使主体和客体相结合的行动。为了克服主体被客体所奴役的尴尬局面,使用与生俱来的权利概念对自身的含义进行扩展,以使主体在主客体关系中处于支配地位,在这种结合下,他人未经已占有主体的同意而使用客体,会对主体造成侵害。

在《草稿》中,康德还有另一个论证策略,借此,从与生俱来的权利、人权中推导出所有权的思路将得到更为具体的展现。该策略所对应的标题叫作"类比驳斥观念论的先天综合自由法则证明"。所谓的"驳斥观念论"指的就是在第2版的《纯粹理性批判》中康德增加的"驳斥观念论"这个部分。[14] 康德在此处所反对的,不是一般意义上的观念论,而是针对"存疑的观念论",这种观念论主要体现在笛卡尔的哲学中。笛卡尔的问题在于,仅仅承认由主体所直接意识到的知识(不可怀疑的"我思")的实在性,而否认通过推导获得的知识(主要是各种有关外在之物的经验知识)具有实在性。康德认为,要驳倒这种观念论的关键在于,证明所谓内感官所直接意识到的知识根本上有赖于外感官所获得的知识。康德证明的过程是相对复杂的,更不用说对该论证的各种解读因为不同的立场往往差别巨大。[15] 但此处我们只需把握康德最核心的思路:内感官没有自身的表象,但它指向外感观所形成的表象;而自我在对这些外感官的表象作出反思并使之成为内感官的表象之时,又会受到内感官的规定,进而自身成为内感官的对象。[16] 反观笛卡尔的哲学,其所指的不可怀疑的知识,其实就是内感官直接意识到的知识,即内感官所意识到的自我,该意识必须依赖于外感官的表象。所以当笛卡尔主张,主体能意识到自我的同时,却否定外感官表象所构成知识的实在性,必定是自相矛盾的。"观念论所玩的这一花招将更有理由反过来对它进行报复。"[17]

通过与这种进路相类比,康德在法权学说的草稿中作出如下证明:倘若没有一种非物理性的占有,那么

---

[14] 参见[德]康德:《纯粹理性批判》,载康德:《康德三大批判合集》(上),邓晓芒译,人民出版社2009年版,第177页。

[15] 参见 Henry E. Allison, *Kant's Transcendental Idealism: An Interpretation and Defense*, Yale University Press, 2004, p. 73。相反的观点参见 Paul Guyer, "Postulates and Refutation of Idealism", in Georg Mohr and Marcus Willaschek, Hrgs., *Immanuel Kant: Kritik der reinen Vernunft*, Berlin, 1998, p. 314。

[16] See Henry E. Allison, *Kant's Transcendental Idealism. An Interpretation and Defense*, Yale University Press, 2004, p. 284.

[17] [德]康德:《纯粹理性批判》,载康德:《康德三大批判合集》(上),邓晓芒译,人民出版社2009年版,第179页。

> ……仅剩下……的主体权能就是,排他地利用其寓于自身之中的规定性……然而,因为在主体和客体的关系中,内在的规定性同样依赖于外在之物,并且没有外在之物,内在的规定性就无法实存,所以,法权将阻止每一个人去拥有内在的规定性(但如果没有这种内在规定性的话,主体甚至无法根据自由法则作自我利用),这意味着,自由使用外在之物,依赖于物理性占有,这会取消生而具有的、以自我占有为内容的权利,或者说,任意自我剥夺了生而具有的权利,但这是自相矛盾的。[18]

如同内感官原本没有自身的表象,内在的法权、人权也不具有专属于自身的对象。[19]内感官所指向的其实是外在法权的对象,并且自我在反思该对象的时候把它表象为内在法权的对象。在此过程中,一方面,外在法权通过内在法权被涵摄人格下,并因此不会是霍菲尔德意义上的那种缺少统一性的"权利束"(Bündel)[20],而是根据人格者这一形象来理解的不可分的统一权能。[21] 另一方面,因为任意恰恰就是追求对象的能力,任意所引发的行动也必然要指向该对象,所以,主体虽然可以凭借内在法权去行动,但倘若该行动不指向任意的对象,即一个外在的对象,则该行动将会没有意义,且无法构成"一项"行动。

一种在法权学说中类似于笛卡尔式观念论的立场,只会承认主体能够直接意识到的权利,进而将权利的运用范围限定在身体的运用上。[22] 这样,所有与对象之间的先天联系都被切断,只剩下身体和对象的偶然接触或联系,即物理占有。但它显然违背了任意或意志本身的对象关联性,因而只是一种不完全的权利。由此可得,它必须扩展为一种外在法权,才能获得充分的意义。

> 所以,实践理性的一个先天预设就是:把我的任意的每一个对象都看作客观上可能的"你的"和"我的"来看待和对待。[23]

康德在此处并非严格着眼于一种对物关系,而是在人际关系的框架下讨论人和物的关系。理知占有概念意味着,人与人之间必须建立起一种有关所有权归属的法权关系,在这个基础上,才能谈得上人对物的合法支配,这和卢梭(Jean-Jacques Rousseau,1712～1778年)的见解有所相似。在《论人类不平等的起源和基础》中,卢梭洞若观火,他发觉,

---

〔18〕 Immanuel Kant, *Kant's gesammelte Schrifften*, Band XXIII, a. a. O., S. 309.

〔19〕 虽然以下说法,一项法权/权利拥有对象,是不严谨的,因为对象只属于任意或意志。但法权无非就是任意或意志追求对象的某种权能,就此而言,一项法权或权利总是与任意的对象相关联,并因此我们也可以说,法权或权利拥有对象。

〔20〕 Markus Stepanians, „Die angelsächische Diskussion: Eigentum zwischen Ding und Bündel", in: Bernd Ludwig, *Was ist Eigentum? Philosophische Eigentumstheorien von Platon bis Habermas*, München 2005, S. 232.

〔21〕 See Athur Ripstein, *Force and Freedo: Kant's Legal and Political Philosophy*, Harvard University Press, 2009, p. 88.

〔22〕 因为在仅仅承认内在法权的情形下,主体只能运用其生而有之的身体。

〔23〕 Immanuel Kant, *Kant's gesammelte Schrifften*, Band VI, a. a. O., S. 246.

断言平等的人应当接受形式上平等的所有权法律,而该法律却实质上保护了财富的悬殊,令人震惊。富人收买人口,支配穷人,享受高品质的生活,穷人却接受了这一切,这其中一定存在着暴力或者欺骗。[24] 康德透过所有权看见的同样是一种在形式上具有平等性的人际关系,但他在理性本身的发展过程中找到了这种人际关系的根据,因而将所有权的出现理解为自由本身的要求,而不是自由的丧失,这显示出康德对现代启蒙的趋势有着比卢梭更为乐观的态度。这也暗示,他或许会以一种比较符合现代观念的方式来回应卢梭的问题。

康德和卢梭将所有权理解为一种人际关系,并非仅仅出于逻辑上的考量,更是对启蒙问题的反思。当今德国法学界的通说则与这两位哲人的洞见大相径庭,[25] 按照通说的思路,人首先对物建立起一种支配关系,而后再形成一种排斥他人侵犯的法律地位,即所有权。这样一种理解方式远离了上述问题的视域,也就不可能有效反思洛克式启蒙所带来的一系列弊端(奴役、欺骗),并为这些问题寻求合乎逻辑的解决方案。

二、实现理知占有的困境

康德上述这番演绎证明了,所有权的先天根据就是理性,理性必须预设,“把我的任意的每一个对象都当作客观上可能的‘我的’和‘你的’来看待”。[26]

但是,康德哲学中存在一个二元论的固有结构,即一方面是主体的抽象能力,其行动是形式性的,另一方面是作为质料的客体,形式和客体之间截然不同,所以两者的联系需要中介的辅助,从而让形式获得意义。

在《纯粹理性批判》中,这个结构体现为以纯粹的时间作为中介来沟通作为形式的知性概念和作为质料的经验性直观或现象。[27] 而在《法权学说的形而上学原理》(以下简称《法权学说》)里,根据上述实践理性的“先天预设”——“把我的任意的每一个对象都

---

〔24〕 参见[法]卢梭:《论人类不平等的起源和基础》,李常山译,商务印书馆1962年版,第121~128页。参见[美]布鲁姆:《巨人与侏儒》,秦露等译,华夏出版社2003年版,第210页。

〔25〕 See Kristian Kühl, *Eigentumsordnung als Freiheitsordnung*. a. a. O., S. 189.

〔26〕 Immanuel Kant, *Kant' s gesammelte Schrifften*, Band VI, a. a. O., S. 246.

〔27〕 参见[德]康德:《纯粹理性批判》,载康德:《康德三大批判合集》(上),邓晓芒译,人民出版社2009年版,第121~127页。感性就是人们通过“被对象所刺激的方式来获得表象”的能力,通过感性(Sinnlichkeit),感性的形式被康德称为直观(Anschauung),而其中纯粹的、不与具体对象的质料夹杂在一起的部分被称为“纯直观”,空间与时间就是纯直观的两种形式。参见[德]康德:《纯粹理性批判》,载康德:《康德三大批判合集》(上),邓晓芒译,人民出版社2009年版,第23~24页。对象的质料经过直观整理之后,虽然在一定程度上获得了形式,得到了规定,但是,一个对象在直观中依然只是零散的杂多,因此,它必须经由本身既是感性但又由于其纯粹性而与知性相近的判断力而最终得到知性(Verstand)之统一能力的规定才能上升为概念,对象才能获得自身的统一性,而知性的形式就是范畴(Kategorie),质、量、关系、模态就是范畴的四组概念(概念和直观如果包含了概念,它们就是经验性的,否则就是纯粹的)。但是,知性只能为各个对象自身获得统一性,对象的全体的统一性还需要理性(Vernunft)——作为逻辑的同一律——的调节,并且,在认识领域内,理性只能通过其范导性作用(通过设立一些具有无限性的对象:如自由)使所有对象不断趋向统一,却无法使它们获得最终的统一,如果人们把理性本来只是用来作调节用的对象来作为自己所认识到的对象,那么,这些对象就会变成幻象。

看作客观上可能的‘你的’和‘我的’来看待和对待”[28]——理知占有是形式性的；而任意的对象却是主体对其认识要依赖于经验性直观[29]的“经验客体”，[30]因而是质料性的。但是形式性的理知占有概念不是空洞的或者无意义的，而是“仍然具有实践的实在性/真实性，也就是说，它必须可以运用到经验对象上去”。[31]

换言之，当“我”宣称，自身通过一种无须在经验上占有经验对象的方式取得了该对象，却无法将这种宣称以某种时空上可被把握的方式来指向这个经验对象或客体的时候，理知占有和客体之间的联系将不可能存在，这也意味着它不可能被任何人所认识。所以问题的关键就在于，如何使这种联系得以实现。

如上文所述，根据《纯粹理性批判》，要让作为形式的知性概念（范畴）运用于经验对象上，必然需要先验的时间规定作为中介。然而从概念的角度来看，“理知占有”不是知性概念，而是理性概念，它不可能直接通过这种先验的时间规定就能运用在对象上，除非能够补充使理性概念和知性概念之间得以联系的环节，或澄清理性概念和知性概念之间的同一性。

因为理性和知性在哲学中是同一种能力，[32]因此康德选择的做法只能是澄清两种概念的同一性。“概念要么是经验性的概念，要么是纯粹的概念，而纯粹概念就其仅在知性中……有其来源而言，就叫做 Notio[思想]。而一个出自诸 Notio 的超出经验可能性的概念，就是理念或理性的概念。”[33]理性的概念其实是对知性概念经验规定性的超越，当同一个概念指向经验对象的时候，它就是知性的概念，此时的理性就是知性，或者说它以知性的方式来运用自身；而当同一个概念指向一个超经验的维度之时，它就成为理性的概念，此时理性就是它自身。

理知占有概念或占有的法权概念着眼的是所有权的法权根据，并且法权学说把这种根据等同于实践自由，而根据《纯粹理性批判》的理解，自由是有别于自然因果性的另一种因果性，因此可以通过《纯粹理性批判》中的因果范畴来理解占有的理性概念。又因为知性概念和理性概念具有同一性，所以占有的知性概念也可以从因果性范畴来把握。

---

[28] Immanuel Kant, *Kant' s gesammelte Schrifften*, Band VI, a. a. O., S. 246.

[29] 康德的说法是“空间和时间条件”，但这显然对应的是经验性的直观。

[30] See Immanuel Kant, *Kant' s gesammelte Schrifften*, Band VI, a. a. O., S. 252f.

[31] Immanuel Kant, *Kant' s gesammelte Schrifften*, Band VI, a. a. O., S. 252.

[32] 只有当知性作为理性的时候，知性才可以“经验性地”行动，因为仅仅作为理性的时候，知性才会致力于“使自己的运用纳入与自己本身彻底符合一致的方向”。参见[德]康德：《纯粹理性批判》，载康德：《康德三大批判合集》（上），邓晓芒译，人民出版社 2009 年版，第 242 页。正因为理性才是让知性运用彻底与自身同一的能力，而没有理性的话，知性则作为“先天地联通结并把给予表象的杂多纳入统觉的统一性之下来的能力”是不可想象的，换言之，倘若知性本身不是理性，“我就会拥有一个如此驳杂不一的自己，就像我拥有我所意识到的那些表象一样了”，这样一来，知性也是不可能有任何统一性。参见[德]康德：《纯粹理性批判》，载康德：《康德三大批判合集》（上），邓晓芒译，人民出版社 2009 年版，第 81 页。所以知性和理性并非两种不同的能力。参见 Frank Kuhne, *Selbstbewußtsein und Erfahrung bei Kant und Fichte: Über Möglichkeiten und Grenzen der Transzendentalphilosophie*, Felix Meiner, 2007, S. 114f。

[33] [德]康德：《纯粹理性批判》，载康德：《康德三大批判合集》（上），邓晓芒译，人民出版社 2009 年版，第 240 页。

在占有学说里面,这样一个既可从知性又可从理性的角度来理解的概念,就是“拥有”(Das Haben)。“拥有(habere)是亚里士多德的第十个范畴;然而在批判体系中,它是原因范畴的宾谓词(Prädicabile)。”[34] 因果关系范畴的意义在于表明,“行动者”(Handelnden)作为“致动因”(wirkende Ursache)在“时间秩序”中通过其“力”作用于一个“后继之物”,[35] 因此,在占有关系中,“拥有”这个概念表明了占有主体和客体的关系是因果关系的一种特殊情形,在其中,主体的任意通过其行动可以在时间秩序中作用于(*efficio*)客体。[36] 在《法权学说》中,康德把这一视角下的“拥有”称为“一种一般占有的纯粹知性概念”。[37] 由于这种行动是主体在时间秩序上对对象的作用,因而“拥有”这个知性概念伴随着两个规定:其一,主体和客体在某个时间点上的具体结合必然是物理占有;其二,不同主体对同一个对象的物理占有会有时间上的差别。[38] 综合上述两点规定,当主体以时间上在先的方式来物理占有某个对象的时候,他就在特定时间内排斥其他的主体对该对象的占有,因而这样一种占有就是“最先的”(zuerst)[39] 占有,其起点是传统罗马法上的“先占”(*occupation*)[40] 或“体控”(*apprehensio*)[41],而其在时间上的持续则是“持有”(*detension*)[42]。

然而,当这一概念不是指向经验对象,而是指向超经验的维度,即“法”与“不法”,“拥有”概念就成为“一种纯然法性的占有的概念”,[43] 即“与法权概念相关的本体占有”(poßeßio noumenon)的概念。[44] 在“法”与“不法”这些形式概念的支配下,主体看待同一个对象的视角必然需要改变,而且是转向形式化、本体化,要尽量抽象掉其物理属性。换言之,此时的主体不是作用于一个作为现象的对象,不是一个“处于空间或时间中另一个地方(*positus*)的对象”,而是一个“被视为物自身”[45] 的对象,即“一个仅仅与我(主体)有别的对象”。[46] 而且此时的主体对客体的“作用”,也不再是一种物理性的作用,而是通

[34] Immanuel Kant, *Kant's gesammelte Schrifften*, Band XXIII, a. a. O., S. 325。有关“纯粹知性的主干概念(Stammbaum)”,以及分化为云谓关系和宾位词有关纯粹知性的范畴普系的制作计划,参见[德]康德:《纯粹理性批判》,载康德:《康德三大批判合集》(上),邓晓芒译,人民出版社2009年版,第65~67页。

[35] 参见[德]康德:《纯粹理性批判》,载康德:《康德三大批判合集》(上),邓晓芒译,人民出版社2009年版,第161~164页。

[36] See Immanuel Kant, *Kant's gesammelte Schrifften*, Band VI, a. a. O., S. 258.

[37] “一种纯然法权上的占有的概念不是经验性的(依赖空间和时间条件的)概念,但它仍然具有实践的实在性/真实性,也就是说,它必须可以运用到经验对象上去,对这些对象的认识依赖于那些条件。——鉴于作为可能的外在的‘我的’和‘你的’这些条件而对法权概念的处理如下:仅仅处在理性之中的法权概念,不能**直接**被运用于经验客体、运用到一种经验性的**占有**的概念,而是必须首先被运用于一种一般占有的纯粹知性概念……”Immanuel Kant, *Kant's gesammelte Schrifften*, Band VI, a. a. O., S. 252f。

[38] 在无差别的情形下,力量更为强大的一方会排除另一方的行动,从而依然会构成时间上的先后。

[39] Immanuel Kant, *Kant's gesammelte Schrifften*, Band VI, a. a. O., S. 247.

[40] Immanuel Kant, *Kant's gesammelte Schrifften*, Band VI, a. a. O., S. 263.

[41] Immanuel Kant, *Kant's gesammelte Schrifften*, Band XXIII, a. a. O., S. 217.

[42] Immanuel Kant, *Kant' sgesammelte Schrifften*, Band XXIII, a. a. O., S. 217. See also Wolfgang Kersting, *Wohlgeordnete Freiheit: Immanuel Kants Rechts-und Staatsphilosophie*, Paderborn: Mentis, 2007, S. 203.

[43] Immanuel Kant, *Kant's gesammelte Schrifften*, Band VI, a. a. O., S. 252.

[44] Immanuel Kant, *Kant's gesammelte Schrifften*, Band XXIII, a. a. O., S. 325.

[45] Immanuel Kant, *Kant's gesammelte Schrifften*, Band XXIII, a. a. O., S. 282.

[46] Immanuel Kant, *Kant's gesammelte Schrifften*, Band VI, a. a. O., S. 245.

过人际关系的法权界定,来对主体间在有关对象问题上的主张进行授权,在这种授权下,主体能够获得一种法权之力,来支配对象。

通过上述的澄清,占有的知性概念就与其法权概念相联系和区别:就占有的知性概念具有形式性而言,它们能够与占有的法权概念或理知占有的概念产生联系——占有的知性概念虽然离不开时间,但其时间是纯粹的时间秩序,因而已经抽离于时间中的经验性表象;[47]就它们依然联系着物理占有概念并且是对物理占有的时间秩序之规定而言,它们又能够与客体的经验条件产生关联,这两种特质使它们适合充当中介。[48] 正因为它们是对物理占有所作的抽象,所以康德也经常将这些占有的知性概念简称为物理占有。只有通过这些物理占有,理知占有才能在客体上被具体的运用,人们也才有可能认识理知占有是否以及如何被运用。[49]

理知占有与中介的区别表明,意志的每一个客体是否先天有可能成为某个人的所有物。因而是否有必要预设一种理知占有的概念是一回事,而以何种方式才能将理知占有的概念运用到具体的经验对象上,从而取得该物的所有权却是另一回事。所以,所有权的问题就由对根据的追问转向对所有权取得方式的讨论。

对于取得,我们只可能设想两种情形:一种是传来取得,这主要是一方通过契约从另一方取得其所有权;另一种是原始取得,即不经过上述契约的中介而直接取得某物的第一个所有权。倘若追根溯源,传来取得也必须以原始取得为前提,否则通过传来取得所得到的所有权将缺少一个可靠的开端。既然处在这种开端上的取得不能是传来的,这要求所欲取得的客体不能已被他人所取得,而根据上述对中介的分析,这种取得只能通过"先占"来做出。通过先占,"我"就能够现实地取得对某物的所有权,拥有"把一个责任强加给所有其他人的权能,这些人本来并没有这个责任,即放弃使用我们任意的某些对象"。[50]

正因为理知占有具有以上特征,康德称有关理知占有的命题是一条先天"综合"命题,[51]以此表明,理性以一种普遍必然的方式为与生俱来的权利或人权添加上其原本没

---

〔47〕"占有的知性概念与法权概念一样,都独立于直观条件。" Wolfgang Kerstig, *Wohlgeordnete Freiheit: Immanuel Kants Rechts-und Staatsphilosophie*, Paderborn: Mentis, 2007, S. 200. 并且在这个意义上,康德把占有的知性概念视角下的对象也称为"仅仅是一个和我有别的对象"。换言之,这样一个对象依然是受到时间秩序的规定的,即便它没有被理解为处在某个具体的时间点之中。

〔48〕"依靠'一般占有的纯粹知性概念',这个概念和法权的理性概念一样,都是脱离经验的,它处在法权的理性概念和经验客体之间,自我定位为一个纯粹概念;它将自身运用在处于所有权人意志的支配力中的任意对象。" Wolfgang Kerstig, *Wohlgeordnete Freiheit: Immanuel Kants Rechts-und Staatsphilosophie*, Paderborn: Mentis 2007, S. 198.

〔49〕"只有当向他人的任意展示,法权概念如何显现并且如何外在地面向感观的时候,法权概念才能成为知识。因此,体控充当了对占有的意志表示。" Immanuel Kant, *Kant' s gesammelte Schrifften*, Band XXIII, a. a. O, S. 271.

〔50〕Immanuel Kant, *Kant' s gesammelte Schrifften*, Band XXIII, a. a. O, S. 247.

〔51〕See Immanuel Kant, *Kant' s gesammelte Schrifften*, Band XXIII, a. a. O, S. 250.

有的内容。[52] 但是，先占是单方做出的，而在自然状态下，它不可被人们严肃当作一种具有法权效力的行动，其原因至少有以下两个：

第一，自然状态下的权利边界并不明确。理知占有必须依靠物理占有来展现自身，但物理占有仅仅涉及主体的身体和客体实时接触的方式控制的部分，即持有的部分，而理知占有恰恰要突破这种限制，它将是一种无须持有客体也能实施的占有。所以物理占有的范围不可能完全等同于理知占有。这样，如何表征主体对没有被其所持有部分的控制呢？对此我们需要一种更抽象但又可被认识的方式来展示它，即以一定的标识（*declaratio*）来表示自己的意志。[53] 但应当以何种方式来做出标记，这在自然状态下并无定论。所以，当各自通过自己的方式来界定所有权边界的时候，决定性的力量就是强力（Gewalt）："占据一块土地的权能会伸延到多远？与将它置于自己的控制之中的能力一样远，也就是说，和他想将这据为己有时能够捍卫的范围一样远。"[54] 自然状态下所有权的边界的诸多不确定性，导致这些边界无法被人们正确认识，所以所有权总是面临着被侵犯的风险。其突出表现是"时效取得"——"谁不把一个外在的物作为自己的而实施一种持久的占有行为（*actus possessorius*），他就有理由被视为一个（作为占有者）根本就不实存的人"。[55] 此外，所有权范围的不确定性使其具有了无限扩张的倾向——只要主张所有权的人在不断积极地向外扩张的同时，能以有力的行动和方法来守护其果实。顺着该逻辑，我们可以想象出一种极端的情形，即在有限的地表上，个别的人将会因为上述扩张的排斥效果而失去立足之地，而这将影响其实存（Dasein），取消其与生俱来的权利。

第二，自然状态下不但权利边界不明确，还缺少权威的中立方来处理纠纷。不明确的权利边界诱使人们各自任意解释所有权的范围，而缺少权威的中立机构的裁决导致人们在遇到纠纷的时候倾向于诉诸武力，结果便是战争状态，这无论对于所有权还是与生俱来的权利来说，都是毁灭性的。所以，在自然状态下，旨在取得所有权的行动不可能得到普遍的承认。

---

[52] "人们把这样一种知识称之为先天的（*a priori*），并将它们与那些具有后天的（*a posteriori*）来源、即在经验（Erfahrung）中有其来源的经验性的（empirische）知识区别开来……但先天知识中那些完全没有掺杂任何经验性的东西的知识则称为纯粹的。"参见［德］康德：《纯粹理性批判》，载康德：《康德三大批判合集》（上），邓晓芒译，人民出版社2009年版，第1～2页；"在一切判断中，从其中主词对谓词的关系来考虑（我在这里只考虑肯定判断，因为随后应用在否定判断上是很容易的事），这种关系可能有两种不同的类型。要么是谓词B属于主词A，是（隐秘地）包含在A这个概念中的东西；要么是B完全外在于概念A，虽然它与概念A有连结。在前一种情况下我把这判断叫做分析的，在第二种情况下则称为综合的。因而分析的（肯定性的）判断是这样的判断，在其中谓词和主词的连结是通过同一性来思考的，而在其中这一连结不借同一性而被思考的那些判断，则应叫做综合的判断。前者也可以称为说明性的判断，后者则可以称为扩展性的判断，因为前者通过谓词并未给主词概念增加任何东西，而只是通过分析把主词概念分解为它的分概念，这些分概念在主词中已经（虽然是模糊地）被想到过了；相反，后者则在主词概念上增加了一个谓词，这谓词是在主词概念中完全不曾想到过的，是不能由对主词概念的任何分析而抽绎出来的。"参见［德］康德：《纯粹理性批判》，载《康德三大批判合集》（上），邓晓芒译，人民出版社2009年版，第7页。See Manfred Brocker, *Kants Besitzlehre: Zur Problematik einer transzendental-philosophischen Eigentumslehre*, Königshausen & Neumann, 1987, SS. 96–102.

[53] See Immanuel Kant, *Kant's gesammelte Schrifften*, Band VI, a. a. O., S. 258.

[54] Immanuel Kant, *Kant's gesammelte Schrifften*, Band VI, a. a. O., S. 265.

[55] Immanuel Kant, *Kant's gesammelte Schrifften*, Band VI, a. a. O., S. 295.

"现在,就一个外在的、因而偶然的占有而言的单方面的意志,不能用作对每一个人的强制法则,因为这样的强制法则会损害根据普遍法则的自由。"[56] 对此,康德借鉴卢梭的公意概念,来解决这个困难:

> 所以,我并没有责任不动用他人外在的"他的",如果不是每个他人也都向我保证,就我的东西而言,他将会遵守同样的原则来行事……所以,只有一个赋予每个其他人以责任的、因此是集体普遍的(共同的)和掌握权力的意志,才是能够向每个人提供那种安全的意志。[57]

由这种权力的公开立法所统治的状态被称为"公民状态"。[58] 上述推理表明,"唯有在公民状态下,才能有一种外在的'我的'和'你的'"。[59] 所有权虽然在自然状态中即被人们所意识,但它最终必须由国家通过实定法所承认,才能被合法取得。既然如此,那么试图在自然状态中取得所有权的行动,将是非法行为,所宣称的所有权也不会具有法律上的效力。我们能否得出,在自然状态中取得所有权的行动将被理性所禁止?

康德否定了这个推论,认为理性必须通过许可法许可这种取得,否则,国家将不可能以实定法的方式来制定有关所有权的法律。

三、许可法的概念

理解许可法概念的关键,在于准确把握"许可"的意义。在语义上,许可的事项即是法律所不禁止的事项,因此许可往往意味着法律的授权。按照当代美国法理学者韦斯利·N. 霍菲尔德(Wesley N. Hohfeld,1879～1918年)的理解,如果某人对他人有义务做出一项特定的行动,那么他人对该人就享有一项请求权;倘若他人对该人不为某项特定的行动没有请求权,则该人相对于他人就享有自由去做出该项行动。[60] 换言之,在请求权和自由之间最为关键的区别即是,一项特定的行动本身是否是法律上的义务,如果它是一项法律义务,那么它所相对的就是一项请求权;如果它不是法律上的义务,则个体实施与否他人无权干涉。[61] 所以,对于那些法律并不禁止的行动,亦即法律许可的行动,他人理所当然负有义务予以尊重。虽然霍菲尔德的研究所采纳的是分析哲学的方法,却无意中

---

〔56〕 Immanuel Kant, *Kant's gesammelte Schrifften*, Band VI, a. a. O., S. 256.

〔57〕 Immanuel Kant, *Kant's gesammelte Schrifften*, Band VI, a. a. O., S. 255f.

〔58〕 See Immanuel Kant, *Kant's gesammelte Schrifften*, Band VI, a. a. O., S. 256.

〔59〕 Immanuel Kant, *Kant's gesammelte Schrifften*, Band VI, a. a. O., S. 256.

〔60〕 See Markus Stepanians, „Die angelsächische Diskussion: Eigentum zwischen Ding und Bündel", in: Bernd Ludwig, *Was ist Eigentum? Philosophische Eigentumstheorien von Platon bis Habermas*, München: 2005, S. 235.

〔61〕 在我国主流的法理学教科书里,霍菲尔德式的自由概念被理解为一种"允许",是理解权利概念的其中一个重要角度:"可以把权利理解为自由,即法律允许的自由——有限制、但受到法律保护的自由,每一个真正的权利就是一种自由;包括权利主体的意志自由和行动自由,主体在行使权利时不受法律上的干涉,主体做或不做一定行为不受他人的强使。"参见张文显主编:《法理学》(第3版),高等教育出版社2007年版,第141页。

触及西方教父哲学以来的许可法传统。[62]

在这个传统中，与康德同时代的学者戈特弗里德·阿亨瓦尔(Gottfried Achenwall, 1719～1772年)[63]曾较详细地探讨“许可”和“纯然许可”的区别。阿亨瓦尔认为，被许可的行动就是不违反法律义务的行动，人们可以将其划分为两种情形：其一，某行动的实施本身是一项法律义务，所以它的实施是被法律所许可的；其二，某行动的实施并不为法律所禁止，也不为法律所要求，为与不为在法律上无关紧要，所以它的实施是被法律纯然许可的。

关于这种“纯然许可”，乔基姆·胡希卡(Joachim Hruschka)曾以20世纪中叶德国和美国的法律实践作为例子予以阐明。在1951年以前的德国以及在20世纪60年代之前的美国，并没有公寓单元这类事物。虽然对楼宇和土地的所有权已得到承认，但公寓单元的所有权观念尚未形成。“法律并不禁止(当然也不命令)去拥有一个公寓单元，但支持我去成为该单元之所有人的法律制度还未建立。”[64]对此，人们需要相应制度的支持来引入这一权利。许可法就是这样一种针对该类事项引入相应权利的理性制度。没有许可法的许可，虽然我们可以主张这些利益，却无法阻止他人的侵扰，但许可法一旦针对这类无关紧要之事予以规定，便会形成具有普遍性的制度，他人必须予以遵守。

从中我们看出，虽然探讨的角度略有不同，但对霍菲尔德来说的请求权，所对应的就是阿亨瓦尔法哲学中对作为义务的行动的许可(霍菲尔德更注重义务相对人的请求权，阿亨瓦尔着眼于义务人的行动前提)，而前者的自由对应的正是后者的纯然许可——霍菲尔德把人们基于自由所实施的行动视作理所当然受法律所保护的行动，而阿亨瓦尔则从立法者的角度把这种法律的保护视作立法的产物。

康德和阿亨瓦尔一样，区分了“许可”和“纯然许可”这两个概念，但我们不能因为康德使用了与后者相同的字眼，便断定康德对许可和许可法的理解是对后者的全盘接收。康德认为，许可是与责任相对应的概念：“责任是服从理性的绝对命令的一个自由行动的必然性。……义务是某人有责任采取的行动”；[65]而“被许可的行动就是并不违背责任的行动”。[66] 因此，从字面上看，对于许可我们可以有两种理解：

第一种理解，许可的事项本身就是义务，因此该事项不会违背义务。从逻辑上看，针对这样一种事项，要求法则和禁止法则就足够了，并不需要什么特殊的许可法则。这对应阿亨瓦尔法哲学中的第一种“许可”概念。

第二种理解，许可的事项本身不是义务，因此它是法权上无关紧要的事项，理性对其

[62] 参见王晨：《康德〈道德形而上学〉中的许可法》，载《北大法律评论》2015年第1期。

[63] 阿亨瓦尔的《自然法原理》(第2版)和《自然法》(第5版)是康德开讲座时使用的教材。而后者更是在康德写作《法权学说》时被用作参考书，《法权学说》中的很多德语段落实际上是对阿亨瓦尔这本拉丁语著作的直接翻译。See Sharon Byrd and Joachim Hruschka, *Kants Doctrine of Right: A Commentary*, Cambridge: Cambridge University Press, 2010, pp. 15－19.

[64] Byrd and Hruschka, *Kants Doctrine of Right: A Commentary*, Cambridge: Cambridge University Press, 2010, p. 102.

[65] Immanuel Kant, *Kant' s gesammelte Schrifften*, Band VI, a. a. O. , S. 222.

[66] Ibid.

做出许可,就是“纯然许可”。[67] 恰恰在这种情形中,康德与阿亨瓦尔的观点迥然有别。[68] 对于这种被纯粹许可的行动,康德提问:

> 如果有这样的行动,那么某人可以随便按照自己的喜好做或不做某种事,难道对此除了要求的法则(……)和禁止的法则(……)之外,还要求有一种许可法(*lex permissiva*)?如果是这样,那么,权能就会不总是涉及一个无关紧要的行动(*adiaphoron*[中性物]);因为对于这样一种行动来说,如果人们按照道德法则来看它,将会不需要任何特殊的法则。[69]

这意味着,不是因为许可法授权之后,行动才变得具有法权上的效力,而是它本身具有重要性,却对义务有所违反,所以才需要特别的许可法来赋予它法权上的效力。从上述两点可以证明,许可法所涉及的是一种对义务有所违反的行动,它无疑是一种例外规定。[70]

四、自然状态、许可法与国家

在自然状态中取得所有权,意味着为他人强加他们原本无须承担的义务,这会对他们与生俱来的权利造成侵害,理当受到禁止。许可法却通过对该禁令设定例外的规定,使自然状态中旨在取得所有权的行动得以正当化。但康德如此处理这个问题的理由是什么?该论述是否多此一举?我们对比康德和卢梭对公意的不同理解,能够更清楚地理解康德的意图。

卢梭的公意概念是对一种理想政治生活方式的描述,即人们在涉及公共利益的问题上,必须摒弃私心,把自己作为政治共同体的一分子,为共同体贡献自身的全部力量。但是,“为了使一个新生的民族能够爱好健全的政治准则并遵循国家利益的根本规律,便必须倒果为因,使本来应该是制度的产物的社会精神转而凌驾于制度本身之上,并且使人们在法律出现以前,便可以成为本来应该是由于法律才形成的那种样子。这样,立法者便既不能使用强力,也不能使用说理;因此就有必要求之于另外一种不以暴力而能约束人、不以论证而能说服人的权威了”。[71] 这要求伟大人物的伟大灵魂,只有这样的灵魂才“足以证明自己使命的真正奇迹”,通过“求助于上天的干预,并以他们固有的智慧来敬仰神明”,“为的就是要使人民遵守国家法也像遵守自然法一样”。[72]

---

[67] See Immanuel Kant, *Kant's gesammelte Schrifften*, Band VI, a. a. O., S. 223.

[68] See Brian Tierney, "Permissive Natural Law and Property: Gratian to Kant", *Journal of the History of Ideas* 62, 2011, p. 395.

[69] Immanuel Kant, *Kant's gesammelte Schrifften*, Band VI, a. a. O., S. 223.

[70] See Brian Tierney, *Liberty and Law: The Idea of Permissive Natural Law*, 1100－1800, The Catholic University of America Press, 2014, p. 344.

[71] [法]卢梭:《社会契约论》,何兆武译,商务印书馆2003年版,第53~54页。

[72] 同上书,第54页。有关卢梭的教育问题,参见Iring Fetscher, *Rousseaus politische Philosophie. Zur Geschichte des demokratischen Freiheitsbegriffs*, Suhrkamp, 1981, SS. 195－207。

在人们统统被成功改造之后,在他们身上所体现出来的共同参与公共事务的意志,就是公意,从这个时候开始,国家才会真正出现。“我们每个人都以其自身及全部的力量共同置于公意的最高指导之下,并且我们在共同体中接纳每一个成员作为全体之不可分割的一部分。”[73]

与之相比,康德的公意概念则仅仅是一个理念,它是旨在为现实中的法权行动提供普遍性的标准而被人们所设想的理论工具,或者说,具有普遍性的实定法律就是公意的化身;[74]而自然状态则是缺少某种必要的普遍法律的状态。换言之,被假定为自然状态的情形,在现实中未必处在没有国家的状态中,但如果在某个领域里某项必要的普遍立法尚未被立法者所制定,那么在该领域内就可被视作一种自然状态。“自然状态对于他来说不是一个人类学的、而是一个法权哲学的思维检验程序(thought-experiment)。它形成了一个理论的检验室,在其中,对于理性所具有的那些有关财产的法权原则是否具备解决物之社会使用的冲突的资质将得到检测。”[75]为了离开自然状态,将个别的意志提升为公意,人们无须真正摒弃私心,积极为共同体奉献自身,[76]而是只需在事实上使行动符合国家的普遍法律规定。所以国家顺利运作的关键环节不是那位天才的立法者,而是实定法律要具有普遍性,在理论上要能够得到每个人的同意。在这种普遍的法律下,单方的意志就具有了普遍意志的属性。

从卢梭的角度出发,没有对人性的改造,普遍的意志在自然状态下也就不可能实现。那么康德设想通过什么方式来让自然状态过渡到由公意所主宰的国家,使单方的意志能够被设想为普遍的意志呢?答案就是通过许可法来许可人们在自然状态中对所有权的取得,以此实现两种状态之间的过渡。因为,既然只有在普遍的实定法律的统治下,人们才有可能真正取得所有权,那么在自然状态中许可人们的取得临时的法权效力,将促使人们相互要求对方根据公意的理念——根据实定法律的普遍规定——来尊重其取得的所有权。这实际上是相互要求对方进入一种有实定法律的状态:

> 结论命题:如果把一个外在的对象当作自己来拥有在法权上必须是可能的,那么,就必须也许可主体关于这样一个客体发生“我的”和“你的”之争执的每一个人与他一起进入一种公民宪制。[77]

---

[73] [法]卢梭:《社会契约论》,何兆武译,商务印书馆2003年版,第20页。

[74] 公意是通过社会契约所形成的意志。凯尔斯汀认为:“对一个[原初]契约所包含的规范的适用,其所要求的不过是一种思维检验(thought-experiment),亦即在道德哲学中为人所熟知的可普遍化检验(test of universalizability)的一个变体。据此,立法者必须仔细检验,是否每个公民都能够遵守其所(欲)制定的实证法。”([德]沃尔夫冈·凯尔斯汀:《政治、自由与秩序:康德的政治哲学》,汤沛丰译,载吴彦编:《康德法哲学及其起源》,知识产权出版社2015年版,第174页)。

[75] [德]沃尔夫冈·凯尔斯汀:《政治、自由与秩序:康德的政治哲学》,汤沛丰译,载吴彦主编:《康德法哲学及其起源》,知识产权出版社2015年版,第169~170页。

[76] See Richard Saage, *Eigentum*, *Staat und Gesellschaft bei Immanuel Kant*, Stuttgart: Verlag W. Kohlhammer 1973, S. 82.

[77] Immanuel Kant, *Kant's gesammelte Schrifften*, Band VI, a. a. O., S. 256.

换言之,康德把所有权制度当成一个动力机制,用以接通自然状态和国家;不是通过天才的立法者,而是通过私有制来推动人类共存的方式向前发展。对于自然状态中的人们来说,私有制其实还未曾出现,但理性许可人们预先采取单方的行动来取得临时的所有权,也就为人们指出了一种与当前截然不同的生活方式,在其中,人们的所有权能够得到保障,而且所有权的范围和所有权的运用不会对弱者与生俱来的自由造成损害。康德设想,通过理性的推演,人们会意识到他们的权利,且尝试去取得并运用这些权利,即便所有权制度尚未出现。而他们现实的行动,无疑将会推动文明的进步,使立法的条件变得成熟,也终将引起立法者的重视和接受,继而决心将理性所要求的立法转化为实定的立法。

五、许可法论述的问题意识

许可法是一项针对转型时期的过渡性立法,一方面,它承认过渡时期的一些举措必然会有违既有的法律观念和既得利益,它也必定与一部分现存的立法产生冲突;另一方面,它旨在避免通过激进的革命来革除不符合理性的制度并剥夺相应的既得利益——因为这会导致社会产生剧烈动荡,同时使人变得无所适从。

康德对许可法和所有权合法性问题的理解,表明其并非持有非此即彼的哲学立场,而是以一种辩证法的眼光来审视人的生活。

在哲学传统中,巴门尼德(Parmenides of Elea)是划分真理和意见的第一人,但他僵化地把真理归为存在,将意见归为非存在的做法,却使真理和谬误各自成为静态的一端,两者之间存在无法逾越的鸿沟,智者派甚至利用这一哲学立场发挥出著名的诡辩论。柏拉图作为哲人,有意识地采用动态的辩证法来修正巴门尼德的哲学,以意见来沟通存在(真理)和非存在(谬误),意见因而也可以被视为一种相对的存在,或者说“非存在的存在”。康德法哲学中的许可法,就是该传统的再现。

对于康德来说,在法与不法之间,需要一种“非法的法”,即相对合法的不法。“康德以此展示一种引导法律变化的可能性,而不是使这种变动沦为虚无。”[78]康德对许可法的思考体现了他“反驳霍布斯”的倾向。[79] 霍布斯认为,自然状态下人们自说自话,缺少权威的主权者,所以权利在自然状态中是“不存在”的,相反,它们只能“存在”于公民社会里,换言之,一切权利的根据只能存在于凌驾于众人之上的主权者的意志中。[80] 而康德的许可法则是一种“去利维坦化”的努力,其旨在表明,国家并没有创设权利,而是规定那些在自然状态中已经存在的权利,并保护它们。“自然权利不仅仅是作为观念存在于国家之前,而是在自然状态中已具有一种——即便只是动力学的—暂时的——效力”,凭借

〔78〕 See Reinhard Brandt, “Das Erlaubnisgesetz, oder: Vernunft und kantischen Rechtslehre”, in Reinhard Brandt, Hrgs., *Rechtsphilosophie der Aufklärung*, Walter de Gruyter, 1982, S. 249.

〔79〕 See Immanuel Kant, *Kant' s gesammelte Schriften*, Band VIII, Hrsg., von Königlich Preußischen Akademie der Wissenschaften, Berlin: Walter de Gruyter & Co., 1928, S. 347.

〔80〕 除了生命权,在利维坦的国度中,生命安全是最高的法律。个人在自然状态中的那种独立性,在进入国家后基于同一理由——对死亡的恐惧——依然在原则上保留着,其体现便是对死刑的抵抗以及战争中的逃跑的合法性。See Leo Strauss, *Natural Right and History*, Chicago & London: The University of Chicago Press, 1965, pp. 197 - 198.

这种动力机制,“人们逼迫国家放弃权利创设者的角色,并面对人们固有的权利”,[81]尤其是所有权。

以上是康德许可法观念的哲学背景,而法国大革命和当时普鲁士的立法改革则是康德许可法观念的主要历史背景。

法国大革命爆发以后,康德严肃思考了革命的利与弊。康德认同大革命所追求的目标——自由。在《纯然理性限度内的宗教》里,康德评论了某些政治精英的看法,后者认为,一个希望获得政治自由的民族必须足够成熟以后,才能给予其政治自由。康德认为,这种观念的错误在于,“我们如果不事先被置于自由之中,对于自由就不可能成熟起来”。[82] 所以,在人们在政治上成熟以前,必须以某种方式赋予他们自由。

然而,从无到有,需要一个渐进的过程,否则在目标无法一步到位的时候,虚无主义便会乘虚而入,后果是无穷无尽的动荡与无序。因此,康德对法国大革命持有一定的保留,因为它是一种自下而上且暴风骤雨式的革命,而人们难以经由一场大革命便彻底变得成熟。康德认为,在人们变得成熟以前,统治者对政治自由的压制理应得到许可。[83]

最直接影响康德法哲学思考的事件,是普鲁士当时的立法改革。当时参与了《普鲁士一般邦法典》起草的柏林最高法院顾问恩斯特·F.克莱恩(Ernst F. Klein,1774~1810年)在立法实践中遇到了一个难题,为此他专门写信给康德交流看法。克莱恩的疑问在于,立法者是否有义务,径直消除人们业已习惯的那些对他们自由的不正当限制。

克莱恩认为可以以“许可”的方法来暂时处理这一问题。后来的一次交流中,克莱恩延续这一思路认为,应当区分占有权和取得权,占有包括那些不正当的取得方式,代表了过时的做法;而取得权则是正当的取得方式,其根据的是未来的制度。只是立法者没有法权义务去立即修改这些不正当的制度,而是许可它们在一段时间内继续存在。[84] 康德在后来的《论永久和平》中对许可法的论述完全肯定了克莱恩的观点:许可法所许可的正是那些本来不该继续有效,却为当时的主流观点认为是正当的取得方式。[85]

综合上述几个方面来看,许可法的意义彰明较著,它是一条理性的法则,借此,那些旨在避免因变革而使社会陷入动荡和混乱的治理良方就获得了理性根据。在《法权学说》中,康德的侧重点有所不同,其不再明确针对那些被人们所习惯的不正当取得方式,而是许可那些尚不被人们所普遍接受的取得方式,而其正当性存在于未来的制度中。但许可缺少共识的行动方式,对习惯又闭口不谈,这样的临时授权岂非有违渐进改革的精神?但这只是表面现象,深入分析却可得知,此处的临时授权也是一种对渐进改革的授权。理性对那些尚未被人们所普遍接受的单方取得做出许可,就表明了实证立法尚未把这种取得方式纳入普遍的法律,而是让人们在主观地相互主张权利的过程中,渐渐意识到普遍立法的重要性,待时机成熟,国家立法自然水到渠成。换言之,若没有精神上的相应准备,国家

---

〔81〕 Reinhard Brandt, *Das Erlaubnisgesetz*, a. a. O., S. 249.

〔82〕 Immanuel Kant, *Kant's gesammelte Schrifften*, Band VI, a. a. O., S. 188/Anm.

〔83〕 See Immanuel Kant, *Kant's gesammelte Schrifften*, Band VII, Hrsg., von Königlich Preußischen Akademie der Wissenschaften, Berlin: Walter de Gruyter & Co., 1917, S. 91.

〔84〕 See Reinhard Brandt, *Das Erlaubnisgesetz*, a. a. O., S. 251.

〔85〕 See Immanuel Kant, *Kant's gesammelte Schriften*, Band VIII, a. a. O., S. 347.

层面的所有权立法会损害人们与生俱来的自由。“如果观念取得在自然状态中不是自然权利,那么它们也不可能作为公民权利而得到运用,这时把它们予以法典化则会有损自然权利。”[86]正是这个原因,理性必须先行许可自然状态中的所有权取得,使法律改革逐渐具备充分的社会环境。虽然在《法权学说》中,康德不再强调要用许可法来许可原本已被人们所适应却不再符合理性的所有权取得方式,但他同样坚持,这些取得方式将会逐步退出历史的舞台——尤其是那些教会和骑士团辖区通过其特权所获得的财产。“在此卷入改革的人们不能抱怨说,他们的财产被剥夺了,因为他们迄今为止占有的根据仅仅在于人民的舆论,而且只要这种舆论继续存在,他们的占有就必定有效。”[87]反之,如果这些舆论不再存在,其占有就失去效力。该表述和《论永久和平》中的许可法论述大同小异,可视为是彼处许可法观念的延续。综合理解即是:在自然状态下,那种尚未普遍得到接受的所有权取得方式和这种被习以为常的不正当取得方式之间处于一种此消彼长的关系中,当前者占据主导地位后,后者就会被人们所唾弃,直至被立法所完全取缔。

通过上述分析,我们可以看出许可法论述的问题意识:不是单纯处理自然权利界限不明所导致的战争状态,而是以温和的方式来处理与生俱来的权利和所有权之间潜在的冲突,在此过程中,一同解决平等的所有权观念和特权之间的冲突。只有在明确这一点之后,我们才能深刻理解康德把所有权演绎和国家学说作为两个不可分割的部分来一同论述的原因:康德要建立的,不是一个典型的洛克式自由主义国家,而是一个对人们极端不平等的经济地位有义务进行修正的国家。

但康德的许可法论述还有着更深层次的问题意识,该问题意识直指人类道德完善的进程。

为了让这一问题意识得到清楚明白的呈现,有必要对比卢梭和康德各自对所有权的态度[88]:在卢梭看来,没有平等,人们就不可能拥有真正的自由,因为极端的贫富分化会导致自由成为可交易的商品。[89] 在该问题上,康德的看法大致相同。[90] 但是两位思想家之间的分歧也是明显的,卢梭对所有权抱有一种警惕的态度,而康德则对所有权所诱发的竞争和分化持有积极看法。卢梭始终认为,所有权和不平等之间存在着天然的联系,因此一个保留着私有制的国家不可能使人真正做到道德自由,“人是生而自由的,但却无往不在枷锁之中”。[91] 康德在这点上基本认同卢梭的看法,国家的法律秩序不能与道德秩序相混淆,法律自由不等同于道德自由。

但卢梭为了尽量缓解私有制的弊病,不但要求在制度上缓解因竞争所带来的负面影响,反对国家的商业化,而且要求城邦的立法者应时常注意以教化的方式来维持公民较高

---

[86] Immanuel Kant, *Kant' s gesammelte Schriften*, Band XXIII, a. a. O., S. 282.

[87] Immanuel Kant, *Kant' s gesammelte Schrifften*, Band VI, a. a. O., S. 325.

[88] See Richard Saage, *Eigentum, Staat und Gesellschaft bei Immanuel Kant*, a. a. O., S. 82.

[89] “要想使国家稳固,就应该使两极尽可能地接近;既不许有富豪,也不许有赤贫。这两个天然分不开的等级,对于公共幸福是同样致命的;一个会产生暴政的拥护者,而另一个则会产生暴君。他们之间永远是在进行着一场公共自由的交易:一个是购买自由,另一个是出卖自由。”参见[法]卢梭:《社会契约论》,何兆武译,商务印书馆2003年版,第66页。

[90] See Richard Saage, *Eigentum, Staat und Gesellschaft bei Immanuel Kant*, a. a. O., S. 82.

[91] [法]卢梭:《社会契约论》,何兆武译,商务印书馆2003年版,第4页。

的道德风尚,使之从内心上与私有制保持应有的距离。

与卢梭不同,康德不但认为所有权具有理性的基础,还相信,导致人之经济地位不平等的私有制对于人类道德水平的进步有着积极的意义,对于这种进步,无须立法者刻意对公民进行道德教化。"不能指望道德性来产生好的国家政制,反倒是要指望好的国家宪制来产生一个民族的良好道德教养。"[92] 而要成为有着优良宪制的国家,其首要条件就是以公开的立法来保护公民取得所有权的平等机会,一方面保障参与竞争的机会平等,另一方面限制过度竞争所造成的恶果。该差别体现出康德许可法论述背后的根本问题意识:一种卢梭所反对的所有权观念是否可能与卢梭的道德哲学目标相兼容?换言之,私有制有可能促使人们变得更有道德吗?康德认为这是可能的。

许可法所引入并支持的公平竞争会迫使人们意识到遵守平等而公开的所有权法的重要性,这也必定会让人们在实际上意识到,应当拒绝将物理占有当作所有权的合法性根据。但是拒绝以物理占有作为所有权的合法性根据,也就意味着拒绝将外在的自然环境当作衡量所有权取得与否的根本标准,因而许可法所许可的过渡阶段,也是人们学习将自由而不是将外在自然当作行动标准的过程。在这个过程中,人们也会推而广之,渐渐意识到拒绝内在自然(各种肉体的欲望)的重要意义,因而逐步懂得克服冲动,这在人际关系上表现为交往中的以礼待人。礼貌使人合群,"从而对感官偏好的专制高奏凯旋,并由此使人类对一个只有理性才应该有权力实施的统治做好了准备",[93] 在这个意义上,由许可法所引入的竞争构成了从自私过渡到自律的重要中介,国家则构成了对这种竞争之公平性的保障机制,而对外在规则的意识终将转化为对内在准则的意识。"这个在人们广泛相互交往中得到保障的和平状态是一个理念,仅仅通过它,法权义务向德性义务的过渡就得以可能,而途径是,当法则外在地保障自由的时候,可以唤醒准则,以内在地根据法则去自我统治,并且反过来,这些准则又通过其意向而使得法则的强制更容易发挥作用。"[94]

就此而言,许可法的意义不仅在于为法律制度的渐进改革提供理性的根据,更在于指出,人类完善的过程将是缓慢而艰难的,过早地取消私有制,以期回到原点,恢复人们原初的平等地位,也就失去人类完善的可能性,这将得不偿失。

六、结 论

康德法哲学中的许可法论述以所有权合法性的演绎为前提,许可法要引入的,不是随便一种形式的所有权,而是能够得到理性所辩护的所有权。这种所有权的本质是一种形

---

[92] Immanuel Kant, *Kant's gesammelte Schriften*, Band XXIII, a. a. O., S. 366.

[93] Immanuel Kant, *Kant's gesammelte Schriften*, Band V, Hrsg., von Königlich Preußischen Akademie der Wissenschaften, Berlin: Walter de Gruyter & Co., 1913, S. 433。另参见 Saage, *Eigentum, Staat und Gesellschaft bei Immanuel Kant*, a. a. O., S. 74; Allen Wood, "Ungesellige Gesellschaft: Die anthropologischen Grundlagen der kantischen Ethik", in D. Hüning and B. Tuschling, Hrsg., *Recht, Staat und Völkerrecht bei Immanuel Kant*, Berlin: Duncker & Humblot 1998, SS. 35–52。伍德认为,康德在此处已经预见到了马克思主义的历史观;萨格则持相反意见,他通过与黑格尔对比得出结论,康德该问题上并没有黑格尔那样的整体眼光。

[94] Immanuel Kant, *Kant's gesammelte Schriften*, Band XXIII, a. a. O., S. 253f. See also Saage, *Eigentum, Staat und Gesellschaft bei Immanuel Kant*, a. a. O., S. 172.

式的法权关系，它意味着主体之间拥有平等的机会，为获得有限的物品竞争。

但是，自然状态下的所有权取得存在两大缺点：第一，实力对比的悬殊导致一部分人与生俱来的自由受到损害；第二，自然状态中的权利缺少明确的边界以及中立的裁决机构，这会引发无穷无尽的冲突。

这两大缺陷导致自然状态中的所有权取得不可能得到人们的普遍承认，人们单方面的所有权主张将会导致战争状态，这与自由的概念并不相符。理性原则上拒绝一切有违自由的行动，因而也包括拒绝单方面的主张所有权取得的行动。然而康德认为，理性应当在此处设置一条许可法则，为人们在自然状态中的所有权取得行动以临时的法权效力。在这种授权之下，人们相互主张自己所有权取得行动的效力，并使对方承担本该在国家正式的所有权立法以后应当承担的义务。在此过程中，许可法实际承担着促进人之文明进步的任务，并为国家正式的所有权立法做好舆论上的准备。

这一理性的许可法所直接针对的，是有关所有权的渐进立法改革，康德借此旨在表明，对文明发展的促进、精神面貌的革新不能操之过急，而必须稳步推进。期待通过一次革命，一劳永逸地改造人们的思想，引来的可能是虚无主义，是祸害，而非进步。

康德对许可法的思考背后还有更深远的用意。许可法所引入的竞争会导致人之经济地位的不平等，对于某些个体而言，这或许是不幸，但从人类的角度来说，这是人之完善过程的必经阶段。竞争使人的理性得到发展，进而让人充分意识到公平规则的重要性。理性的发展促使人们越来越懂得克服自然的冲突，进而克服自私，为理性的全面统治作好充分的准备，而将外在规则之意义的意识贯彻到底，则会发展为对内在准则的意识，其结果是道德自由的实现。这将是一段漫长的过程，而在人的文明发展到足以迎接理性的全面统治之前，贸然取消竞争的结果则是人之完善进程的中断。

一个司法保守的转型正义论说

——以中国台湾地区为例

孟　磊*

由于民进党在2016年1月20日中国台湾地区立法机构选举中赢得多数席次，在新一届"立法会"启动之后，民进党党团迅速提出"促进转型正义条例草案"。草案的主要内容是"为促进转型正义，落实自由民主宪政秩序"，要求设立隶属于台湾地区行政管理机构的独立机关"促进转型正义委员会"，具体负责规划处理"开放政治档案""清除威权象征、保存不义遗址""平复司法不公、还原历史真相、促进社会和解""处理不当党产"等事项。世界其他国家或地区特设专门的机关来具体负责处理转型正义的案例也有很多，但是如民进党版的草案这般赋予特设机构以如此巨大权力的情况可能既"前无古人"又"后无来者"了！在此，笔者更感兴趣的一个问题是：观诸世界其他国家或地区的转型正义，司法机关或多或少都会在其中发挥一定作用，但是像民进党提出的如此全面的转型正义方案，不仅没有任何司法机关职责义务的规定，而且还将原本可以经由司法处理的"平复司法不公"事项赋予特设的"促进转型正义委员会"，这是一种怎样的行动逻辑？在回答这个问题之前，必须要先清楚阐明司法机关在转型正义过程中究竟能够发挥哪些作用，以及中国台湾地区在既往的转型正义实践中司法机关的具体表现。

一、司法在转型正义中的作用

"转型正义"是英文"transitional justice"一词被较普遍采用的中文译名，除此之外，尚有"变迁中的正义"[1]和"过渡司法"[2]等译名。[3] 按照国际转型正义中心(International Center for Transitional Justice)的界定，转型正义是指新的民主政权"为了回应过去发生的系统性或大规模的人权侵犯案件所采取的一系列司法和非司法的措施。这些举措包括刑事审判、真相委员会、赔偿和制度改革等"。[4] 转型正义研究领域的知名学

---

* 湖南理工学院讲师，法学博士。

[1] 参见[美]璐蒂·泰铎：《变迁中的正义》，郑纯宜译，台北，商周出版社股份有限公司2001年版。

[2] 朱力宇、熊侃：《过渡司法：联合国和国际社会对系统性或大规模侵犯人权的回应》，载《浙江大学学报》(人文社会科学版)2010年第4期。

[3] 上述3种译名间的不同之处与取舍之道，参见孟磊：《台湾地区转型正义问题研究》，载喻中主编：《政治法学研究》(2015年第2卷)，法律出版社2015年版，第71页。

[4] International Center for Transitional Justice, "What is Transitional Justice?" Accessed January 17, 2018. https://www.ictj.org/about/transitional-justice.

者鲁蒂·泰太尔(Ruti G. Teitel)认为现代转型正义的发展历经了三个阶段:第二次世界大战后的纽伦堡和东京审判,第三波民主化浪潮[5]中的“克服过去”实践以及因国际刑事法院建立而导致转型正义的发展进入到了常态化阶段。[6] 从实践来看,从上述每一阶段的转型正义中都能够看到司法的身影。在纽伦堡审判中,作为审判启动基础的《欧洲国际军事法庭宪章》第6条第1款规定:“法庭有权对为欧洲轴心国利益而犯有下列罪行的所有人员进行审判和惩处,而不论其为个人或为某一组织或集团的成员。”这一规定确立了法院在处理纳粹时期大规模人权侵犯案件问题上的主导地位。正是依据这一规定,纽伦堡国际军事法庭不仅得以将包括戈林在内的22名战争罪犯定罪,而且还宣判德国政治领袖集团、秘密警察和保安勤务处以及党卫队为犯罪组织。“纽伦堡审判向世人声明,在那些最为严重的国际罪行面前,受害者的人权应当得到国际法的保护,加害者则要承担连主权国家也无法为其开脱的国际法责任。”[7] 在第三波民主化时期,由于各种因素的制约导致对加害者的刑事审判不再作为主要的转型正义机制,不过德国、希腊、阿根廷等一些国家还是选择通过司法途径来追究加害者的责任。随着2002年成立了国际刑事法院,标志着以对人权侵害案件加害者进行刑事起诉为中心的常态转型正义模式确立,国际刑事司法成为应对系统性或大规模人权侵犯案件的首要选择。有学者对此评价道:国际刑事审判所追求的程序上正义得以在转型社会中,达到教化之功能,法治精神可以借由刑事审判程序深植人心,使得公民了解法律运作可以追求正义,进而达到政治和解所需要的社会条件,促成政治和解的氛围。[8] 因此可以说,尽管司法在不同时期和不同国家或地区的转型正义实践中所扮演的角色是不一样的,但是大体而言,司法介入程度和运作效果与转型正义实践成效之间呈正相关的关系。

具体而言,司法在实施转型正义的过程中可以通过如下三种方式发挥作用。首先通过对人权侵犯案件加害者的刑事起诉与审判,“揭露罪行的个别责任,以免让所有人来承担责任……在这里,不仅是要将下令的元凶绳之以法,还要想办法厘清行使暴行的加害者,以免让受害者将责任归咎给整个族群的人”。[9] 以刑事起诉追究暴政或战争元凶的责任早在14世纪时就已经出现,查理一世和路易十六的审判更是被分别视为英法革命中

---

[5] 第一波民主化浪潮发生于1828年到1926年这一广阔的时间段内,在此期间,美、英、法等大国初步完成或继续深化民主转型;第二波民主化的浪潮则发生于第二次世界大战期间尤其是战后同盟国的胜利,民主的实践遍及世界各大洲,包括日本、西德、意大利、巴西、阿根廷等国都开始建立民主制度。第三波民主化浪潮则开始于1974年葡萄牙发生的军事政变,该次政变推翻了马赛罗·卡埃塔诺的独裁统治并最终使葡萄牙走上了民主的道路。在葡萄牙事件发生以后的20多年里时间里,民主运动以一种不可思议的速度在世界范围内迅速推进。首先是在南欧,希腊和西班牙继葡萄牙之后开始民主转型;接着民主化潮流转移到拉丁美洲,包括厄瓜多尔、秘鲁、玻利维亚、阿根廷、厄瓜多尔和巴西从20世纪70年代末期相继向民主制度转向;之后民主化的潮流又来到了亚洲,包括印度、土耳其、韩国和我国台湾地区先后走上了民主道路;最后民主化的浪潮降临共产主义世界,匈牙利、波兰等国率先建立民主制度,其后苏联崩溃。参见[美]亨廷顿:《第三波:20世纪后期的民主化浪潮》,欧阳景根译,中国人民大学出版社2013年版,第9~16页。

[6] See Ruti G. Teitel, “Transitional Justice Genealogy”, *Harvard Human Rights Journal* 16, 2003.

[7] 何勤华等:《纽伦堡审判与现代国际法的发展》,载《江海学刊》2006年第4期。

[8] 陈贞如:《国际刑事司法于转型社会的功能》,载《国家发展研究》2012年第2期。

[9] 施正锋:《以转型正义的探讨——由分配到认同》,载施正锋主编:《转型正义》,台湾国际研究学会2013年版,第12页。

具有象征性意义的事件。[10] 第二次世界大战结束之后，对加害者的刑事追诉既表现为由国际力量所主导的纽伦堡和东京审判以及国际刑事法院所构成的“国际刑事追诉机制”，又包括由民族国家依靠本国刑事法律制度对加害者进行审判的“内国刑事追诉机制”。[11]

其次，司法机关在受害者赔偿问题上也能发挥一定的作用。一般而言，威权统治时期的人权侵犯案件数量多、案情复杂、证据难觅，如果由法院负责所有受害者的赔偿问题，那么法院明显不堪重负。因此在受害者赔偿问题上，通常采用的做法是议会单独制定赔偿法律指定由某个行政机关或特别设立的机构具体负责受害者赔偿事宜。但是，前文中关于戒严时期政治案件受害者及其家属在解严后所获得的赔偿表明，解严时并未得到确定判决的受害人仍可以经由上诉或抗告等司法程序获得救济。就此而言，司法机关在特定情势下也可以赔偿受害者。

最后，在揭示人权侵犯案件真相方面，法院对加害者的审判是获得威权统治真相的重要方式。法院审判对于真相揭露而言又可进一步区分为两种不同形式，即为惩罚而真相和为真相而真相。在为惩罚而真相的审判中，惩罚加害者是发动审判的主要目的，揭示真相只是审判过程中为证实加害者罪行而提供系列证据的附带结果，因此，是否提供出完整的真相并不必然影响审判的进行。除了为惩罚而真相之外，还存在着为真相而真相的审判。为真相而真相的审判以阿根廷于20世纪90年代所进行的“真相审判”为代表，当时的民众尤其是失踪者家属强烈要求政府满足其获得真相的权利，而真相获得则不可避免地需要案件加害者的合作，可是由于这些加害者中大多数都已经获得各种大赦或特赦，因此无法通过对其进行刑事审判来获得真相。为此，阿根廷特别成立“真相法庭”，一方面，法院有权利传唤嫌犯出庭接受询问；另一方面，法院不能据此对加害者进行定罪和刑事处罚。由此可以看出，在为真相而真相的审判中，“确立罪行和惩罚的归属乃是分离开来的，司法机关有可能进行真相调查的程序，但不一定会进入控告、裁判或定罪的阶段；因此，法院所进行的工作可能仅限于调查威权时代统治者侵害人权之事实”。[12]

二、中国台湾地区转型正义中的司法

单从威权体制转型的视角来看，司法尤其是“大法官释宪”在加速台湾地区威权体制向民主政治转型与民主的巩固和深化过程中的确发挥了重要作用。在20世纪90年代初期，面对“万年国会”迟迟不进行改选的现象，台湾地区“大法官”作成释字第261号，要求第一届未定期改选之“中央民意代表”除事实上已不能行使职权或经常不行使职权者，应即查明解职外，其余应于1991年12月31日以前终止行使职权，并由台湾当局以台湾地区宪制性规定之精神、本解释之意旨及有关法规，适时办理全台湾地区性之次届“中央民

[10] 参见朱力宇、熊侃：《过渡司法：联合国和国际社会对系统性或大规模侵犯人权的回应》，载《浙江大学学报》（人文社会科学版）2010年第4期。

[11] 参见李怡俐：《转型正义的机制及脉络因素——以台湾为例》，载《台湾人权学刊》2012年第2期。

[12] 黄若羚：《转型正义与法院之功能角色》，台湾大学法律学研究所2007年硕士学位论文，第116页。

意代表"选举。[13] 在2000年3月24日,"大法官"更是通过释字第499号宣告:第5次台湾地区宪制性规定增修条文中的"国大代表""立法委员"任期延迟和"国大代表"依政党在"立法委员"选举中的得票比例分配名额等条款与台湾地区宪制性规定中具有本质重要性而为规范秩序赖以存立之基础,产生规范冲突,为自由民主宪政秩序所不许……应自本解释公布之日起失其效力。[14] 正因为台湾地区司法管理机构"大法官"在台湾地区民主转型过程中的如此积极作为,台湾地区宪法学者叶俊荣认为台湾地区司法管理机构"大法官"不仅在法治理想的营造上对于台湾地区宪政主义发展有其深远的影响,更通过解释对于台湾地区总体发展的其他面向有着深浅不同的着力。[15]

然而,司法机关在民主转型议题上的积极作为并没有延续到转型正义议题的处理之中。台湾地区在民主转型之后既没有对人权侵犯案件[16]的加害者进行刑事起诉和审判,也没有启动为真相而真相的审判。本应由司法承担的加害真相揭露和加害者责任认定工作为台湾当局公布特定的报告所替代,以"二二八事件"为例,台湾当局曾在20世纪90年代和21世纪初先后公布"'二二八事件'研究报告"和"'二二八事件'责任归属研究报告",[17]对"二二八事件"的具体经过和当时主要政治人物在事件中的责任问题都给予了较为明确的回答。然而,由于多方面因素的限制,台湾地区不仅没有对加害者进行审判和追责,而且台湾当局发布专门报告的形式在范围和程度方面都存在着严重缺陷。正因如此,台湾地区学者吴乃德曾言道:"台湾有一个特色:在台湾至少有一万多个受害者,可是没有任何一个加害者。将近二十年了,我们还不知道到底谁应该为这一万多件侵害人权、凌虐生命的案件负责。"[18]考虑到民主转型之后国民党仍然长期在政治生活中占据主导地位,在司法并不独立的年代指望司法机关对参与人权侵犯的威权统治者进行起诉和审判并不现实。然而,即便在经历政党轮替之后,司法机关对于转型正义似乎仍然秉持消极态度。以国民党党产问题为例,国民党党产积累于威权统治时期,民主转型之后其数额不降反增,由此渐成为民主体制下一种"病态"的存在。[19] 2000年"大选"之后,国民党党产

---

〔13〕 三民书局编:《"大法官"会议解释汇编》(增订8版),台北,三民书局2010年版,第136页。

〔14〕 同上书,第432页。

〔15〕 叶俊荣:《从"转型法院"到"常态法院"——论"大法官"释字第261号与第499号解释的解释风格与转型脉络》,载《台湾大学法学论丛》第31卷第2期。

〔16〕 国民党在台湾地区威权统治时期所造成的人权侵犯案件主要包括"二二八事件"和戒严时期政治案件,后者通常又被称为"白色恐怖",指"在台湾地区戒严期间发生的或者是依据戒严时期的政治刑法,或者是基于最高领导人的专断意志,或者由于是情治人员的私自作为所导致的一系列侵犯基本人权的案件"。参见孟磊:《台湾地区转型正义问题研究》,载喻中主编:《政治法学研究》(2015年第2卷),法律出版社2015年版,第77页。

〔17〕 夏立安和孟磊对两份研究报告进行了详细的对比分析,参见夏立安、孟磊:《转型正义中的"二二八事件"——以"二二八事件"的两份研究报告为视角》,载《山东社会科学》2015年第5期。

〔18〕 吴乃德:《转型正义和历史记忆:台湾民主化的未竟之业》,载《思想季刊》2006年第2期。

〔19〕 2014年年末,为了回应新当选国民党主席朱立伦的党产处理承诺,国民党副秘书长兼行政管理委员会主任委员林德瑞于2014年12月31日向国民党中常会作了专门的党产报告——"社团法人中国国民党党产报告"。根据该份报告,国民党现有党产分为不动产和党营事业两部分:不动产方面,147笔土地共值新台币6.15亿元,房屋有152笔,价值新台币4.08亿元;党营事业方面,"中央投资公司"总资产新台币382.74亿元、净值新台币180.72亿元,欣裕台公司总资产新台币52.76亿元、净值新台币52.64亿元。国民党合计总资产新台币455.7亿元,净值新台币243.56亿元。

的弊病日益为社会各界所公认,虽然相关各方并未能就如何清理国民党党产达成一致意见,但是无论民进党抑或国民党都分别采取了相关的处理行动。其中民进党"执政"时期的台湾地区交通事务主管部门曾就国民党的党营事业中国广播股份有限公司接收的日产与使用预算购买的财产诉至法院请求予以返还,在其就嘉义明雄土地、八里机室、板桥机室、天马计划房地和花莲机室所分别提起的五起诉讼中,法院只在天马计划房地的诉讼中判决台湾地区交通事务主管部门胜诉,其余案件除花莲机室案未有下文之外,另外3起均在一审中判决台湾地区交通事务主管部门败诉。[20]

司法机关在加害者审判与国民党党产处理问题上始终秉持消极乃至拒绝的姿态,但至少在受害者赔偿问题上,司法机关的立场经历了从消极向积极转化的过程。早在1987年解严伊始,台湾当局即通过"国家安全法",其中第9条第2款规定"戒严时期戒严地域内,经军事审判机关审判之非现役军人刑事案件,于解严后……刑事裁判已确定者,不得向该管法院上诉或抗告"。面对着对戒严时期政治案件受裁判者(受害者)极度不利的条款,台湾地区司法管理机构"大法官"竟然在释字第272号解释中宣告"国家安全法"第9条第2款的规定系基于此次戒严与解严时间相隔30余年之特殊情况,并谋裁判之安定而设,亦为维持社会秩序所必要……与台湾地区宪制性规定尚无抵牾。[21] 抛开对这一解释条文的价值争议不谈,从其导致的实际后果来看,正是这一"释宪"彻底堵死了大多数戒严时期政治案件受害者寻求司法救济的渠道,而相关的行政赔偿则经过了大约10年才成为可能。随着"宪政改革"的推进和民主转型的深化,台湾地区司法管理机构"大法官"的态度也发生了积极的变化,在相关的"释宪"中体现于推动补偿措施的不断改进。其中释字第477号的解释进一步扩大了台湾地区"戒严时期人民受损权利回复条例"的适用范围;[22] 第487号解释宣告台湾地区"冤狱赔偿法"第2条中规定将"行为违反公共秩序或善良风俗或应施以保安处分者"排除出台湾当局赔偿范围之外的规定违反了台湾地区宪制性规定;第624号解释确定军事审判程序亦得适用"冤狱赔偿法"请求台湾当局赔偿等。除此之外,1995年1月18日台湾当局公布了"戒严时期人民受损权利回复条例"。该条例的内容主要包括:其一,条例适用的对象仅限于犯内乱、外患、"惩治叛乱条例"或"检肃匪谍条例"之罪;其二,因犯上述罪行而致使担任或从事公务、公职、教育、专门职业等资格被剥夺以及抚恤金、退休金或保险金领受资格丧失的,可以向主管机关申请回复;其三,因犯上述罪行而被没收财产者,可以请求发还或金钱赔偿;其四,在戒严时期受不当羁押,或于无罪判决确定前受羁押或刑之执行者,可以准用"冤狱赔偿法"的相关规定,向地方法院请求台湾当局赔偿。正是这一有关司法赔偿的规定使更多的司法机关在对受害者赔偿的处理过程中能够发挥到一定的作用。

综上所述,在台湾地区转型正义的具体实践过程中,司法机关发挥积极作用的场合较

[20] 参见《附录4 国民党党产相关司法案件汇编》,载徐永明主编:《转型,要不要正义?》,财团法人台湾智库2008年版,第181~182页。

[21] 三民书局编:《"大法官"会议解释汇编》(增订8版),台北,三民书局2010年版,第145页。

[22] 将"不起诉处分确定前或后""经治安机关逮捕以罪嫌不足径行释放前""有罪判决(包括感化、感训处分)执行完毕后""无罪判决确定后"等四种情形而"受羁押或未经依法释放"的台湾居民纳入可申请赔偿的范围。

少，消极应对乃至拒绝推进转型正义反而成为司法活动的常态。因此，就台湾地区转型正义的整个过程而言，台湾地区司法机关“对于转型正义的问题，大多采取回避或排斥的态度”，[23]转型正义中的台湾地区司法过于保守。

三、司法保守的转型正义论析

民主转型完成之后，司法系统在处理威权时期大规模人权侵犯案件时的消极立场并非个例，除中国台湾地区外，20世纪70年代的西班牙在民主转型之后也“没有任何政治人物、独裁时期官僚或军方人物对于曾经发生的死亡、虐待或非法监禁等暴力事件遭到起诉或审判”。[24] 对于司法的缺席，一种较具代表性的看法是，出于司法系统自身的特殊性，司法人员并未像立法和行政系统那样经受民主选举的检验，其与过去的威权体制存在着各种藕断丝连的关系。换言之，威权统治时期任命的司法人员仍然大量在职是造成司法机关在面对威权统治罪行时行动消极的主要原因。由这一立场或判断可以同时导出两个结论：其一，完成民主转型的国家或地区有必要像中东欧国家那样实施大规模的人员整肃或曰权力净化；其二，中国台湾地区司法机关在实施转型正义中的偏保守行径端赖于民主转型后并未有对司法人员进行彻底的清理或整肃。

前一项结论的真确性暂且不论，仅就后一项结论而言，其确实能够在一定程度上解释台湾地区转型正义中司法机关的行动逻辑。从1987年解严到2000年民进党意外赢得大选这段时间，国民党在定期民主选举的考验下仍然全面掌握立法权和行政权，由此也就顺带将司法权、考试权和监察权一起并入囊中。台湾地区的法院和检察体系20世纪90年代之后相继进行了一系列的改革，司法独立性在改革之后已有相当重大的进步。不过相较而言，检察体系所受的控制远甚于法院，因为“只要检察体系不起诉它的政治人物，就没有案件会被送进法院审理”，[25]从这个意义上必然能够想见国民党在其全面“执政”时期对检察体系的严厉控制和检察改革的激烈反对。因此，正是国民党“执政”时期对司法系统的控制导致司法无法在实践转型正义过程中有更大的作为。

然而，上述解释并非没有漏洞。首先，国民党在2000年大选后即失去了对台湾地区最高行政权的掌握，顺带也就丢失了对检察体系的控制；其次，民主化与司法改革之后出现的新一代法官和检察官与过去的威权体制已无关联，但是此后却依然没有就战后台湾地区的人权侵犯案件发起刑事起诉和审判；最后，但有可能是最为重要的反例是，与在转型正义过程中的消极态度相比，司法机关在民主政治转型过程中可谓多次“挽狂澜于既倒”。因此，有必要考虑如下的这种解释可能性，即台湾地区的司法机关除了受制于外部的政治压力而导致“客观不能”在转型正义实践中积极作为之外，实施转型正义尤其是对加害者的起诉和审判是否与台湾地区司法系统的精神理念与价值追求相一致？

对此，台湾地区学者王金寿曾经一针见血地指出：台湾的司法体系在台湾社会中是相

[23] 黄若羚：《转型正义与法院之功能角色》，台湾大学法律学研究所2007年硕士学位论文。

[24] 柳嘉信：《西班牙的转型正义——从“选择遗忘”到“历史记忆”》，载施正锋主编：《转型正义》，台湾国际研究学会2013年版，第161页。

[25] 王金寿：《台湾的司法独立改革与国民党侍从主义的崩溃》，载《台湾政治学刊》2006年第10卷第1期。

当保守的。20世纪80年代当台湾政治和社会开始转型时,社会几乎各个层面,如环保、学生和劳工等都开始出现改革运动,台湾的司法体系几乎感觉不到这股社会风潮。[26] 从学理上说,台湾地区司法体系的这种保守性格毋宁表达了其在民主狂飙突进时代对法治的坚守。以台湾地区司法管理机构"大法官"的"释宪"为例,叶俊荣先生通过对"大法官"释字261号解释的风格与内涵的分析,认为其充分表现出"顺应外来压力,对其内部结构进行调整"的转型法院特色。[27] 但是观诸解严之后的"释宪",无论是认为台湾地区"国家安全法"第9条第2款符合台湾地区宪制性规定的释字272号解释,还是否定第5次台湾地区宪制性规定增修条文具有"合宪性"的释字499号解释,法治而非民主的压力才是"大法官"解释作成之一脉相承的依据。这也恰好可以解释为何台湾地区法院在审理国民党党产争议时,不仅不因国民党党产属于转型正义对象而一概认定其为非法,反而在大多数案件中确认对党产的所有是合法的。由于实施转型正义在法治层面上存在诸多可争议之处,[28] 因此在一个始终以法治为价值理据的司法系统中,其在转型正义问题上的消极作为便不难理解。

四、结　论

台湾当局于20世纪90年代先后通过了"二二八事件处理及补偿条例"和"戒严时期不当叛乱暨匪谍审判案件补偿条例",对"二二八事件"和戒严时期政治案件的受害者及其家属予以赔偿。在不涉及加害者问题的情况下,台湾当局得以一心将精力集中到受害者及其家属赔偿方面,进而取得了较为令人满意的成果。不过,由于在整个过程中都没有处理加害者问题,因此导致下述疑问:当前台湾地区是否还有必要继续进行转型正义的实践?

塞缪尔·亨廷顿(Samuel P. Huntington,1927~2008年)将转型正义作为民主巩固阶段必须处理的两个关键问题之一提出来,[29] 倘若依循亨廷顿所谓的检验民主巩固与否的"双流转测验"[30] 的标准,台湾地区在经历过2000年和2008年两次政党轮替之后已达到

---

[26] 王金寿:《台湾司法改革二十年:迈向独立之路》,载《思与言》2008年第46卷第2期。

[27] 叶俊荣:《从"转型法院"到"常态法院"——论"大法官"释字第261号与第499号解释的解释风格与转型脉络》,载《台湾大学法学论丛》第31卷第2期。

[28] 即便是最成功的纽伦堡审判,其在回应法律的溯及力方面也是荏弱无力的。虽然纳粹德国在第二次世界大战战期间的行为已达到令人发指的地步,但是既然已经决定要通过文明的审判对其给予惩处,对法无溯及力违反所造成的合法性缺失至少给某些人留下了认定其为"胜利者的正义"的理由。在纽伦堡审判进行的整个过程中,法庭尽量小心翼翼地避免溯及既往问题,"对于宪章的溯及既往问题,法官寻找到的唯一解决办法是:法庭审判要牢牢依据宪章,不能审查这份文件的合法性基础"。参见朱淑丽:《纽伦堡审判面临的困境及其解决》,载《华东政法学院学报》2006年第3期。

[29] 另一个关键问题是"如何减少军人参政,并建立职业制的文官—军队关系模式,即'军事执政官的问题'"。参见[美]亨廷顿:《第三波:20世纪后期的民主化浪潮》,欧阳景根译,中国人民大学出版社2013年版,第203页。

[30] 亨廷顿以"双流转测验"作为衡量巩固民主的标准:民主转型后举行的首次选举中获胜的A政党在之后的一届选举中失利,并将权力和平的移交给赢得选战胜利的B政党,掌握权力的B政党又在下一届选举中失利并且顺利地将权力移交给选举获胜方A政党或C政党。如果某个新的民主政权顺利完成了上述测验,即意味着其民主体制已初步得到巩固。参见李西潭:《迈向巩固的民主:台湾案例》,载《中山人文社会科学期刊》1997年第5卷第2期。

了民主制度的初步巩固。在民主制度巩固之后，转型正义所需要处理的问题究竟对于民主继续深化有何影响，理论和实践层面对此都未能给出一个令人满意的答案。同时，在完成民主巩固之后必须要处理应对“背景性问题”和“体制性问题”，[31]而显然转型正义在解决这些问题方面无能为力。

退一步说，即便承认当前台湾地区仍有处理转型正义议题的必要性，但一个不容置疑的前提是遵循民主法治的制度架构。然而问题在于，民进党版的“促进转型正义条例草案”提议在台湾地区行政管理机构之下设立独立的“促进转型正义委员会”，不仅集行政权、调查权（第14条详细列举的各种事项）和准司法权（平复司法不公、认定不当党产等）等多种权力于一身，而且还授予其有权处理无限宽泛的“其他转型正义事项”。对此，早有学者指出：“在转型正义议题的处理上，如果采取过于激进的手段，例如以违反正当法律程序或法治原则的方式来对过去威权政府的官员施以强烈的报复或惩罚，则反而可能伤害正在进行中的宪政民主转型。”[32]

最后，如果追溯那些导致台湾地区的转型正义难以完满的根源，司法机关的缺席则具有不可估量的影响。而在民进党所设想的“促进转型正义委员会”的人员组成中，9名委员俱由台湾地区行政管理机构负责人提名经台湾地区立法机构同意后任命之，毫无疑问，这为以政治资源和政治利益而非公平正义为主要追求的政客介入转型正义提供了通道。一旦政客成为转型正义舞台上的“角儿”，转型正义恐怕难以避免沦落为赤裸裸的政治清算。俗话说，“恶魔得逞的必经之路，就是让好人无所事事”。[33]

---

[31] 按照亨廷顿的说法，在第三波民主化国家或地区，“背景性问题”不仅存在于威权体制中，而且民主转型之后依然会长期存在，主要包括“叛乱、部族冲突、地区对抗、贫困、社会经济不平等、通货膨胀、外债和较低的经济增长率”；民主政治下的“体制性问题”则有“容易陷入僵局、不能做出决定、易于受到宣传蛊惑和受控于既得利益集团”等。参见[美]亨廷顿：《第三波：20世纪后期的民主化浪潮》，欧阳景根译，中国人民大学出版社2013年版，第203～204页。

[32] 张文贞：《另类的宪改工程——擘建台湾的法治与政治信任》，载叶俊荣、张文贞主编：《新兴民主的宪政改造》，台北，元照出版公司2008年版，第325页。

[33] 英文原文为“The only thing necessary for the triumph of evil is for good men to do nothing”。

实践篇

个人信息利益的法律保护

——以信息财产权理论为视角

李 媛*

我们正在步入的世界,信息的价值受到人们广泛重视。一个关于信息的海量生成、分享、挖掘、分析、应用的数据时代正在开启。很多国家把数据、信息提升到国家战略的高度,美国政府更是把数据看作"未来的石油"。数据信息业已成为一种新的经济资产,如同货币或黄金。

数据、信息中潜藏的商业价值应归谁所有呢?是否可以赋予个人信息财产权的保护呢?美国与欧洲的学者对个人信息的财产权保护讨论甚多,但鲜有人相信它能落到实处。最早回溯到20世纪六七十年代,美国学者阿兰·威斯汀(Alan F. Westin)就已指出,应将个人信息看作一项财产权,因此,可考虑引入产权保护的方法来保护个人信息。[1] 该理论一经提出,便获得学术界的广泛关注。1972年的诺贝尔经济学奖获得者肯尼思·阿罗在20世纪80年代就曾指出:"把信息作为一种经济物品来加以分析,既可能,也非常重要。"[2] 1991年,萨缪尔森教授发表《信息是财产吗?》一文,并指出,信息是财产的法律观点会得到越来越多的认同,其中的原因之一,是为了促进信息产业的发展。[3]

20世纪初期,学者们开始尝试从财产法及财产理论中探索替代性的信息隐私保护方案,认为产权保护能实现个人信息控制权的回归。[4] 近年来,欧洲及相关国际机构一直在讨论个人信息中的经济价值问题,并希望寻找到更加合理和有效发挥其价值的方式。[5] 个人信息市场与个人信息的财产权制度,成为学术研究的热门话题。围绕个人信息市场与

---

* 西南政法大学民商法学院讲师,法学博士。
本文为2017年重庆市教育委员会人文社会科学研究项目"云中信息安全的隐忧与法律规制策略研究(17SKG007)"和中国法学会2017年度部级法学研究重点课题"未成年人网络安全法律问题研究(CLS2017B05)"的阶段性研究成果。

[1] See Alan F. Westin, *Privacy and Freedom*, London: The Bodley Head Ltd., 1967, pp. 324 - 325.

[2] [美]肯尼思·阿罗:《信息经济学》,何宝玉译,北京经济学院出版社1989年版,中译本序。

[3] See Pamela Samuelson, "Is Information Property?" *Communications of the ACM* 34, 1991, pp. 15 - 18.

[4] See Edward J. Janger, "Muddy Property: Generating and Protecting Information Privacy Norms in Bankruptcy", *William and Mary Law Review* 44, 2003, p. 1801.

[5] See World Economic Forum, Rethinking Personal Data: Strengthening Trust (2012); OECD, *Exploring the Economics of Personal Data: A Survey of Methodologies for Measuring Monetary Value*, OECD Digital Economy Papers, No. 220, OECD Publishing, 2013. Accessed January 1, 2018. https://www.oecd-ilibrary.org/docserver/5k486qtxldmq-en.pdf?expires=1522495284&id=id&accname=guest&checksum=10B75D5D0D99FFC44B2F9A36870B0E6C.

个人信息经济价值的议题,2012~2013年欧洲的几次大型会议及学术研讨会作了专门性讨论。学者与公众为何将财产权的观念推向高潮?或许,这不仅受到个人信息在信息经济社会中地位的影响,也受到了一些反监管文化的影响。个人信息的商品化不仅有利于建立市场化的模型,而且市场自身的调节会被认为是比政府自上而下的调控更为可取的方法。[6] 当今信息处理的实践,不应回避个人信息产权归属的问题。

一、个人信息财产权保护学说遭遇的批评

美国与欧洲现行有效的法律,并未明确承认信息主体对个人信息享有的财产性权益。[7] 不论美国还是欧盟,现阶段都未建构起个人信息财产权保护的清晰框架。公司、机构逐渐把它们日常处理的信息作为一种商品来对待。公司将提供商品、服务过程中采集到的个人信息,收集起来,有时还会将这些信息出售给其他公司。[8] 在美国的私法判决中,偶尔会认可信息是一项财产,但这样的认定只适用于公司采集到公民个人信息并将财产视为公司财产的一部分之后。[9] 对于能否将财产权理论应用到个人信息的保护中,多数法学学者持怀疑态度。杰西卡·利特曼(Jessica Litman)认为,数据信息交易并不为大多数人所接受和支持。[10] 现阶段,学者们主要是从以下几个方面对个人信息的财产权模式进行批评。

(一)非竞争性资源

传统观点认为,个人信息并不具有竞争性,并不稀缺。因此,不需要以创设财产权制度的方式,来限制人们对个人信息的使用。对比典型的资本与劳动力投入,学者纽曼认为信息具有如下典型特征:非竞争性,在复制与传播方面,没有或者仅有非常低的边际成本。学者萨缪尔森与雷丁认为个人信息并非一项稀缺资源。在某人获得他人信息的同时,其他人同样可能获得该信息,并且剩下的信息资源与之前他人获得的信息资源,在质量上并不会有任何区别。[11]

从知识产权路径保护个人信息的角度来看,帕梅拉·萨缪尔森(Pamela Samuelson)与玛格丽特·雷丁(Margaret J. Radin)指出,没有必要使用产权保护的方式对非稀缺性资源进行保护。当一项资源加入了人们的劳动,被生产出来,才应引入产权保护的方式。知识产权调动人们从事科学技术研究和文学艺术作品创作的积极性与创造性,并以赋予智力成果完成人知识产权的方式,回馈创造者,为智力成果的推广和传播提供法律机制。然

〔6〕 参见杰西卡·利特曼:《信息性隐私权与信息性财产权》,张雨译,载张民安主编:《信息性隐私权研究——信息性隐私权的产生、发展、适用范围和争议》,中山大学出版社2014年版,第259~260页。

〔7〕 See Vera Bergelson, "It's Personal but Is It Mine? Toward Property Rights in Personal Information", *U. C. Davis Law Review* 37, 2003, pp. 403-404.

〔8〕 See Jesscia Litman, "Information privacy/information property", *Stanford Law Review* 52, 2000, p. 1284.

〔9〕 See Nw. Airlines Privacy Litig., No. Civ. 04-126, 2004 WL 1278459 (D. Minn. June 6, 2004).

〔10〕 See Jesscia Litman, "Information privacy/information property", *Stanford Law Review* 52, 2000, p. 1303.

〔11〕 See Pamela Samuelson, "Privacy as Intellectual Property", *Stanford Law Review* 52, 2000, p. 1138; Margaret Jane Radin, Property Evolving in Cyberspace, *Journal of Law and Commerce* 15, Issue. 2, 1996, p. 515.

而,个人信息是信息主体日常活动的副产品,并非是有意识创作生成的数据信息。因此,倘若个人信息并不稀有(逻辑上不能排除他人接触到个人信息),且无须通过法律机制去刺激个人信息的生成,那么将个人信息产权化,显然不符合经济学原理。[12]

(二)个人信息市场的失灵

诸多研究隐私保护的学者都认为,目前的个人信息隐私市场运作得并不顺畅。而这当中的市场失灵无法进行自我完善。市场的缺陷会导致市场中的竞争参与者采取有害于个人信息保护的竞争措施。美国研究隐私保护的学者朱莉·科亨(Julie Cohen)就曾论述财产权与信息隐私权间的负相关性。[13] 她解释说:"个人身份可识别信息中的财产权会带来诸多风险,这些风险在促成更多交易的同时,也会使人们享有更少的隐私。"[14] 市场失灵会使人们卖掉更多与自身相关的商品化信息,从而吞噬掉现有层面的隐私保护。正如学者马克·莱姆利(Mark A. Lemley)所总结的那样,并不存在能妥善解决立足于财产权的信息隐私权问题的良好的市场解决方案。[15]

在评估市场对个人信息的作用方面,学者保罗·施瓦茨(Paul M. Schwartz)在其研究中总结过一个标准,此标准需评估消费者会在多大程度上遭遇隐私价格歧视。[16] 经济学家对价格歧视下的定义为:销售者给不同的消费者确定不同的价格,其中,价格因素的确定并非取决于销售成本,而取决于消费者的购买需求。[17] 假设有甲和乙两位消费者,甲保护个人信息的意识较高,在意自己的个人信息被他人收集与使用,因此,甲为公开自己的个人信息所设定的价格会比较高,于是,谁能满足甲的隐私偏好,谁才能收集与利用他的个人信息;相反,乙对自己的个人信息被别人如何收集与使用则毫不在乎,因此,相对甲而言,乙为自身的个人信息所设定的价格会比较低。在财产权制度的背景下,需要交易双方最低限度的合作。然而,市场存在的缺陷之一就是其本身无法对消费者进行区分,只能作二元选择,要么禁止商业公司收集个人信息,要么允许。同时,还需看到,大部分用户并没有意识到他们访问的网站正在采集用户的个人信息。学者内尔·奈塔丽(Neil Netanel)指出,即便用户意识到自身的信息正在被网站采集,也不清楚自己的信息是否会被做进一步处理,更不会知晓这些信息将以怎样的方式被处理。[18] 另外,消费者进行消费的一般惯性使他们很少能在交易合同中对违约条款进行议价与自由选择。在现行并不透明的信息市场中,财产化的保护模式会使在收集、处理、传输个人信息方面有更大影响

---

〔12〕 See Pamela Samuelson, "Privacy as Intellectual Property", *Stanford Law Review* 52, 2000, p. 1138; Margaret Jane Radin, Property Evolving in Cyberspace, *Journal of Law and Commerce* 15, Issue. 2, 1996, p. 515.

〔13〕 See Julie E. Cohen, "Examined Lives: Informational Privacy and the Subject as Object", *Stanford Law Review* 52, 2000, p. 1391.

〔14〕 Julie E. Cohen, "Examined Lives: Informational Privacy and the Subject as Object", *Stanford Law Review* 52, 2000, p. 1391.

〔15〕 See Mark A. Lemley, "Private Property: A Comment on Professor Samuelson's Contribution", *Stanford. Law Review* 52, 2000, p. 1554.

〔16〕 See Paul M. Schwartz, "Privacy and Democracy in Cyberspace," *Vanderbilt Law Review* 52, 1999, p. 1687.

〔17〕 See Richard A. Posner, *Economic Analysis of Law*, New York: Aspen Publishers, 2003, p. 283.

〔18〕 See Neil W. Netanel, "Cyberspace Self Governance: A Skeptical View from Liberal Democratic Theory", *California. Law Review*, Vol. 88, Issue. 2, 2000, p. 476.

力的一方受益。它们不仅能够潜在地引导消费者作出决定,还能在制定合同规则、谈判规则上,拥有更大的权力与影响力。在个人信息隐私市场中,消费者具有的相对脆弱性与系统性劣势,是学者对个人信息商品化担忧的一个重要方面。

(三)信息的公共产品属性

有研究认为,应将个人信息视为公共物品,将信息隐私的价值归于社会。在科恩看来,隐私权的发展能够促进自治文明与民主社会的形成,因而从广义的角度说,信息隐私权是一个文明社会的组成元素。[19] 罗伯特·波斯特(Robert C. Post)则指出:“民主社会需要自治公民对其进行创建。”[20]如果不对收集、利用用户个人信息的行为进行限制,网络跟踪与监视成为社会常态,人们将会对是否参与民主自治犹豫不决,从而限缩自己的行为。因此,信息性隐私权能够使社会获益并有利于民主社会的构建,它被视为一种共享资源,需要法律与社会从一定程度上对其进行建构与保护。

个人信息的财产化应被限定在一定程度之内,因为它会破坏信息资源的共享。但完全将个人信息界定为公共领域的公共产品,在信息驱动的经济社会,是一种单纯的幻想。这是一个多元的领域。信息的公共资源属性,需要通过法律及其他能够限制获取用户个人信息的规范来保障。社会公众从中收益的,是建立在民主协商基础上的社会秩序与公民自治的能力。公共产品的属性,表明财产化的模式或许不能恰当地保护个人信息。因此,绝对的个人信息财产权保护模式具有潜在的缺陷。

(四)财产的自由转让性会加剧个人信息市场的缺陷

基于财产的可转让性,部分研究信息隐私权的学者对财产权模式提出了质疑。在这些质疑意见中,塞缪尔森指出,财产权的特点之一在于,当所有权人将自己享有的财产权出售时,买方能够自由地将这一财产权再转让给第三方。产权意味着自由转让,这是无可争议的事实。虽然财产权的自由转让性能在诸如土地、汽车市场领域有效运行,但其是否能在信息性隐私权领域有效运行,尚不十分清楚。[21]

这当中存在两个问题。第一,财产的自由转让性会禁止人们限制另一方对自身信息的使用与转让。比如,某甲可能愿意将自己的个人信息出售给乙公司,并要求乙公司只能将其个人数据信息用于特定目的,甲并不愿意乙公司将其个人信息再卖于其他公司,也不愿意乙公司以超出事先约定的信息特定用途的目的与方式使用其个人信息。可是,一旦人们转让、放弃自己的财产权利时,就不能再对这些权利作出限制了。第二,估价上的困难。信息隐私固有的无法量化的维度,会在信息隐私通过交易而转换成货币时被扭曲。即使人们对个人信息的用途与价值有充分认识,并从其用途中估量出了一个货币价值,这个货币价值也很难准确反映信息隐私意义,这是因为,人们并不善于估算事务的未来价值

---

〔19〕 See Julie E Cohen, “Examined Lives: Informational Privacy and the Subject as Object”, *Stanford Law Review* 52, 2000, p. 1427.

〔20〕 Robert C. Post, “Defending the Lifeworld: Substantive Due Process in the Taft Court Era”, *Boston University Law Review* 78, 1998, p. 1542.

〔21〕 See Pamela Samuelson, “Privacy as Intellectual Property”, *Stanford Law Review* 52, 2000, p. 1138.

并将估算的价值折现成货币。[22] 个人也很难预知信息每次被使用时的情况、使用的次数及使用其信息能够为商家创造的价值。信息有多种用途,信息的后续利用会使信息不断增值。因此,个人要对其信息隐私进行准确的作价评估,是比较困难的。

二、批评意见的误区与正解

上述反驳观点,不能成为反对个人信息财产化的充分有力的理由。

个人信息不具有竞争性,不属于稀有资源的观点,忽视了个人信息生成、采集、流动的背景。首先,我们生成了大量与自身息息相关的信息,这些信息被广泛采集,它们不仅反映了我们的存在,也揭示出我们的特质、所从事的工作和个人的喜好。我们并未完全了解所有与我们自身相关的信息。比如,我们是否是亨廷顿基因的携带者,这些与我们息息相关却并未显露那些隐藏起来的特质,需要付诸劳动,进行挖掘才能发现。其次,当今无数的电子平台,对个人信息进行着观察、记录、分析,这已完全不同于信息革命发生前个人信息流动与采集的方式。无数的商业模式构建在电子平台采集、获取的个人信息上。通过对这些信息进行串联分析,公司及相关机构能描绘并还原出一幅高度契合我们日常生活的细致图景,并将这些信息在市场上进行买卖,从中获取利润。这些储存在数据库、资料库中的信息,被进一步挖掘出来,用作对我们进行预测分析的材料。而一旦企业采集到用户的此类信息后,在无利润可图的情形下,是不会主动将自己采集、分析的用户信息向第三方披露与分享的。

信息产业的强有力的参与者,在信息市场上排除其他同业竞争者的现象,成为驳斥个人信息是非竞争性资源观点的有力理由。事实上,个人信息采集后,需要进行分析,提取其中有商业价值的部分。这项工作往往在搜索引擎,电子商务网站及信息技术的服务应用等各式各样的电子平台采集到用户的位置信息、个人喜好、财务信息、健康状态等数据后,通过专业的算法分析,提取用户资料中有商业价值的部分。这些平台与服务应用在获取上述信息后,将排除市场的其他参与者。上述行为导致的一项结果是,市场的其他竞争者将无法接触到电子平台与相关服务应用采集到的个人信息。提倡个人信息财产权保护的学者们注意到,企业已将个人信息视为商品,该商品也成为一种竞争性的资源。

信息不仅具有竞争性,并且在当代信息社会中,个人信息才是信息生成、采集、流动体系下的核心资源。信息市场的失灵并不是对数据信息交易全面禁止的理由,尽管这是践行个人信息财产权理论所面临的一大难题。信息共享与信息具有公共产品的属性也令人反思,这样的特质在何种程度上会阻止个人信息成为一项财产。但应看到的是,在财产可转让性这一问题上,通过法律规范对信息权利的所有、转让、使用进行限制,规范信息控制者、使用者的行为并限制潜在的第三方从中获利的财产权模式,也并非无法实现。法律和社会规范能引导人们对个人信息的收集、使用、传播、处理等行为。

---

[22] See Julie E Cohen, "Examined Lives: Informational Privacy and the Subject as Object", *Stanford Law Review* 52, 2000, pp. 1397 - 1398.

三、个人信息的商品化与自由转让交易市场的萌芽

个人信息的商品化与自由转让交易市场早已开始萌芽，在日本，富士通公司建立了数据交易市场——Data Plaza，在该网站买卖的数据包括个人在购物网上的购物记录、手机定位信息、社交网站的帖子、出租车上安装的传感器所获得的交通堵塞信息等。美国的Personal公司鼓励用户上传个人数据，并使用户通过出售数据获得经济收益。Factual公司也推出了数据超市。[23] Commodity. us网站则鼓励用户从社交网站Facebook上下载自己的信息，并将信息上传到Commodity. us网站上，个人信息经过该网站的评估，对于其中有商业与艺术价值的信息，网站会将其对应的价值支付给用户，使用户从自己的个人信息中获利。这种个人信息市场交易模式被认为是有利于构建个人信息产权保护制度的有益之举。而它的萌芽与发展得益于如下几个方面。

首先，信息的数量正在快速增长。有些数据是“天生数字化”的，人们将它们创造出来用于计算机和数据处理系统，如网页浏览、GPS定位、电子邮件；有些数据是“天生模拟的”，如相机、摄像设备录制的可视或语音信息、通过可穿戴设备检测到的身体信息，如心率、排汗量等。[24]

其次，信息的格式与来源也愈发广泛和多样。信息的格式与来源，连同它的类别与复杂程度，都处于持续增长中。数据融合能将分散的数据信息整合在一起。大部分数据资源来源于以下渠道采集的信息：社交媒体、公众网络、政府的官方记录与数据库信息、聚集商业交易中的个人数据而形成的商业数据库、地理空间数据、各类调查，以及通过扫描并借助光学字符识别转化形成的电子形式的传统离线文献。而大量具有上网功能与包含传感器的设备的出现，扩大了从物理实体，包括从传感器和射频识别芯片中采集数据的能力。在这些数据的来源中，存在大量的个人信息。而个人定位数据则来自GPS芯片、无线网络映射、移动设备蜂窝信号基站的三角测量以及个人支付行为等。[25]

最后，数据分析能呈现个人清晰的行为图谱与个性化的行为偏好。大数据分析的发展，可以使诸多信息相互结合在一起，创造出个人清晰的行为图谱，从而预测消费者的行为与偏好。当相关机构与企业融合了大量不同类型的数据并对其进行分析处理时，就可能在消费者用语言明确表示前，提供给他们所需的产品、服务与信息，甚至有意识地引导消费者的消费行为。企业希望通过分析这类数据即刻获益的要求越来越高。这些详细的私人档案在消费者市场、广告市场、在线教育市场、医疗保健领域等市场都备受欢迎。个人信息呈现出巨大的商业价值，这些商业价值在成功的商业模式中得到了淋漓尽致的展

---

〔23〕 参见王忠：《大数据时代个人数据隐私规制》，社会科学文献出版社2014年版，第21页。

〔24〕 See President' s Council of Advisors on Science and Technology, *Big Data and Privacy: A Technological Perspective*, May, 2014, pp. 18 – 22.

〔25〕 See McKinSey Global Institute, "Big Data: The Next Frontier for Innovation, Competition, and Productivity", Accessed January 7, 2018. https://www. mckinsey. com/~/media/McKinsey/Business% 20Functions/McKinsey% 20Digital/Our% 20Insights/Big% 20data% 20The% 20next% 20frontier% 20for% 20innovation/MGI_big_data_full_report. ashx.

现,如社交网站、搜索引擎、行为广告公司等。依赖于对海量个人信息的掌握,这些公司得以蓬勃发展。[26] 它们所处的市场主导地位与已取得的成功,很大程度上是由它们能接触到的数据信息所决定的。[27]

四、信息财产权归属的首要性

个人信息的拥有权属于谁?在这之上产生的利益又归属于谁?如果政策的制定者没有对个人信息财产权归属作出界分,没有设置个人信息保护的默认规则,也没有强行要求未经信息主体的同意不允许使用个人信息,那么这一系列的不作为无异于将个人信息的产权让渡给信息产业中的强势方,令个人在企业面前的自主性被侵蚀,信息自决权受到侵害。

(一)产权形成与初次分配理论

经济上的财产权,即使没有得到法律认可,也可能自行实施。与法律上通过立法程序构建的财产权不同,经济领域的财产权反映的是产权人享用资源排除他人干扰的实际能力。约翰·昂伯克(John Umbeck)关于产权形成与初次分配的理论成为构建个人信息财产权的支柱之一。该理论认为,当珍稀资源的产权归属未曾界定或界定不清时,产权的分配会与人们排除他人掌握该珍稀资源的能力相适应。[28] 换言之,产权的初始分配与排除他人干预、入侵的能力是直接相关的。在观察当代人们处理个人信息的现状时,我们发现,当法律上与个人信息相关的财产权归属界定不明时,信息产业作为一个强有力的因素,会攫取个人信息中潜藏的商业价值。机构、商家也在事实上主张,自己应对收集的海量用户资料的数据库信息及消费者行为偏好特征的数据分析享有财产权。

(二)信息产业对个人信息财产性利益的攫取

作为一个强有力的参与者,在产权尚未获得法律上的初始分配时,信息产业中的强势企业已在事实上攫取了个人信息上的利益,这些强势企业集中在社交网络、购物网站、电邮、APP应用、搜索引擎等众多领域。在多数情况下,信息主体并不知晓自己的信息已被采集,也不清楚被采集的信息类型以及它们在将来的用途。事实上,在现阶段的实践操作中,并没有任何具有实质意义的同意选择机制,能排除其他主体对信息主体信息的使用。现行信息主体所享有的知情同意的选择机制是不成功的。知情同意提供给信息主体的选

---

〔26〕 See Catherine Tucker, *The Economic Value of Online Customer Data*(paper represented at the Economics of Personal Data and Privacy:30 Years after the OECD Privacy Guidelines, Paris, France, December 2010), Accessed January 7,2018. http://www.oecd.org/document/22/0,3746,en_2649_34255_46565782_1_1_1_1,00.html.;Dan Tynan,"As Applications Blossom,Facebook Is Open for Business",Accessed January 7,2018. https://www.wired.com/2007/07/facebook-platform/.

〔27〕 See Cédric Argenton and Jens Prüfer,"Search Engine Competition with Network Externalities", *Journal of Competition Law and Economics* 8,2012,pp.73-105.

〔28〕 See John Umbeck,"Might Makes Rights:A Theory of the Formation and Initial Distribution of Property Rights", *Economic Inquiry* 18,1981,pp.38-59.

择呈现出要么接受，要么放弃的特质。因此用户只享有两个选择权——“我接受”或者“我拒绝”。应用程序在安装过程中需要用户作出选择。要让用户作出同意的选择并不困难，因为点击“我拒绝”的按钮会终止安装程序。软件开发商将用户同意的选择设置成用户能使用服务的前提条件。

当一款应用软件提供给用户的服务是独一无二的，或不使用这款应用程序会被社会排斥时，想让用户拒绝隐私服务的协议，几乎是不可能的。另外，最近一项实证研究揭示，即使应用程序的隐私政策作出了保护用户个人信息的郑重承诺，但若缺乏后续强化用户个人信息控制权制度的有效支撑，表面上的承诺将不能为隐私与信息保护提供一个安全的港湾。这样的隐私承诺，实则是一种市场营销策略。当商家承诺对采集的个人信息严格保密或采取相应的方案与应对措施，而实质上这些措施又未落实到位时，大多数用户其实并不知情，反而会相对信任地将个人信息甚至是敏感信息分享出来。这就会导致一个悖论，即那些在表面上看来本应为用户个人信息提供更好保护的措施与方案，往往会使用户更易受到伤害。[29] 在这一过程中，信息产业中的商家事实上攫取了个人信息中的财产性利益。

而电子平台与服务应用经营者排除市场中的其他竞争者获取其已采集的个人信息的方法，则是通过以下两种途径实现的：第一，通过采取安全措施的方式，防止其他竞争者接触到其已采集与储存的用户信息；第二，限制用户查阅与复制个人信息记录的权利。事实上，在绝大多数情况下，只有电子平台与服务应用的提供者才具备完整的洞察力，能全方位地了解并洞察用户的完整信息。因此可以说，信息产业几乎攫取了个人信息中的财产性利益。

（三）个人：信息财产权之初始性权利的主体

信息技术与电子服务市场已证实，个人信息是一项竞争性资源，而信息产业中强有力的竞争者，有效排除了用户与其他竞争者对个人信息的获取。经济学中的“科斯定理”认为，如果市场的交易成本为零或者很小，那么产权在开始时，无论赋予给谁，市场均衡的最终结果都将是有效率的，从而实现资源配置的帕累托最优。而理查德·塔勒（Richard Thaler）于1980年提出的“禀赋理论”则认为，当个人一旦拥有某项物品时，他对该物品价值的评价要比未拥有之前大大增加。[30] 塔勒的禀赋理论给科斯定理带来了挑战。禀赋理论认为，产权的初始分配是重要的，即使在交易成本为零的时候。这意味着，除非信息的财产权在一开始就已分配给信息主体，否则信息主体想要重新控制自己的个人信息将会变得非常困难，或者必须得付出高昂的成本代价。如果信息财产权初始性的赋予信息主体，并排他性地限制信息产业中的经营者直接获取个人信息的能力，这无疑会引发一场空前激烈的论争，即何种信息能归入个人所应享有的信息财产权的范畴。

---

〔29〕 See Laura Brandimarte et al.,“Misplaced Confidences:Privacy and the Control Paradox”, *Social Psychological and Personality Science* 4, 2013, pp. 340 – 347.

〔30〕 See Richard Thaler, “Toward a Positive Theory of Consumer Choice”, *Journal of Economic Behavior and Organization* 1, 1980, pp. 44 – 45.

五、个人信息财产权保护制度的探索

(一)权利让渡的限制

在施瓦茨所设定的个人信息财产权保护模式中,第一个关键因素是对个人信息的使用权及转让权进行的限制——这一点值得借鉴。为使消费者对自身个人信息享有法律上可执行的财产利益,需要精巧地构建信息财产权制度。这预示了要将一些特定的权利加入到个人信息中来。[31] 这样的制度安排允许个人分享自身信息,同时也允许个人在将来自身信息的使用上设置限制条件,限制下游信息的转让与潜在第三方在其个人信息上享有的利益。[32] 在一个财产权的信息保护方案下,为特定目的将个人信息作为商品来对待,应对消费者在公开市场上自由买卖个人信息的权利做出限制。[33] 这些限制性条件能够用来解决隐私市场失灵的问题,不过,这样的限制不仅需要法律的跟进,也需要信息技术的支持。

在有关信息市场失灵的问题上,个人信息的二次使用与转让会加剧市场的缺陷,在信息收集与利用的处理实践中,信息往往是不对称的。因此,为了降低信息交易中一次性授权所产生的负面结果,应同时对个人信息的使用权与转让权进行规范限制,限制潜在的第三方从个人信息的后续使用与转让中获益。

(二)事前同意的默示规则

对使用权与转让权的限制包含了一个前提,即事前同意的默示规则。该规则需要将个人信息的财产权初始且明确地赋予信息主体。该规则能够为信息主体提供一个自由选择的机会,自主决定是否允许其他主体使用其个人信息,也能促使信息控制者向信息主体披露信息使用情况。默示规则的应用当设置为强制性的,以使信息交易的双方不能抛开此规则进行谈判。事前同意的默示规则能有效降低信息的不对称性,迫使信息控制者和信息处理者在采集、使用、转让个人信息之前获得信息主体的同意,这将有利于信息市场更好地运转,也能促进社会在信息市场上投资。

有学者认为,事前的同意机制不可避免地存在弱点。这一弱点体现在,通知用户以征求用户同意的成本有时会超过用户个人信息所蕴含的潜在价值。波斯纳曾指出,有时获得用户同意的成本要比信息本身的价值高很多。交易成本的存在会促使信息利用方在没有得到用户授权同意的情况下进行个人信息的收集与交易,如果将交易双方都投入昂贵的谈判之中,则会降低交易的效率。[34]

事实上,上述担忧在现阶段看来稍显多余。个人信息市场具有巨大的价值。从个人信息中挖掘的价值远高于事前通知消费者获得消费者同意的成本花费。中国信息通讯研

---

〔31〕 See Paul M. Schwartz, "Property, Privacy, and Personal Data," *Harvard Law Review* 117, 2004, p. 2098.

〔32〕 Ibid., p. 2097.

〔33〕 Ibid., p. 2094.

〔34〕 See Robert A. Posner, "The Right of Privacy", *Georgia Law Review* 12, 1978, pp. 394 - 395.

究院于2017年发布《中国大数据发展调查报告(2017)》指出,2016年中国的大数据市场规模为168亿元,增速高达45%;预计中国2017~2020年增速保持在30%以上。[35] 个人信息交易已造就了一个强劲的、拥有潜在巨大价值的市场。我们需注意的一个重要方面就是科技变革所带来的力量。信息科技的发展能够大大降低信息交易的成本,使信息控制者、使用者能够以更低廉的成本取得信息主体的授权同意,通过电子的网上超文本链接、对话框的形式,来采集人们同意授权的意向,使成本最小化。

(三)选择退出的权利

个人信息权的应有之义包括从信息交易中退出的权利。信息主体在做出选择之后,仍然能够享有从已达成的数据信息处理协议中"退出的权利","以防止出现初始协商不利对个人产生的长期不利影响"。[36] 从这个角度看,个人只是部分或暂时地将自己的权利让渡出去。当人们改变主意时,可以拒绝个人信息被再次利用和再次转让,这将有力地避免一次不明智的选择可能给自身造成的永久伤害的结果。

退出是实现信息共享的必备要素。有效的资源共享需要培养共同的价值观,并将低劣的合作者排除出去。退出权使信息主体能在遭遇到低劣的信息控制者与信息处理者时选择退出,这会对其他潜在的信息主体造成影响。信息市场在这样的趋势下,会缩小用户数量,惩罚那些欺诈性的信息控制者与信息处理者。当然,在面对可能的欺诈行为时,我们需要通过立法来规范信息控制者和信息处理者保护个人信息的承诺。国家和有关部门不仅要规范采集、使用信息时提醒通知的形式,更要监督信息保护承诺的实施。

(四)损害赔偿制度

当信息受到侵害之际,以损害赔偿金,包括违约金的方式对信息主体进行赔偿,是一个值得纳入考量的选择。因为,让信息销售者与信息购买者为信息侵害行为进行自由定价,将会出现一些难题:第一,实际的损失往往难以准确进行估算;第二,单个的个人信息数据的市场价值并不高,在面对诉讼时,个体所能得到的损害赔偿金可能还无法负担一场诉讼的费用;第三,侵害信息隐私的行为常常难以被发现,取证也异常困难。在很多侵害个人信息的行为发生后,受害者往往并没有意识到自己的信息已被他人非法利用。

相比于对损害进行主观估值的方式,惩罚性赔偿金有自身的优势。惩罚性赔偿金的界定可以结合考虑信息处理者的主观可责性、信息处理的目的、受影响的信息主体的数量、遭侵害的程度、持续时间,信息控制者和处理者为减轻信息主体所受损害而采取的行动、受侵害的个人信息的类别、获得的经济利益、是否有侵害信息的历史、侵权行为被发现的难易程度等方面予以确定。赔偿金的方案有利于促进信息市场的运转,也有利于信息市场的建设和维护。如果法律设定了较高的损害赔偿金,便能鼓励相关机构和企业加大对信息保护措施的投入,履行自己的信息保护承诺,并震慑潜在的违法者,鼓励人们通过

---

〔35〕 参见中国信息通讯研究院:《中国大数据发展调查报告(2017)》,载中国信息通信研究院网:http://www.caict.ac.cn/kxyj/qwfb/ztbg/201703/P020170327603296651223.pdf.,最后访问日期:2018年1月7日。

〔36〕 Paul M. Schwartz,"Property,Privacy,and Personal Data",*Harvard Law Review* 117,2004,pp.2106-2107.

诉讼来捍卫个人信息受侵害的权利。

六、结 论

互联网信息技术在短短20年的商业化浪潮中,以前所未有的速度谱写着改变世界的产业传奇和创业人生,创造着全新的产业生态和经济模式。然而,信息技术的迅猛发展早已把法律远远地抛在身后。大数据时代的商业自律模式缺乏保护个人信息的动因,个人信息保护现状不仅存在制度性缺陷,又缺乏道德伦理的指引,在面临保护个体信息自决权和促进信息的合理使用与流动的权利冲突时,如果政策制定者倾向于对后者进行保护,则会支持将信息财产权赋予信息产业中的经营者。如果其在认定信息财产权的归属上犹豫不决,那么信息财产权同样会被信息产业中的经营者攫取。事实上,在探索个人信息财产权保护模式的道路上,我们需要认识到,信息具有个人与社会的双重价值,信息市场的失灵会损害到个人自决与民主自治的能力。因此,我们需要针对个人信息的规制措施进行不断审查并作出相应调整。个人信息财产权保护的核心问题,并非应否引入财产权保护的方法,也不是信息财产权应赋予谁,真正的问题是如何在引入财产权保护方法的同时,进行合理架构,以实现信息时代经济的持续繁荣与对个人私权的尊重。

欧洲人权法院对侦查阶段律师阅卷权的保障及启示

李冉毅*

2012年修改后的《中华人民共和国刑事诉讼法》(以下简称《刑事诉讼法》)明确了律师在侦查阶段的辩护人身份,并同时规定:"辩护律师在侦查阶段可以向侦查机关了解犯罪嫌疑人涉嫌的罪名和案件有关情况,提出意见。"[1]了解案件的相关情况是辩护律师展开有效辩护的前提,至于是通过阅卷还是其他方式了解案件情况,立法则没有提及。根据《刑事诉讼法》第38条的规定,"辩护律师自人民检察院对案件审查起诉之日,可以查阅、摘抄、复制本案的案卷材料",立法似乎只认可辩护律师在案件进入审查起诉阶段之后的阅卷权,但从整体看来,立法也没有否认辩护律师有权在侦查阶段查阅侦查机关掌握的案件信息。[2] 然而,实践中的做法是统一的,由于没有法律明文的授权,侦查机关尚未准许辩护律师在侦查阶段通过阅卷的方式了解案件的有关情况。

阅卷权向来被认为是行使辩护权的重要条件,但基于有效侦查的需要,辩方在侦查阶段的阅卷权会受到不同程度的限制。即使是准许辩护律师在侦查阶段阅卷的国家,侦查机关也可以在被告有篡改、毁灭证据或干扰证人作证等可能时,以危及侦查目的为由限制辩护律师的阅卷权。然而,此时缺乏证据资讯的辩方处于绝对劣势的地位,其完全无力与侦查机关抗衡,在侵害基本权最强烈的审前羁押中更是如此。即便在审判阶段给予刑事被告人最完善的程序保障,往往也无法衡平侦查中双方力量极度悬殊对被告人防御权所造成的影响。[3] 那么,即使存在危及侦查之事由,是否仍应在必要时为辩护律师的阅卷权提供保障?侦查机关能否无限制地以有碍侦查为由限制辩护律师的阅卷权?本文将以欧洲人权法院针对德国法院的系列判决为例,分析并展示欧洲人权法院对待上述问题的基本立场,希望为我国侦查阶段辩护律师阅卷权的保障提供借鉴思路。

---

* 西南政法大学法学院讲师,法学博士。

本文为重庆市社科规划博士项目"庭审实质化的实践阻力与应对策略研究(2017BS41)"的阶段性成果。

[1] 最高人民法院等六部委《关于实施刑事诉讼法若干问题的规定》第6条进一步规定,"辩护律师在侦查期间可以向侦查机关了解犯罪嫌疑人涉嫌的罪名及当时已经查明的该罪主要事实,犯罪嫌疑人被采取、变更、解除强制措施的情况,侦查机关延长侦查羁押期限等情况"。

[2] 也有学者认为,《刑事诉讼法》第38条并不能符合逻辑地得出这样一个结论,即认为在此前的侦查阶段,辩护律师不能获悉专门机关掌握的任何与案件有关的信息。尽管辩护律师不能获取全部证据材料,但是对于其正常履行辩护职责至关重要的一部分信息其是有知悉权的。换言之,主张辩护律师在侦查阶段的阅卷权的观点,与《刑事诉讼法》第38条之间并不存在任何冲突。参见孙远:《论侦查阶段辩护律师的阅卷权》,载《法律适用》2015年第2期。

[3] 参见刘学敏:《欧洲人权体制下的公正审判权制度研究》,法律出版社2014年版,第263页。

一、欧洲人权法院相关案例概览

早在2001年，欧洲人权法院就曾于同一天对三个类似的案件作出裁判，在这三个案件的内国诉讼程序中，辩护律师都没能在侦查阶段的羁押审查中及时、完整地查阅案卷。

在"利措诉德国案"（Lietzow v. Germany）中，[4]申诉人利措是污水处理部门的一名主管，因涉嫌贪贿犯罪被逮捕。法兰克福地区法院认为申诉人极有可能与他人串供和影响证人作证，因而对其下令羁押。在羁押审查程序中，申诉人的辩护律师向检察院申请查阅侦查卷宗，或者至少查阅对羁押令产生决定性影响的两位共犯的供述笔录。但检察院认为阅卷将妨碍正在进行的大范围调查，于是依据德国《刑事诉讼法》第147条第2款[5]的规定拒绝辩护律师的阅卷申请，也未同意其查看两位共犯的供述。在地区法院作出维持羁押的决定后，申诉人向上诉法院提起抗告，同时质疑检察官不准其阅卷的行为。地方法院认为在侦查阶段决定能否让辩护律师阅卷是检察院的权力，因而没有必要对其进行附带的救济，申诉人可以通过法律明确提供的救济渠道就检察院拒绝律师阅卷行为的合法性提请审查。

在"加西亚诉德国案"（Garcia Alvav v. Germany）中，[6]申诉人加西亚是一名计算机科学研究生，因为涉嫌毒品交易被柏林检察院逮捕，随后被柏林蒂尔加滕区法院下令羁押。在羁押审查程序中，申诉人的辩护律师向检察院申请阅卷，检察院仅准许其查阅申诉人的供述笔录和搜查申诉人住处的记录的复印本，对于案卷中的其他文件和记录，包括最关键的对申诉人不利的证词，检察院以可能危及侦查为由拒绝其查阅。在区法院裁定继续羁押之后，申诉人向柏林地方法院提出抗告，地方法院在裁定驳回抗告的同时表示，尽管法官当时持有侦查卷宗的复印本，但其并没有权力决定是否准许辩方阅卷，并且认为，口头告知辩方不利的证词已足够其行使辩护权。针对申诉人的抗辩，地方法院认为可以在某种程度上采取措施以保证有效追诉犯罪的公共目的得以实现。

在"绍普思诉德国案"（Schöps v. Germany）中，[7]申诉人绍普思因涉嫌参与诈欺团伙和毒品犯罪，并且有逃亡、毁灭证据和影响证人作证的风险，被埃森地区法院下令羁押。在申请羁押审查时，申诉人的辩护律师向检察院申请查阅侦查卷宗，但被检察院以可能危及侦查为由拒绝。在区法院裁定继续羁押后，申诉人向杜塞尔多夫地方法院提起抗告，并继续向检察院申请阅卷，检察院以卷宗原本将继续用于侦查，且复制本已移送法院审查为由再次拒绝了律师阅卷。辩护律师随后向法院申请阅卷，并表示由于检察院的羁押意见不全面，没有提供足够的参考依据，因此在没有查阅案卷的情况下无法对检察院的羁押意见提出有效的争辩。检察院在地方法院维持继续羁押的裁定后，向辩护律师提供22本卷宗以供查阅。申诉人在向州高等法院提出的抗告中申请全面查阅案卷，其辩护律师认为

[4] Lietzow v. Germany, Eur. Ct. H. R., No. 24479/94(2001).

[5] 根据当时的德国《刑事诉讼法》第147条第2款规定，案卷中尚未注明侦查已终结时，如果查阅可能危及侦查目的，侦查机关可以拒绝辩护人查阅案卷或案卷的个别部分，以及查看官方保管的证据件。

[6] Garcia Alvav. Germany, Eur. Ct. H. R., No. 23541/94(2001).

[7] Schöps v. Germany, Eur. Ct. H. R., No. 25116/94(2001).

还有更多的卷宗未提供给他查阅,目前仍无法针对指控提出有力的争辩。相反,高等法院认为申诉人对无法全面阅卷的异议不会对继续羁押产生任何影响。

在上述三个案件中,虽然申诉人的辩护律师最终得以查阅全部案卷材料,但都是在初次提出阅卷申请数月之后。在内国诉讼程序期间,三位申诉人都曾就羁押合法性和检察院拒绝阅卷的行为向德国联邦宪法法院提起宪法诉讼,但都未能得到联邦宪法法院的支持。

时隔数年后,欧洲人权法院在"莫伦诉德国案"(Mooren v. Germany)中再次针对羁押审查中的律师阅卷问题作出裁判。[8]

申诉人莫伦由于涉嫌逃漏税款被逮捕,门兴格拉德巴赫地区法院认为他可能毁灭或隐匿更多详细的商业交易和账目记录,下令对其羁押待审。申诉人在获得律师帮助后向区法院申请羁押审查,与此同时,检察院以危及侦查目的为由拒绝辩护律师的阅卷申请。负责侦办该案的检察官同时告知辩护律师将口头通告该案的事实和证据问题,但律师不接受该提议。在区法院裁定继续羁押后,地方法院驳回了申诉人的抗告。针对辩护律师阅卷的申请,地方法院认为目前只能以口头方式告知其案卷的内容,在此阶段辩护律师不能毫无限制地查阅案卷。申诉人再次向州高等法院提出抗告,他认为了解羁押令所依据的事实和证据是他的宪法性权利。检察院认为根据税务部门提供的概览表已足以清楚申诉人在这些年的收入总额和逃税总额。律师认为,概览表仅仅提供了一个税务部门调查的结果而已,在没有看到其依据的相关文件和记录的情况下,无法确认结果是否正确。州高等法院认为,区法院的羁押令没有注明申诉人有重大犯罪嫌疑以及羁押理由所依据的事实,根据公平听审的宪法权利,犯罪嫌疑和羁押理由所依据的事实和证据应当向辩方充分展示,以便其提出意见并进行有效辩护。随后,州高等法院撤销了区法院和地方法院之前的裁定,并将案件发回至地区法院,但并未撤销羁押令。区法院重新对申诉人的羁押令进行审查。辩护律师收到了检方提供的4页材料,主要还是申诉人涉嫌逃税期间的收入和偷逃税额的概览表。区法院重新就羁押令制作了4页纸的说明,详细列举了申诉人不同时期在不同公司的收入,以及涉嫌偷逃税款的具体数额。对此,申诉人仍然认为了解到的信息有限。直至地方法院裁定停止羁押后,辩护律师才获准查阅到完整的卷宗。在国内法院审理期间,申诉人曾针对羁押令和维持羁押的裁定向德国联邦宪法法院提起上诉,同时主张检察院拒绝阅卷的行为违反了欧洲人权法院的判例。然而,德国联邦宪法法院在未说明详细理由的情况下裁决不予支持申诉人的诉求。

二、欧洲人权法院的基本立场

以上案件中,欧洲人权法院都无一例外地判决德国当局拒绝辩护律师阅卷的行为违反了《欧洲人权公约》第5条第4款的规定。这些判决的论证思路可以反映出欧洲人权法院对待侦查阶段羁押审查时辩护律师阅卷权的基本立场。

---

[8] Mooren v. Germany, Eur. Ct. H. R., No. 24479/94(2009).

(一)拒绝辩护律师阅卷的行为违反《欧洲人权公约》第5条

在上述案件中,申诉人均根据《欧洲人权公约》第5条第4款中"因被逮捕或者拘留而被剥夺自由的任何人有权利用司法程序要求法院对其拘留的合法性做出决定"的规定,主张检察院拒绝辩护律师阅卷的行为违反了司法程序的基本要求。对此,德国政府在"利措诉德国案"等案件中指出,《欧洲人权公约》第5条第4项并没有专门赋予被羁押的嫌疑人及其辩护律师查阅案卷的权利,与《欧洲人权公约》第6条有所不同,第5条第4款规定的核心意旨只是在于保障被羁押人获得法院司法审查的权利,并不涉及辩方的阅卷权问题。

欧洲人权法院支持申诉人的主张,明确阐述了自己的基本观点:《欧洲人权公约》第5条第4款之规定要求法庭不仅要迅速审查羁押的合法性,而且必须提供程序上的保证,即剥夺人身自由的审查程序须符合司法程序的基本要求,该程序应当是对抗式的听审程序,必须保证控辩双方"平等武装"。[9] 换言之,当事双方应当有同等机会知悉对方提出的证据并进行质疑。虽然公平质证的权利是《欧洲人权公约》第6条公正审判权制度的主要内容,但并不妨碍在审前程序中同样适用。[10] 鉴于审前阶段维护控辩双方"平等武装"与审判阶段同等重要,如果要在握有强大侦查力量和资源的检察官面前保证辩方不处于明显的弱势地位,除了强调检察官的客观义务之外,同时要让辩方接触相关卷证。因此,考虑到剥夺人身自由对公民基本权利的重大影响,审前阶段的羁押审查程序更应最大可能地满足公正审判的所有要件,如此才能达到"两造对抗"和"平等武装"的标准。如果检察院拒绝辩方查阅案卷,辩方就无法获得适当的机会去挑战羁押的合法性,那么该程序就未实现控辩双方"平等武装",也就不符合《欧洲人权公约》第5条第4项对于司法程序的要求。

针对上述案件中申诉人的主张,德国政府也提出过另一抗辩:检察院虽然基于有效侦查的必要限制了辩护律师的阅卷权,但最终都将全部卷宗材料提供给辩护律师查阅。对此,欧洲人权法院认为这并不影响认定德国当局的行为违反《欧洲人权公约》第5条的规定。比如,在"莫伦诉德国案"中,尽管门兴格拉德巴赫地方法院后来承认申诉人的诉讼权利因其辩护律师被拒绝阅卷而受到损害,并且检察院最终允许辩护律师查阅案卷,但此时申诉人已经被附条件释放,辩护律师阅卷已无助于羁押合法性的审查。检察院准许律师全面阅卷的时间与辩方初次提出阅卷申请的时间相隔数月,申诉人在经历缺少公正审判要件的羁押审查程序后已被羁押数月。此时,迟来的阅卷已无法弥补先前拒绝阅卷对申诉人权利造成的侵害。[11]

(二)不得克减羁押审查中辩护律师的阅卷权

辩护律师在侦查阶段的阅卷权固然重要,但不是毫无限制,因为侦查信息的外泄可能

---

[9] Lamy v. Belgium, [1989] Eur. Ct. H. R., Judgement of 30 March 1989, Series A no. 151, at 16 – 17, § 29.

[10] Imbrioscia v. Switzerland, [1993] Eur. Ct. H. R., Judgement of 24 November 1993, Series A no. 275, at 13 § 36.

[11] Mooren v. Germany, Eur. Ct. H. R., No. 24479/94 (2009).

影响到继续侦查的效果。德国政府在“利措诉德国案”中提出抗辩,由于侦查涉及160多项指控,过早的准予阅卷可能存在串供、毁灭证据的危险,进而不利于案件事实的调查。欧洲人权法院也承认,为了有效侦查犯罪,侦查部门可以将收集到的部分重要资讯保密,以防止嫌疑人毁灭、篡改证据,妨碍司法正义的实现。但是,有效侦查的目的不能以被追诉人防御权的牺牲为代价。因此,基于平衡侦查保密、证据保全和被告人防御权的需要,至少应当让被告的辩护律师熟悉、评估与羁押决定相关的所有信息。在“利措诉德国案”等案和“莫伦诉德国案”的内国诉讼程序中,尽管检察院曾以不同的方式提供给申诉人及其辩护律师案件的部分信息,但这不足以保证辩护律师对羁押的合法性提出有效的质疑。欧洲人权法院的态度很明确:在羁押审查中,不得以任何方式克减辩护律师的阅卷权。

其一,不得以羁押令记载理由代替律师阅卷。在“莫伦诉德国案”的内国诉讼程序中,州高等法院已经意识到根据公正审判的宪法权利,应当保证辩方充分了解相关事实和证据,以便其开展有效辩护。但是其矛头指向并非检察院拒绝律师阅卷的行为,而是区法院未能详细记载事实和证据的羁押令。高等法院强调,特别是在检察官拒绝辩护律师阅卷的时候,羁押令更应详细地记载犯罪嫌疑和羁押理由所依据的事实和证据,不能仅依据从申诉人住宅内搜查到的一些文件便认定申诉人有逃税的重大嫌疑。[12] 按照高等法院的思路,虽然“平等武装”在羁押审查程序中不可或缺,但是并非只有律师阅卷才能实现这一目的,羁押令详细记载事实和证据也足以保证辩方了解具体情况。对于这一阅卷的替代性措施,德国政府早已表示认同:在“利措诉德国案”中,羁押令所记载的信息足够申诉人行使其防御的权利,因为它包含与申诉人作案嫌疑相关的所有事实和证据,并且详述了羁押的理由;在“加西亚诉德国案”中,法院提供给律师的羁押令复印件已经包含关键证人的陈述,已满足律师的需求。对此,欧洲人权法院认为,羁押令记载事实和证据的方式是不足够的。一方面,羁押令虽包含了指控事实的摘要、区法院关于羁押理由的意见以及相关证据目录,但是并没有提供相关证据的具体细节。特别是在“利措诉德国案”中,羁押令不能完整地反映最关键的另外两名同案嫌疑犯的供述,辩方就无法通过羁押令记载的内容质疑两名同案犯供述的可靠性和准确性,进而质疑检察院和法院的结论。另一方面,羁押令所记载的部分涉案事实是法院根据检察院提供的证据材料所认定的事实,而辩方在没有获知事实根据的情况下很难质疑这些事实的可靠性。[13] 换言之,辩方即使清楚地认识到检察院建构的案件事实,也没有撼动其根基的力量。

其二,不得以口头告知代替律师阅卷。在这四起案件的内国诉讼程序中,检察院都曾口头告知申诉人或其辩护律师与羁押决定相关的信息。在“加西亚诉德国案”中,柏林地方法院明确表示口头告知辩方不利证词已足够保障其辩护权的行使。德国政府在欧洲人权法院的审理程序中也指出,对于指控事实并不复杂的案件,通过口头交流案件事实与证据即可。与此相反,所有申诉人及其辩护人认为这种方式很难对辩护起到实质性地帮助。欧洲人权法院对申诉人的主张表示支持,其在“莫伦诉德国案”中明确表示,仅通过口头

〔12〕 Mooren v. Germany, Eur. Ct. H. R., No. 24479/94 (2009).

〔13〕 Lietzow v. Germany, Eur. Ct. H. R., No. 24479/94 (2001).

告知辩护律师案卷中的事实和证据不符合“平等武装”的要求，由于律师没有接触证据材料，从而无法判断这些材料的真伪，也无法发现其中的疑点。[14]

其三，不得仅提供部分卷宗材料给辩护律师查阅。这里所指的部分卷宗材料是指无法全面反映羁押所依据的事实及证据的卷宗材料。在“莫伦诉德国案”中，检察院仅提供给辩护律师关于申诉人涉嫌逃税期间的收入和偷逃税额的概览表；在“加西亚诉德国案”中，检察院仅准许辩护律师查阅申诉人的供述笔录和搜查申诉人住处的记录的复印本，并未准许查阅起到关键作用的不利证人证言。对此，欧洲人权法院指出，不得片面提供部分卷宗材料供辩护律师查阅，因为仅凭这些材料无法保证辩护律师进一步分析案件事实以及羁押之必要。[15]

另外，在“绍普思诉德国案”中，虽然地方法院在羁押审查时支持了辩护律师的阅卷申请，检察院随后向其提供了22本卷宗查阅，但在这之后侦查案卷又增加了45本，侦查机关却未及时提供给辩护律师查阅，其理由是辩护律师未提出明确的查阅申请。在欧洲人权法院的审理程序中，德国政府认为，根据德国法，阅卷需要辩方提出申请，侦查部门没有义务主动提供给辩护律师查阅。欧洲人权法院认为，在特定的情况下，如果辩方之前已经提出全面阅卷的申请，并明确指出了解案卷内容对于被告利益的急迫性时，司法部门应主动将增加的卷宗及时提供给辩方查阅，而本案中查阅新增编入的大量案卷需另行提出查阅申请的要求是一种过于形式化的做法。从中可见，欧洲人权法院要求国内当局提供辩护律师查阅的案卷范围，不仅局限于辩方提出申请时已经存在的侦查卷宗，而且包括后续侦查中增加的卷宗。

（三）内国法院应积极保障辩护律师阅卷

欧洲人权法院的判决在为羁押审查中辩护律师的阅卷权提供必要保障的同时，也对内国法院消极处理控辩双方有关阅卷问题争议的态度进行了批评。

在“利措诉德国案”等案件中，地方法院都曾表示在司法审查程序中原则上不能决定是否准予辩方阅卷，只有检察院才有权力作出决定。但是，法院对此缺乏直接的司法监督并不等于否认司法保护，因为有管辖权的法院可以审查检察院拒绝辩护律师阅卷是否侵犯《欧洲人权公约》第5条第4款规定保护的程序性权利。同样，在“莫伦诉德国案”中，德国政府虽然在答辩时承认拒绝辩护律师阅卷的行为未遵守《欧洲人权公约》第5条第4款之规定和“利措诉德国案”等案的判决，但仍辩解，申诉人在内国程序中未寻求适当地救济，因为申诉人没有依据德国《刑事诉讼法》第147条第5款之规定单独就检察院拒绝辩护律师阅卷的行为向有管辖权的法院申请审查和裁决。[16] 并且认为，根据德国《刑事诉讼法》，第147条第5款是针对阅卷权唯一可利用的救济条款。而在羁押审查中，法院不需要就拒绝律师阅卷的合法性问题以及辩护律师的阅卷请求作出回应。申诉人则认为，即使根据德国《刑事诉讼法》第147条第5款之规定寻求救济，也只是徒劳。

---

〔14〕 Mooren v. Germany, Eur. Ct. H. R., No. 24479/94(2009).

〔15〕 Garcia Alva v. Germany, Eur. Ct. H. R., No. 23541/94(2001).

〔16〕 根据德国《刑事诉讼法》第147条第5款之规定，在侦查程序中由检察院处置准予查阅案卷的问题，对于拒绝查阅案卷的，辩护人可以申请依照第162条有管辖权的法院裁决。

欧洲人权法院对德国政府的抗辩进行了反驳。在“莫伦诉德国案”的内国诉讼程序中,同时具有司法审查权的区法院没有回应阅卷的请求。[17] 同样,申诉人在向德国联邦宪法法院就羁押令提起的违宪之诉中也提出了无法阅卷的问题,但德国联邦宪法法院在驳回申诉人的宪法诉求时拒绝回应涉及阅卷的相关问题。这充分说明,德国政府对申诉人没有诉诸应有救济途径的指责,实际上是在逃避责任,内国法院处理申诉人诉求的态度反映出其在保障辩护律师阅卷权上的怠慢。鉴于此,欧洲人权法院认为,即使申诉人根据德国《刑事诉讼法》第147条第5款之规定专门就检察院拒绝阅卷的行为申请司法审查,也无法得到有效的救济。[18] 言下之意,内国法院在羁押审查中应积极对待辩护律师的阅卷问题,对检察院拒绝辩护律师阅卷具有司法审查权的地方法院,应在审查羁押令时一并对辩护律师的阅卷权进行救济,而不是消极推诿。

除此之外,欧洲人权法院阐明了内国法院应积极保障辩方阅卷的两点理由。首先,《欧洲人权公约》并非停留在理论或抽象层面的表态,而是要实际有效地保护基本权利,内国法院应当切实保证司法审查程序满足《欧洲人权公约》第5条第4款之规定。[19] 并且,其完全有能力保证辩方阅卷。例如,在“绍普思诉德国案”中,地方法院在公开听审之前有6周时间通过查阅案卷了解羁押合法性的问题,这足够保证辩方同时查阅案卷记载的内容。其次,申诉人针对羁押令申请司法审查的一个重要理由是辩护律师没有被准许查阅案卷,因而无法确认羁押令是否合乎法律的规定。[20] 即是说,申诉人主张行使阅卷权只是其质疑羁押令合法性的必要步骤,法院应当充分考量律师阅卷对于其有效质疑羁押决定的重要性。

三、欧洲人权法院判决对德国法的影响

在2009年修改之前,德国《刑事诉讼法》第147条第2款仅规定:“案件中如果尚未注明侦查已经终结时,如果查阅案卷可能危及侦查目的,则可以拒绝辩护人查阅案卷或案卷个别部分,以及官方保管的证据件。”[21] 依此规定,无论是在羁押案件还是非羁押案件中,辩护人阅卷权的保障程度并无不同,官方都可以危及侦查目的为由拒绝辩护人阅卷。显然,这样的规定已不符合欧洲人权法院数次判决的要求。

受“莫伦诉德国案”的直接推动,2009年修改后的德国《刑事诉讼法》第147条第2款增加规定:“第一句的前提条件(辩护人阅卷可能危及侦查目的)存在,并且被指控人处于待审羁押或在暂时逮捕情形中已申请待审羁押,仍应当以适当方式让辩护人接触对评断剥夺自由的合法性具有重要意义的信息;此种情形下,通常准予查阅案卷。”从中可见,修

[17] 在“莫伦诉德国案”中,虽然地方法院明确处理了律师阅卷的请求,但其在针对申诉人的抗告所作出的裁决中支持了检察院的立场:律师在当前阶段只能被口头告知案卷的相关内容,而不能不受限制地查阅案卷。

[18] Mooren v. Germany, Eur. Ct. H. R., No. 24479/94 (2009).

[19] Schöps v. Germany, Eur. Ct. H. R., No. 25116/94 (2001).

[20] Mooren v. Germany, Eur. Ct. H. R., No. 24479/94 (2009).

[21] 宗玉琨译注:《德国刑事诉讼法典》,知识产权出版社2013年版,第138页。

改后德国《刑事诉讼法》强化了侦查阶段羁押案件中辩护人的阅卷权。首先,在任何情况下,辩护人都有一项不受限制的权利,即通过适当方式接触与评断与羁押决定相关的重要信息。并且,该权利原则上应当以阅卷的方式实现。其次,辩护人获取与羁押决定相关的重要信息不仅限于针对羁押令的审查阶段,也包括申请羁押令的暂时逮捕阶段。即是说,辩护人可以同步获取并分析检察官申请羁押依据的事实和证据,进而对侦查法官的决定产生影响。

德国《刑事诉讼法》已经明确辩护人应获取与羁押决定相关的重要信息,纵使有危害侦查目的之风险,检察院也应当以适当方式向辩护人提供这些信息。至于何为阅卷之外的适当方式,修法"草案"只表示依个案决定,但是,如果只是让辩护人获悉一些侦查机关对犯罪事实的描述,并不足够,因为通过如此资讯根本无法挑战羁押之合法性。草案也强调,法官在判断羁押合法性时,不应把辩护人因侦查机关克扣隐藏而无法获悉的资讯,作为羁押裁定的理由。〔22〕 另外,由于"不得以口头告知代替律师阅卷"已被欧洲人权法院宣示在案,实际上也只剩阅卷这一种方式可以让辩护人充分接触与羁押相关的重要信息。德国学界认为"原则上应以阅卷实现"的规定具有重要意义,因为辩护人要获知客观的必要信息,最好自行通过阅卷方式获得,若仅依靠侦查机关告知卷宗信息,这些信息可能已经被筛选过,对辩护未必有用。〔23〕 因此,为避免侦查机关从自身立场解释卷证内容,实践中的适当方式达到的效果应当和阅卷等同。总体而言,修改后的德国《刑事诉讼法》相关规定已经符合欧洲人权法院的要求。

四、对欧洲人权法院判决的评述与借鉴

欧洲人权法院以《欧洲人权公约》第5条第4项之规定作为处理侦查阶段辩方阅卷问题的出发点,其并没有对侦查阶段辩方阅卷权的适用范围和限度进行直接回应,而是以"羁押合法性审查的司法程序保障"为标准,认为要实现司法程序最基本的"两造对抗,控辩平等",需保证辩护律师充分了解控方申请羁押以及法院决定羁押所依据的事实和证据。欧洲人权法院相关判决的基本立场为辩护律师在侦查阶段羁押审查中的阅卷权提供了必要保障。

第一,在被告人被羁押的情况下,辩方有权知悉与羁押决定相关的重要信息,该项权利应当优先于有效侦查以得到必要保障。欧洲人权法院的态度很明确,不论是否可能危及侦查目的,侦查部门都应当以适当的方式向被告人的律师提供与羁押决定相关的信息,以此保证羁押审查环节符合《欧洲人权公约》第5条第4款关于"对审程序"的要求。这意味着,无论案情多么重大复杂、嫌疑人多么危险,辩护律师均可不受限制地了解与羁押决定相关的重要信息,侦查机关对此没有任何权衡的余地。即便妨碍侦查的事由现实存在,欧洲人权法院仍然坚持正当程序和人权保障优先的原则,在实现侦查目的和保障辩方权益之间优先选择后者。

---

〔22〕 参见何赖杰:《论德国羁押强制辩护之新制》,载《台湾法学杂志》2014年第7期。

〔23〕 同上。

第二,只有全面、及时地查阅案卷才能保证辩护律师充分了解相关信息,其他任何单方面提供资讯的方式都有可能旁落辩护所需的必要信息。欧洲人权法院之所以强调不得以任何方式替代辩护律师阅卷,主要目的在于防止侦查部门选择性提供信息。如果辩护律师只能获悉所有事实的片段信息或整体结论,仍然无法对不利于己的羁押决定提出有效抗辩,尤其是无法对关键证言的可靠性和逻辑性提出疑问。这样的羁押审查仅形式上符合"对审程序"的要求,辩方实际上仍无挑战羁押决定的能力。欧洲人权法院的该要求没有给侦查机关留下任何裁量和选择的空间,最大可能地保证该阶段辩护律师阅卷权的实现。

第三,审查羁押合法性的法院应当积极保障辩护律师的阅卷权。欧洲人权法院根据内国法院处理羁押问题时对待律师阅卷权的消极态度判断,即使诉诸专门的救济程序也无济于事,并直接强调,内国法院应在审查羁押合法性时关注律师的阅卷问题。可以看出,欧洲人权法院摒弃形式主义的束缚,要求内国法院拿出更积极的救济姿态,为律师阅卷权提供直接保障。毕竟,通过另外的程序对阅卷权进行救济需要耗费一定时间,直接在羁押审查的同时解决该问题可以帮助辩护律师及时查阅案卷,进而更有效率地质疑羁押决定的正确性。欧洲人权法院对内国法院的严格要求,不仅可以从程序上保证羁押审查的正当性,同时能从实体上保证羁押决定的正确性。

第四,考虑到与其他利益的维护相平衡,只有辩护律师才能在羁押审查中享有无限制的阅卷权。欧洲人权法院在"福彻诉法国案"(Foucher v. France)中认可无辩护人的被告人享有同辩护律师等同的阅卷权,[24]该案判决也影响了德国法中阅卷权的调整。[25] 但在本文所讨论的案例中,欧洲人权法院只是将辩护律师在羁押审查中的阅卷权作为一种无限制的绝对权利,但对于此阶段被告人本人的阅卷权是否应受侦查利益的限制则没有直接表明态度。从这几个案件的判决细节可以看出,欧洲人权法院目前只支持辩护律师在羁押审查阶段享有无限制的阅卷权,而被告人本人的阅卷权在侦查阶段并不会得到特别保护,被告人可能会因为存在危及侦查目的的事由被拒绝或限制阅卷。这种折中的操作方式具有现实合理性,被告虽然是程序主体,但考虑到与案件结果具有相当密切的利害关系,为保全证据免于遭毁灭或篡改的风险,应当允许侦查机关在侦查保密和权利行使之间做出平衡;而辩护律师与案件结果没有直接利害关系,且有职业伦理规范加以约束,将阅卷主体限定于辩护律师可以将风险降到最低。

总体而言,欧洲人权法院的态度比较中肯和务实,既考虑到侦查不公开原则和有效侦查的需要,没有对整个侦查阶段的阅卷权作过多要求,又充分关注到被告人的基本权利,为侦查阶段的必要环节提供必要的阅卷权保障。欧洲人权法院的具体要求促进了德国法的调整和完善,也为我国侦查阶段辩护律师阅卷权的确立提供了可以借鉴的思路。

---

[24] Foucher v. France, Eur. Ct. H. R., No. 22209/93(1997).

[25] 德国《刑事诉讼法》于1999年增修了第147条第7款,即"只要为适当辩护所必要,不危及侦查目的,亦包括其他刑事程序的侦查目的,且不抵触第三人的、优势的、值得保护的利益,向无辩护人的被指控人可以依其申请提供案卷讯息和副本"。虽然该案是判决法国败诉,但鉴于欧洲人权法院判决的影响力和整合趋势,其他国家若不及时调整本国相关法律并使之符合人权法院判决的要求,则难免自己将成为下一个败诉国。

首先,应当确立侦查阶段辩护律师的阅卷权及其具体行使阶段。根据我国《刑事诉讼法》第86条第2款的规定,检察机关在审查批准逮捕时,可以听取辩护律师意见;辩护律师提出要求的,应当听取辩护律师的意见。如前所述,辩护律师提出意见的前提是了解羁押决定所依据的事实和证据,而仅凭会见犯罪嫌疑人询问情况和侦查机关单方面提供信息,无法保证辩护律师全面了解与羁押相关的事实和证据情况,更遑论进一步质疑证据的合法性和真实性。针对我国审查逮捕阶段的律师辩护情况,有学者通过实证研究发现,辩护意见提出与采纳情况均不甚理想,对不捕决定的整体影响极小。[26] 根据受访检察官的反映,阅卷权的缺乏是其中一个重要原因,辩护律师在审查逮捕时还未阅卷,无从掌握指控证据情况,自然无法就罪与非罪、罪行轻重、证据问题提出有说服力的意见。[27] 应当承认,侦查阶段阅卷权的缺失对辩护律师有效质疑逮捕之依据影响甚大,无法保证逮捕环节辩护的有效性。

欧洲人权法院基于"对审程序"的标准强调应保障羁押审查中辩护律师的阅卷权,但我国现状是,涉及是否决定羁押的审查逮捕环节、羁押必要性审查环节和延长羁押期限审查环节,都无法院的司法审查,更无对审程序的要求。因此,欧洲人权法院证成此阶段阅卷权的方式不适用于我国,但是,这并不意味着在这些程序环节就不需要保障辩护律师的阅卷权。我们可以借鉴欧洲人权法院所表达的权利保障优先和控辩平等的理念,尽可能为辩护律师在逮捕环节有效行使辩护权提供保障,从而为被剥夺人身自由的嫌疑人提供有效的救济。此外,从确保逮捕决定正确性的角度出发,让辩护律师查阅相关卷宗材料,使其对逮捕决定提出有力的质疑,同样很有必要。综上所述,我们可以参考欧洲人权法院判决的要求和德国《刑事诉讼法》的规定,在涉及是否决定羁押的审查逮捕环节、羁押必要性审查环节和延长羁押期限的审查环节,为辩护律师的阅卷权提供必要的保障。[28] 对于侦查阶段的其他环节,侦查机关根据侦查工作的具体情况保证辩护律师必要的知情权即可。

其次,检察机关侦查监督部门应积极保障辩护律师阅卷。有权利必有救济,否则权利将形同虚设。在审查逮捕等涉及是否决定羁押的环节,难免会出现侦查机关从本部门利益出发拒绝或限制辩护律师阅卷的情况,此时检察机关的侦查监督部门应承担起保障辩

---

〔26〕 该学者进一步指出,律师提出辩护意见的比例很低,被采纳后影响不捕决定的数量更少。辩护意见对检察机关几乎没有影响,检察机关做出决定完全是基于对案件证据进行的综合审查,而不是依据辩护意见的内容。即使被采纳的辩护意见,也仅关联逮捕必要性,不涉及案件事实、证据。参见马静华:《逮捕率变化的影响因素研究》,载《现代法学》2015年第2期。

〔27〕 参见马静华:《逮捕率变化的影响因素研究》,载《现代法学》2015年第2期。

〔28〕 需要说明的是,欧洲人权法院强调的需保障辩护律师阅卷权的羁押审查程序,实际上是"不服羁押决定的救济程序",而对于羁押决定程序是否需要保障辩护律师阅卷则无专门要求。如此要求,可能原因在于,欧洲大多国家决定羁押的程序较为迅速,从嫌疑人被拘捕到法官裁定羁押时间间隔较短,辩护律师阅卷时间非常有限。尽管如此,修改后的德国《刑事诉讼法》也一并强调在申请羁押令的暂时逮捕阶段仍应为辩护律师的阅卷权提供必要保障。根据我国《刑事诉讼法》的规定,嫌疑人在进入审查逮捕阶段之前很可能被拘留长达二三十天,在经历如此长时间的羁押之后,审查逮捕程序实际上是在审查决定是否继续羁押犯罪嫌疑人。因此,我们更有必要在审查逮捕之日起赋予辩护律师阅卷权,以保证其能够影响侦查监督部门的决定。另外,侦查监督部门审查逮捕的时间有7天,这基本可以同时保证辩护律师的阅卷时间和侦查监督部门的审查时间。

护律师阅卷的重任。一方面,侦查监督部门可以发挥其侦查监督的职能,对侦查机关拒绝律师阅卷的行为及时提出纠正意见,敦促侦查机关向辩护律师开放卷宗材料。另一方面,作为审查逮捕环节、羁押必要性审查环节和延长羁押期限审查环节的审查主体,侦查监督部门有责任保证程序的正当性和结论的正确性。此外,侦查监督部门有及时查阅案卷材料的条件,可以直接为辩护律师阅卷提供帮助。

最后,应当为无辩护律师的犯罪嫌疑人提供法律帮助。从欧洲人权法院和德国法的立场来看,被告人本人的阅卷权没有在羁押审查环节得到特别保护。对此,2009 年修改后的德国《刑事诉讼法》将羁押案件纳入强制辩护的范围,对于无辩护人的被告人,法院应当为其指定辩护人。就我国而言,保证无辩护律师的犯罪嫌疑人在侦查阶段得到有效的法律帮助是确有必要的。修改后的《刑事诉讼法》将法律援助延伸至侦查阶段,但其侧重点并不是羁押案件,这意味着目前侦查阶段的法律援助在防止不当羁押、错误羁押上的贡献非常有限。为尽可能防止这些情况的发生,应将法律援助的对象扩展至已被羁押的被追诉人,通过完善看守所值班律师制度,为被提请逮捕和已被逮捕的被追诉人提供及时的法律帮助。

论胎儿的拟制法律主体资格

——人权视角下的胎儿刑法权益保护

吴　鸣*

2011年，河南省新乡市李红某、李秀某姐妹在打工时先后成为同一工厂老总的“二奶”“三奶”，为争夺“二奶”身份，妹妹李秀某设计给已怀孕的姐姐李红某吃“生猪催肥灵”，导致后者快速增肥，胎儿畸形。据此，法院以故意伤害罪判处李秀某有期徒刑三年。此案立刻在全国引起争论：胎儿是否为刑法保护的主体？伤害胎儿是否构成对母体的伤害？伤害胎儿的行为侵害了何种法益？故意杀人、伤害犯罪是否要求行为时作为侵害对象的“人”必须存在？用隔离犯理论能否解释伤害胎儿案件中行为时“人”就已经存在？近年来，学界关于胎儿的刑法保护的讨论回到了胎儿死伤的问题上，并提出了一些新思考。例如，基于民法与刑法相统一的角度，提出了“通过医学技术维持生命特征并具备最终脱离该人工技术发育承认的可能性的胎儿属于社会意义上的人”的观点；[1] 又有“坚持胎儿不具有独立权利资格”的争论，[2] 以及“坚持将胎儿视为母体的一部分，通过保护孕妇健康保护胎儿的刑法介入胎儿的保护模式”等观点。[3] 我国法律规定“公民的权利能力始于出生”，因此胎儿不是法律主体。当胎儿在母体中遭受损害至其出生后畸形或疾病这样的“出生前损害”，都无法得到刑法的保护。目前我国刑法忽视了对胎儿的立法保护问题，导致涉及胎儿的诸多案件颇具争议，这与我国现代法治的精神和追求明显不符。随着科技前沿不断拓展、“国家尊重与保障人权”观念的深入，公民法律意识逐步加强，涉及胎儿权利与刑法保护的争议案件不断增多，关于胎儿刑法保护问题的传统观点已受到一定冲击。

一、胎儿保护的刑法背景

（一）有关胎儿的现有法规

1.胎儿法律主体资格的否定

我国无论是现行刑法典、刑法修正案，还是司法解释，都未对胎儿的法律地位作出过

---

* 甘肃政法学院公安分院讲师，西南政法大学刑法学专业博士研究生。

本文为中央财政支持地方高校建设项目“特殊群体权利保护与犯罪预防研究创新团队”研究成果。

〔1〕 参见周详：《胎儿生命权的确认与刑法保护》，载《法学》2012年第8期。

〔2〕 参见陈洪兵：《致胎儿死伤的刑法评价》，载《北方法学》2012年第4期。

〔3〕 参见陈金林：《在胎儿保护与孕妇权利之间——刑法介入胎儿伤害的模式分析》，载《刑法论丛》2015年第1卷。

明确认定。《中华人民共和国民法通则》(以下简称《民法通则》)第9条明确了胎儿不具有民事权利能力,也不是独立的民事主体,但为了保护胎儿出生后的权益,却在《中华人民共和国继承法》(以下简称《继承法》)中规定了胎儿的遗产利益。我国民法上虽不承认胎儿的民事主体地位,但对遗产份额划分的规定则体现了对胎儿权利的保护,间接承认了胎儿的民事主体地位。我国民法界对自然人的权利保护是建立在对"人"的普遍定义的基础上的,为了体现对每个自然人的特殊利益的关怀,而将自然人作为独立的民事个体来保护。因此,我国《继承法》规定的胎儿遗产利益,并非普遍意义上继承权。无论对自然人的定义上采取"独立呼吸说""露头说""脱离母体说",抑或是"阵痛说"等学说,都在规定自然人权利能力时采取"一刀切"的方式,否定胎儿的法律主体资格。

我国刑法只承认胎儿的法律客体资格,在司法实践中造成了诸多困扰:首先,否认胎儿的法律主体资格,将胎儿作为法律客体加以保护,使刑法在一些特殊案例中对胎儿权利的保护无能为力。如青海省湟源县梁某某等滥用职权案,几名城管在执法时强行将被害人李某抬上执法车驶离现场,并在车上对李某蒙住头部殴打,后弃于湟源县多巴镇政府院内离开,造成李某身体多处损伤,并导致腹中胎儿死亡。最终,法院判决三名城管殴打梁某某并致其死亡的行为构成滥用职权罪;而对三名城管故意伤害胎儿的行为,则因三人事后主动向被害人支付1.3万元赔付款最终被免于处罚。其次,仅将胎儿作为法律客体考虑,胎儿与母体的权利关系也由此难以划清。在"姐妹争宠案"中,孕妇在服用"催肥灵"后只出现了迅速长胖的结果,并未对身体造成伤害,不足以据此判处犯罪人有期徒刑,胎儿畸形才是犯罪结果,但由于我国刑法并未将胎儿规定为刑法保护的法律主体,使最终的判决结果稍显不公。

2. 刑法体系的内部矛盾

我国现行刑法结合2002年《人口与计划生育法》第35～36条规定:"严禁非医学需要的选择性别的人工终止妊娠";"非法为他人施行计划生育手术的……利用超声技术和其他技术手段为他人进行非医学需要的胎儿性别鉴定或者选择性别的人工终止妊娠的……实施假节育手术、进行假医学鉴定、出具假计划生育证明……构成犯罪的,依法追究刑事责任"。该规定追究的只是非法进行节育手术及诈骗行为的刑事责任,并非出于对胎儿的保护。《人体重伤鉴定标准》第78条规定"孕妇损伤引起早产、死胎、胎盘早期剥离、流产并发失血性休克或者严重感染"属重伤的范畴。而《人体轻伤鉴定标准》第42条规定"损伤致孕妇难免流产"的属轻伤的范畴。两部鉴定标准贯彻的是"母体部分伤害说",将伤害胎儿行为视为是对母体一部分或者母体生理机能的伤害,构成故意伤害罪("姐妹争宠案"也正是据此判定)。通过保护母体间接保护胎儿在实际司法中遇到了诸多问题:只限于早产、死胎、流产的情况,皆以母体损伤为前提,在只伤害或杀害胎儿而没有损伤孕妇的情况下,如何处理就颇有争议;在母体和胎儿皆受损害的情况下,只考虑母体伤害、免去伤害胎儿责任的处理结果又常常不被民众认可。

我国古代刑法有"祸不及子女"的规定,现行刑法虽然没有明确的保护胎儿权利的条款,但间接反映保护胎儿的内容仍然存在。刑法一方面没有直接规定胎儿的权利,另一方面却对胎儿的权利进行了变通规定;一方面否认胎儿的法律主体资格,另一方面又在司法实践中做出相关的变通。缺乏对发生侵害胎儿权利行为进行处罚的直接法律依据。

(二)间接保护胎儿的刑法困境

2012年,陕西安康怀孕7月孕妇被当地政府强制引产,最终陕西省人口和计划生育委员会认定该政府行为严重违反相关政策规定,并对相关干部做出行政处罚。次年,湖南涟源孕妇怀胎七月被强制引产导致该孕妇罹患精神病事件,却因“尚无法证明精神疾病与被引产的因果关系”的调查结论了结。

中晚期终止妊娠在医学上属于大风险手术,仅限于自然终止或胎儿畸形、孕妇身体不适继续妊娠等情形,中晚期孕妇强制引产也有悖于医学伦理。根据《医疗机构管理条例》第33条规定:“医疗机构施行手术时,必须征得患者同意。”实施强制引产手术的医院本身涉嫌违法。但医疗机构仍敢违背医学伦理甘冒医疗事故风险强制手术,因为根据“母体部分伤害说”,胎儿仅为健康权的客体,而非生命权和健康权的主体,导致强制执行引产主体否定胎儿甚至孕妇为刑法保护的法律主体。

(三)学界争论

1. 胎儿是否为“人”?

通说对于生命的起始点采用“独立呼吸说”,胎儿不是刑法意义上的“人”,刑法亦未明文规定对伤害胎儿行为的处理,往往以隔离犯理论或对母体故意或过失的伤害来将该类行为入罪。医学科技发展,早产儿依靠医疗器械脱离母体存活的概率越来越大,早产并成功存活胎儿的记录也从28周提前到21周。所以有学者认为可以通过医学技术维持生命特征并具备最终脱离该人工技术发育成人的可能性之胎儿,属于社会意义上的“人”,[4]认为《民法通则》关于“出生”的认定只是公民的民事权利能力的起止时间的规定,而不是关于公民生命权起止时间的规定。[5] 据此设定,包括强制引产在内的故意伤害胎儿行为可以构成故意杀人罪或者过失致人死亡罪。但仍有不少学者坚持保护孕妇生育自由,坚守胎儿不是“人”的观点,所以对胎儿的伤害(包括强制堕胎)只能转化为对母体生理机能的伤害,对胎儿的保护也只能通过对母体健康权的保护来间接实现。这些争论恰恰反映出一个争论不止的问题:胎儿是不是“人”?

2. 胎儿能否享有“人”的权利?

胎儿能否享有人权及刑法保护的生命权、身体权、健康权?承认胎儿生命权是否会带来一系列新问题,例如,母亲自己决定堕胎是否构成犯罪?作为孕妇的母亲是否因此要尽到非常谨慎的义务,否则胎儿夭折腹中就可能要承担故意杀人或者过失致人死亡的责任?胎儿如果由于自身原因死于腹中,死胎是否要作为尸体处理?对死胎的处理是否涉及侮辱尸体罪?等等。

二、胎儿刑法保护的反思

我国法律没有赋予胎儿权利主体地位,然而即将问世的民法典不可能回避胎儿民事

---

〔4〕 参见周详:《胎儿生命权的确认与刑法保护》,载《法学》2012年第8期。

〔5〕 参见冯军:《刑法教义学的立场和方法》,载《中外法学》2014年第1期。

权利保护的问题,刑法也必将更加深入的讨论胎儿保护问题。目前国内针对胎儿刑法保护的学说有“肯定说”“否定说”“增设残害胎儿罪说”等,争论焦点在于:究竟应当如何定义刑法中的“人”?以社会人为标准?抑或是生物学人标准?杀、伤胎儿侵害的法益究竟是什么?隔离犯理论是否适用犯罪行为发生时“人”是否已经存在?对胎儿的杀、伤是否等同于对母体之损害?对胎儿的保护是通过保护母亲来间接保护或直接保护?

(一)胎儿刑法保护的国内外比较

早在罗马法时期已有保护胎儿权利的法律,域外现今对胎儿的刑法保护在两大法系中大多集中于保护胎儿的生命权和健康权两个方面,但呈现出不同的方式和理念。有关胎儿生命权观点较统一:德日法系国家多沿袭罗马法,承认胎儿生命权,规定堕胎罪,德国甚至有《胚胎保护法》肯定胚胎的生命价值。日本刑法受“水俣事件”“森永牛奶案”等公害犯罪影响,不仅将保护胎儿生命权的问题放入公害罪中讨论,而且设置多项堕胎罪名。英美法系国家对胎儿生命权的保护规定不一,美国各州总体承认胎儿生命权,直至2004年《未出生的暴力受害者法案》从联邦刑法层面将侵害胎儿行为列为刑事犯罪。随着女权运动的发展,堕胎作为政治问题被讨论至今,刑法对胎儿生命权的保护经历了从绝对否定到绝对肯定再到限定性保护的发展历程。而英国更有《婴儿生命保护法》,特别将胎儿囊括在保护范围中。

对于保护胎儿健康权的观点的不一致,还体现在伤害胎儿之行为是否作为犯罪处理的争论中。有关胎儿健康权的刑法保护,德日学说繁多,有“否定说”“肯定说”“二分说”,其中“肯定说”又分为“结果说”“侵害结果说”“母体部分伤害说”“母体机能伤害说”等等。美国各州对胎儿健康权的保护持过犹不及的态度,不仅有《未出生的暴力受害者法案》将伤害胎儿行为认定为犯罪,甚至有威斯康星州《可卡因母亲法案》,将某些虐待儿童的可罚行为扩大至伤害胎儿的行为。总之,对于胎儿的刑法保护模式,以德国和美国两种模式为代表,前者将胎儿作为法律主体对待,后者明确规定胎儿为法律客体,两种模式固然各有其存在的法制基础,但也各有缺陷:在德国模式中,明文规定胎儿为刑法保护的法律主体,但又在刑法中规定,只有作为活体出生者才享有被刑法保护的权利,既然胎儿作为法律主体存在,那么作为活体出生者才享有的权利又怎算得胎儿的权利?美国模式则认为胎儿是法律客体,处于孕早期、有合理医学理由的堕胎是合法的,但这种对胎儿分时段的保护,却与生命的连续性、一贯性不符。

综观国内外胎儿生命权和健康权保护问题的立法,差异来自不同立法环境和语境。第一,我国没有规定堕胎罪,加之计划生育国策影响,刑法对胎儿的定义和定位并不明确;第二,国外学说只针对过失伤害胎儿的情形,与我国学界讨论的内容有所差别,有关胎儿保护的立法模式不能随意地借鉴。

(二)被冲击的以往认识论

1. 胎儿非“人”的法学认识论之动摇

关于胎儿的法学认识,主要来自对胎儿始期与终期的不同学说。学界对胎儿的始期有着“受孕说”“合子植入子宫说”“脑电波说”“胎动说”等不同学说，[6]对胎儿的终期又有“独立生存可能性说”“部分露出说”“全部露出说”“独立呼吸说”等。日本的平野龙一教授认为，胎儿只有全部露出母体时才能成为“人”，[7]我国通说也认为与母体完全分离、能够独立呼吸保有生命的胎儿才能成为刑法所保护的“人”。所以，尚在母体内的胎儿不是“人”的法学认识论成为刑法研究的逻辑出发点，自然人的权利始于出生、终于死亡的观念成为普遍认识。

但人们对胚胎、胎儿的研究和认识随着基因工程、辅助医疗技术以及医学研究的发展而刷新，关于43天即出现胎心和脑电波的研究结论和在第8周即产生胎儿生理体系和疼痛感等课题的研究让我们看到，科学研究的前景在未来也许会超出我们想象，但现有研究成果已经对以往的胎动论、意识论等观点造成了巨大冲击。故而有学者认为，13周后的胎儿在相当程度上已经与“人”十分接近，在一定条件下可以成为人，具有生命权延伸保护意义上的生命利益。[8]

2. 胎儿社会学意义的转变

2016年修订的《人口与计划生育法》提倡一对夫妻生育两个子女，但“单独二孩”政策颁布1周年来，并没有出现计生管理部门和专家所预测的爆炸式婴儿潮。群众生育意愿不断降低、大众生活方式巨大变化，单身女性“冻卵”“捐精”式生育，民众生育观和胎儿的社会学意义已悄然发生变化。现代医学技术发展的今天，将前期胎儿——胚胎的法律属性视为法律关系主体这一说在各国司法实践中已逐步被接受。以澳大利亚维多利亚议会上院处理的“美国公民里奥斯夫妇所遗胚胎案”为例，里奥斯夫妇死于飞机失事，在澳大利亚墨尔本医院的胚胎库中，留有里奥斯夫人的卵子与匿名供体的精子受精而成的两个胚胎。如何处理这两个胚胎，维多利亚议会上院讨论决定，把胚胎植入代理母亲的子宫中孕育，待该子女长大后继承遗产。这一件对胚胎生命予以法律保护的判例，其基础显然是认定受精胚胎具有生命的人格属性。[9] 无独有偶，我国的“南京冷冻胚胎案”[10]二审判决认定胚胎非人亦非物，涉案胚胎由双方父母监管和处置。寻求“法外之路”的这般判决将胎儿尴尬的法律定位暴露无遗：若将胚胎定义为“物”，则关乎胎儿所有权归属问题；但若将其定义为“人”，则需直面未来婴儿抚养权纠纷。徇情做出的判决背后满是法官和当事人以及全社会的期待：待有朝一日修改后的法律能让无处安放的胚胎有法可依、妥善处置。

（三）胎儿是否具有主体资格及刑法保护的法益

尽管《世界人权宣言》和《公民权利和政治权利国际公约》都未明确规定胎儿的生命

---

[6] 参见刘国涛：《人的民法地位》，中国法制出版社2005年版，第14页。

[7] 参见张明楷：《外国刑法纲要》，清华大学出版社2007年版，第442页。

[8] 参见朱本欣：《论胎儿生命利益的刑法保护》，载《河北法学》2008年第4期。

[9] 参见杨立新：《冷冻胚胎是具有人格属性的伦理物》，载《检察日报》2014年7月19日，第3版。

[10] 宜兴一对年轻夫妻不幸因车祸身亡，两人生前曾在南京一家医院做试管婴儿，并留下4枚冷冻胚胎。为争夺胚胎，双方老人与医院曾在4个月前对簿公堂，然而一审中，归还胚胎的请求被驳回，这起案件也一度成为全社会关注与争论的焦点。

权主体资格,但“从根本上说,出生权利的悖论是由人权的绝对性与现实物质条件的有限性的矛盾产生的”。[11] 当胎儿的健康和生存受到损害时,即为“利益受阻”,此时,生存的权利作为福利性利益,具有相当的“致命性”。[12] 胎儿是否存在法律权利、习惯权利和应有权利之中的某项权利?胎儿权利是否应受刑法保护?答案如果是肯定的,那么胎儿权利体现为何种法益?这些问题都是从现实的功利目的出发并提出的,且这些问题都应该是在承认胎儿的法律主体资格之后解决,如果仅仅因为这些问题难以回答就干脆否定胎儿的刑法权利从而消解这些问题,这样的做法并不可取。

1. 刑法是否需要明确定义“胎儿是否为‘人’”?

目前法学界与医学界对胎儿界定存在差异,法学界对于胎儿的讨论都建立在诸多预设的前提之上,例如:胎儿是不是“人”?胎儿是否享有生命权、健康权?人的生命何时开始?生育自由与堕胎孰是孰非?在此基础之上的论证要么陷入生物学与语义学的迷雾,要么沦入权利与自由冲突的纠缠,都难以给胎儿的保护提供切实可行的方法。欧洲人权法院在2004年“Vo诉法国案”(Vo v. France)中,对于《欧洲人权公约》第2条适用范围的解释,即胎儿是否是人的问题上也没有作出明确的回答,在回避这一问题的同时也并未作出令人满意的判决。[13] 然而,刑法界和医学界本就是不同的学科领域,刑法上的“人”与“受刑法保护的法律主体”是两个截然不同的概念;“胎儿是否是‘人’”与“胎儿是否是法律资格主体”也是两个需要严格区分的问题。如果说,一定要明确定义“胎儿是否是‘人’”,是基于罪刑法定原则的需要,那么,为弥补刑法对胎儿保护的缺失,是否可以跳出传统思维的窠臼,不以胎儿是否是“人”作为刑法保护其法益的逻辑前提?

2. 刑法是否应当明确划分胚胎、胎儿、婴儿?

从生物学及医学的角度来看,胚胎、胎儿、婴儿间存在区别,但其界限也正随着生物科学、医学的进步而逐渐模糊。长久以来,法学界对于这三个概念追寻一种精确认定和区分,试图对其“分而治之”,这样的理念对胎儿的保护造成了困惑:其一,法学和医学的研究对象本就不同,如果将三者用以往的医学标准生硬划分,不仅不符刑法的社会任务,而且造成刑法面对未出生者法益保护无所适从。例如,在“姐妹争宠案”中,假如胎儿未被发现畸形而顺利出生,面临“损害性人生”,[14]行为人在投入“催肥灵”的那一刻就已经预见到了“孩子的绝大多数基本利益所必须的条件已经被摧毁,却还是期望这个孩子降临人世……就是其权利的侵犯者”。[15] 但胚胎、胎儿与婴儿在刑法上有严格区分,行为人却只对母体的伤害行为承担刑事责任,其所受刑罚也难以体现该伤害行为的社会危害性。又如,还有一周即将生产健康婴儿的孕妇在医院被故意报复的医生以体检为名用产钳将胎儿在腹中夹死,夹死胎儿的行为并未对孕妇本身造成任何身体伤害,根据现行刑法理论,胎儿不成为故意杀人罪的对象,医生行为成立无罪。但如果医生未能成功夹死胎儿,而导致胎儿严重残疾、活着出生,医生则成立故意伤害罪。同为胎儿时期受到侵害,导致

---

[11] 常健:《人权的理想、悖论、现实》,四川人民出版社1992年版,第156页。

[12] 参见[美]乔尔·范伯格:《刑法的道德界限》(第1卷),方泉译,商务印书馆2013年版,第68页。

[13] Vo v. France, Eur. Ct. H. R., No. 53924/00(2004).

[14] 即因出生而导致损害,胎儿在如此状态下降临人生即是受到不法对待。

[15] [美]乔尔·范伯格:《刑法的道德界限》(第1卷),方泉译,商务印书馆2013年版,第108页。

伤残的成立犯罪,导致死亡的反而无罪。其二,在刑事司法中,为填补法律漏洞对法律概念做出解释,不能“指鹿为马”地违反罪刑法定原则而将不同的客体扩大解释为相同的范畴。其三,对未出生者的刑法保护若不涵盖整个怀孕过程,“任何分阶段的保障都是对生命一贯性的否定”。[16] 成文法的局限性来自法律语言的模糊性,诚如考夫曼所言,“我们也因此不再精确的形式逻辑地思考,而在(模糊)逻辑中主要区隔确定或不确定的概念为基础并且在还未成或者不再是的灰色地带的过度中移动”。[17]

三、胎儿的拟制主体资格

(一)胎儿刑法地位的重新审视

1. 现代刑法功能上的伦理学意义

哈耶克认为,立法的权力预设了对某些共同规制的认可,[18] 在刑法的公法观念下,刑法通过提供对社会共同观念的支持而保证法治存在的可能性,而法治就是一种稳定公共制度下的集体生活。“南京胚胎案”等案件中,我国民众体现出了前所未有的高度关注和积极参与,在辅助生育等人工生殖技术以及开放式宫内胎儿外科手术不断普及的同时,我国关于胎儿的认识以及社会共同观念早已发生了变化。生育政策的修改,不只是基于政治判断和经济考量,更体现了胎儿地位社会意义的提升和胎儿利益保护的公共认同。刑法的优先任务是确保在公共制度下的稳定合作,在刑法合理化的过程中理应把在社会共同体对共同生活价值的认知和共同观念加入刑法理念的核心地位,胎儿的权益理应得到刑法确认和保护。

伦理本身是处理人们相互关系应遵循的基本道理和准则,它是最稳定、最持久、最基本的那部分社会道德。古往今来,刑法对胎儿的保护观都是基于社会伦理。我国在特殊历史时期基于经济、社会考虑实施了计划生育政策,并非一味否认胎儿的合法权益。在政策日趋理性、法治日渐健全的今天,法律的目的就是维护社会秩序,保护法益。李斯特认为,法益是人的生活利益,法益存在于实定法之前。法益不是法律的评价,而是社会的实在状态,所有与人相关的生活利益都是法益。不管从哪个角度看,任何生命都有生存的需求,都有自然界所赋予的生命权益,这是自然与社会不断发展的前提。所以,不管是否有“胎儿的刑法法益”这一实在状态,不管刑法是否给予胎儿权益的确认,任何生命都容不得随意的剥夺与伤害,更何况是作为“未出生者”的胎儿之生命与健康等最基本的权益,区别仅在于刑法是否确认了胎儿刑法主体资格而已。

2. 刑法与科技的合理空间

科学的发展已不断证明,一些刑事案件定罪之时言之凿凿的科学证据也许并不可靠,在刑法与科学发展之间其实存在着“科学滞后”的鸿沟。这种鸿沟对个人和社会都会造

---

[16] 曲相霏:《胎儿的宪法地位——德国模式与美国模式》,载《环球法律评论》2009年第6期。

[17] [德]阿图尔·考夫曼:《法律哲学》(第2版),刘幸义等译,法律出版社2004年版,第148页。

[18] 参见[英]弗里德利希·冯·哈耶克:《法律、立法与自由》,邓正来等译,中国大百科全书出版社2000年版,第154页。

成极大的司法成本。詹妮弗·劳琳(Jennifer E. Laurin)把刑法和科学认知发展之间的这种时间差称为“科学滞后”(science lag)。[19] 在有关故意杀、伤胎儿的刑事案件中,刑法的科学滞后性尤其明显。由于医学检查手段和仪器的差异,继发性胎儿损伤导致的胎儿死、伤、畸形与特殊母体体质间的影响和区分,母体损害与附带胎儿损伤等问题往往不能经司法鉴定完全辨明。为保证司法公正,司法不能对前沿科学始终持保留态度,正如对死亡的认定以呼吸停止为标准发展到以脑死亡为标准。当科学为司法不断发现真相的同时,刑法理论便不能对科学发展视而不见。

有关胎儿、胚胎的科技往往涉及世界风险行为,生物科技革命加剧了科技与伦理的争论,现代世界的特征在于高度的社会复杂性,科技行为伴生的法律悖论亦不可避免。假如基于胎儿权益的保护而对母亲的生育权、健康权等权利以刑法的方式过多的限制与干预,则无法为科技发展留出相应的空间,科学发展将裹足不前。有关生命伦理的问题在生物科技发展的今天,面对着多余胚胎处理、胚胎细胞治疗、胎儿宫内治疗与母体危险等难题,刑法对于“未出生者”的保护也应保留“科技宽容”,毕竟“宽容对于真理并无危险,相反地,宽容可以促进真理”。[20]

(二)拟制法律主体资格的法哲学前提

1. 胎儿不享有完全法律主体资格的哲学现实

康德认为,没有理性的东西只具有一种相对价值,只能作为手段,因此叫作“物”,而有理性的生灵叫作“人”。所谓理性,不仅指人类认识可感知的事物及其规律的能力,而且也包括人类识别道德要求并根据道德要求处事行事的能力。故康德认为,胎儿不配享“理性”这个词,也不是真正意义上的独立主体。

2. 胎儿享有部分主体资格的生命伦理考量

胎儿的生命权、健康权等各项权利虽不是绝对的,但是作为法律意义上“可得的人”,胎儿的尊严权却是绝对的。虽然在尊重母亲生育权的前提下允许合法合理的堕胎,不必将一些不当处理胎儿尸体的行为作为侮辱尸体罪处理,但即使在堕胎时也应该对胎儿保持应有的尊重,这也是生命伦理的基本要求。而主体的存在与否并不影响损害的存在,保护胎儿权利无须要求胎儿具有完全法律主体资格。生命得以保护,是所有利益推进的首要条件。“何以当我们论及死者遭受损害问题时就一定要有主体存在呢?其实损害才是不法对待的核心要素。”[21] 对于某些胎儿而言,死亡本身是一种损害,而胎儿因死亡不复存在不能排除对其死亡之后损害问题的讨论。即使不以胎儿的生存或永生作为前提,死亡在某些时候对死者仍具有损害性。

(三)“未出生者”是法律意义上“可得的人”

刑法把未出生的胎儿与婴儿严格区分、区别对待,将某些未出生者的权益置于法律的

---

〔19〕 See Jennifer E. Laurin, “Criminal Law’s Science Lag: How Criminal Justice Meets Changed Scientific Understanding”, *Texas Law Review Journal* 32, 2015, p. 15.

〔20〕 [德]阿图尔·考夫曼:《法律哲学》,刘幸义等译,法律出版社2011年版,第351页。

〔21〕 [美]乔尔·范伯格:《刑法的道德界限》(第2卷),方泉译,商务印书馆2013年版,第96页。

灰色地带。人类在生物学上是以连续的方式发育形成的,受精卵、胚胎、胎儿及婴儿,只是生命的存在状态和存在方式的改变,并非从非人到人的改变。德国宪法法院判例认为,对胎儿的宪法保护应当包括怀孕的整个过程,任何分阶段的保障都是对生命一贯性的否定。否定胎儿为刑法所保护的"人",或分时段保护,都与生命的一贯性不符。〔22〕 胎儿的法益是切实存在的,刑法对胎儿的保护也不应因其未出生而打折扣,把出生作为人与非人的分界是机械的、武断的,把胚胎、胎儿看作"人格物"加以保护,或者把出生标准提前,将依靠辅助医疗设施有较大存活率的胎儿作为婴儿看待的做法都不足以对胎儿法益加以全面保护。

1970年"基勒诉美国加州高等法院案"(Keeller v. Superiors Court Co.)中,〔23〕怀孕34周的基勒女士因受到前夫针对胎儿的恶意殴打而流产,经当时的医学评估,该婴儿如果在未经暴力伤害,在28周时提前出生并在"适当的医疗条件下",是具有75%～96%成活率的。但由于34周早产儿成活的高度盖然性并不被当时加州刑法认同,一个"未出生但可得的胎儿"不得被称为刑法所指的"人",最终判决犯罪人针对胎儿的故意伤害致死行为是法律并未列举的故意杀人行为。但经此案,加州立即修改了刑法相关条款:"谋杀,即恶意预谋下的杀害他人(human being)或胎儿(fetus)的行为。"〔24〕

刑法与科学间的鸿沟不应单纯以司法解释来解决,僵硬的标准和试图以明确的"画线"对待所有案情也是不可取的。雅各布斯认为,人格体(person)、法规范和社会是相互定义的,应该根据刑法的社会任务,而不是根据自然的或者社会陌生的其他尺寸,来确定刑法的概念世界。所以,应当活化胎儿的概念,以动态、发展的视角来定义胎儿,在法律意义上将"可得的人"(available person)认定为包括了胚胎期、胎儿期在内的生命孕育全过程的生命体,并排除了依靠辅助医疗设施有较大存活率的胎儿和脱离母体自然存活的婴儿在法律认定上的区别。

(四)胎儿的生存利益不容非法侵害

《公民权利和政治权利国际公约》规定对孕妇不得执行死刑。胎儿不仅仅是母亲身体的一部分,更是作为与母亲独立的"人"加以保护的。理由是,虽然母亲犯罪但胎儿无辜,应当区别对待而不该株连处罚。《美洲人权公约》第4条规定:"每一个人都有使其生命受到尊重的权利。这种权利在一般情况下从胚胎时起就应受到法律保护。不得任意剥夺任何人的生命。"联合国《儿童权利宣言》也提出:"儿童因身心尚未成熟,在其出生以前和以后,均需特殊的保护和照顾,包括法律上的适当保护。"我国因考虑到计划生育国策,部分承认《儿童权利宣言》,执行公约中不违背中国宪法有关计划生育规定的部分。

胎儿的法益不容忽视,其既不同于已经脱离母体的婴儿得以独立生存,又不该简单作为法律客体而依附于母体受刑法的庇护。作为生命的一种特殊形态,胎儿具有不能忽视的生存利益——不受任何不法阻碍而健康、顺利发展成为独立生命体的利益。

---

〔22〕 参见曲相霏:《胎儿的宪法地位——德国模式与美国模式》,载《环球法律评论》2009年第6期。

〔23〕 Keeller v. Superiors Court Co.,143 F.2c 512(Cal. App. 1970).

〔24〕 California Penal Code 187(a).

四、刑法保护之建议

(一)"拟制自然人"属于刑法中"人"的范畴

首先,胎儿作为"拟制自然人"是法律上"可得的人",是对其在法律上的人格化,是特殊情况下法律意义上的"人",但胎儿是"未出生者",不同于一般自然人。自然人是基于自然规律出生、生存的人,胎儿虽处于生命的孕育过程中,但毕竟没有脱离母体独立生存,其未来尚可能因各种外界因素发生期待之外的后果。其次,胎儿作为"拟制自然人"的权利,与自然人享有的权利也有所不同。不同于自然人享有的财产权利、人身权利、民主权利和其他权利,胎儿仅能因其生存利益受到侵害时方能以独立的拟制主体身份受到刑法保护。最后,胎儿作为"拟制自然人"的权利,只有在特殊情况下方能体现。因为胎儿并非完全意义上的自然人,不具有全部的主体资格和权利,体现在仅因胎儿的生存利益受到针对性的、故意的侵害时方能以适格的法律主体资格受到刑法保护。

(二)划定犯罪圈的原则

1. 兼顾刑法法益保护功能和刑法谦抑性

侵犯胎儿权益的行为在很大程度上,不仅是值得刑法学探讨的问题,也是很重要的社会学和政治学的问题。哪些行为应当纳入刑事法律范畴,除了需要法律理念的引导,更重要的是刑法作为公法介入,不得不考虑其社会意义和公共利益。计划生育等社会政策改变后的刑事政策的完善是必要的,刑法为保护胎儿而将某些损害胎儿法益的行为作为犯罪处罚,必须坚持刑法的法益保护功能,以胎儿的生存利益受到侵害为标准。

刑法谦抑性是对待任何犯罪都应当坚持的基本原则,刑法在基于刑法公法观的社会共同观念下保护胎儿法益的前提是不曲意逢迎民意,坚守谦抑性原则,防止刑法越位而出现刑法至上、刑罚万能的思想。否则即会卷入对堕胎入罪、对胎儿尸体的处理涉及侮辱尸体罪的非理性、无休止的争论。毕竟"胎儿那以人的特征只是一种自然符号,是可预期的人,是专属于某个真正物的象征……我们尊重某些象征物,我们也别尊重过头……以免落入道德陷阱"。[25] 国内外学者对于胎儿的刑法保护是存在立法差异的(国外众多国家刑法中设立了堕胎罪,我国刑法并无此罪),二者在研究方向上也不同(国外学者多研究诸如环境污染、交通事故等对胎儿的过失伤害等行为,与我国研究方向并不完全相同)。所以在我国刑法对胎儿的保护问题上,需要考虑其他社会规范及法律体系的先行规制,防止刑法先入为主。

2. 兼顾保护与限制为原则

将侵犯胎儿法益的行为划入犯罪圈,需慎思胎儿生命权与母亲生命权、胎儿生命权与人的生育权、胎儿生命权与计生政策之间的冲突,充分协调胎儿权益与母亲权益、计生政策之间的关系。有学者认为:"具有宫外可存活性的胎儿具有生命权,但在实行计划生育

---

〔25〕 [美]乔尔·范伯格:《刑法的道德界限》(第2卷),方泉译,商务印书馆2013年版,第61~95页。

国策的中国依照有关法律，对计划外怀孕的妇女合法的堕胎行为也就构成了排除犯罪的事由，只有违法的堕胎行为才构成对胎儿的故意杀人罪或者对怀孕妇女的故意伤害罪。"[26]"有关法律"即《中华人民共和国计划生育法》，其中的第18条规定"国家提倡一对夫妇生育两个子女"是一种倡导性的规定而并非强制性规范，而第41条即是对此的说明："不符合本法第18条规定生育子女的公民，应当依法缴纳社会抚养费"。所谓的计划外生育是一种行政违法行为，对该类行为的处罚方式也是事后行政处罚，并不能据此认定强制、违反妇女意愿的堕胎行为合法性和出罪的理由。对胎儿法益的保护，应当坚持保护与限制兼顾的原则。母亲的生育权体现在女性既可以选择生也可以选择不生的权利，计划内外的堕胎都是保障妇女生育权的合法行为，计划之内的生育也受到计划生育国策保护，但指标外生育只是行政违法行为，任何暴力强制堕胎行为都是超出行政处罚权的犯罪。况且，仅以生育指标为由，就将实质并无差别的胎儿硬性划分为合法与非法，并据此生杀夺予，亦有"审前判决"侵犯母亲及胎儿人权之嫌。

兼顾保护与限制原则下，计划生育国策、母亲的生育权、胎儿的生命权之间并非针锋相对，合法堕胎与故意伤害胎儿也不难区分。当胎儿的生命权与母亲的生命权之间相互冲突时也并非难以取舍：前者为未来可得权利，后者为既存权利，孰轻孰重，道理自明。兼顾保护与限制原则下，通过灵活的控制，在有效的人道主义与保留人性本质情感之间并不存在不可解决的冲突。[27]

（三）关于罪名的设置

《唐律疏议·斗讼》有"堕胎者，谓辜内子死，乃坐"这一有关堕胎罪的规定，之后的《宋刑统》《大明律》延续唐刑制，但《大明律》另有关于只针对伤害胎儿而未伤及母体的行为的规定，若胎儿未满90日未成形，对加害人以伤害罪论处，若胎儿已满90日且初具人形，对加害人以堕胎罪论处。[28] 而《大清新刑律》中更有专章规定堕胎罪。可见我国古代刑法对胎儿的保护思想是一脉相承的，但其保护方式和规定前提是"女子十五不嫁，家人坐之"（《宋书·周朗传》）等古代特殊的婚姻、人口政策，具有中华法系的特点。现代刑法对胎儿的保护，应当在胎儿拟制法律主体身份下的前提下，将针对胎儿的伤害行为直接认定为故意伤害罪，无须增加堕胎罪、故意伤害胎儿等罪名。由于"法律不理琐事"（*De minimis non curat lex*），出于保护母亲、尊重其私生活权和生育选择权的目的，母亲自愿选择的堕胎是合法的。但暴力胁迫他人堕胎、强制中晚期引产的行为明知会不可避免地侵犯母体的生命健康权，仍放任该结果发生，虽以执行计生政策的堕胎为目的，仍属于超出行政处罚权的犯罪行为，应当认定为故意伤害犯罪。

（四）相关问题

对胎儿的刑法保护并非无限保护，针对胎儿的伤害行为亦非一律入罪。区别于国外

---

〔26〕 周详：《胎儿生命权的确认与刑法保护》，载《法学》2012年第8期。

〔27〕 参见[美]乔尔·范伯格：《刑法的道德界限》（第2卷），方泉译，商务印书馆2013年版，第95页。

〔28〕 参见林明、马建红：《中国历史上的法律制度变迁与社会进步》，山东大学出版社2004年版，第243页。

对胎儿的刑法保护，对于非故意伤害胎儿、造成胎儿死亡的行为诸如环境类犯罪中，胎儿在尚未出生之时，其生命健康权仅作为潜在利益存在，“死去的人留下的利益是真正的利益，可以在其死后一段时间内存在，不能因可以将某些利益视为某人的身后物，而以同样的模式将所有潜在利益视为某人的生前物加以保护”。[29] 针对环境类犯罪、交通事故类犯罪等非故意伤害胎儿的“出生前损害”，不宜认定为对母体伤害行为的加重结果，应以民事赔偿方式处理。而受孕前实施的偶然损害、胎儿损害性人生、不法受孕也都不是刑法评价的内容；基于合法的堕胎、合理医学原因的引产，对胎儿尸体的处理应考虑其人格尊严，杜绝随意抛弃、按医疗垃圾处理胎儿尸体的行为；针对多余胚胎的处理应以“科技宽容”原则为准，结合谨慎使用、合理保护的准则，防止针对胚胎、胎儿尸体的恶意毁坏。

---

〔29〕［美］乔尔·范伯格：《刑法的道德界限》（第1卷），方泉译，商务印书馆2013年版，第105页。

银行"抵销权"之虚影与实像

——破产申请受理前银行扣款还贷行为性质的理论探析与实践选择

金晓平*

根据《中华人民共和国企业破产法》(以下简称《破产法》)第32条"人民法院受理破产申请前六个月内,债务人有本法第2条第1款规定的情形,仍对个别债权人进行清偿的,管理人有权请求人民法院予以撤销。但是,个别清偿使债务人财产受益的除外"及《最高人民法院关于适用〈中华人民共和国企业破产法〉若干问题的规定(二)》(以下简称《破产法解释二》)第44条"破产申请受理前六个月内,债务人有企业破产法第二条第一款规定的情形,债务人与个别债权人以抵销方式对个别债权人清偿,其抵销的债权债务属于企业破产法第四十条第(二)、(三)项规定的情形之一,管理人在破产申请受理之日起三个月内向人民法院提起诉讼,主张该抵销无效的,人民法院应予支持"之规定,债务人企业在破产申请前6个月内通过一定行为消灭对外所负债务的,根据债务消灭方式的不同,很可能会承担截然不同的后果,体现了立法者近乎完全对立的价值取向。在破产审判实践中,对于债务人企业对一般主体之债务消灭的性质认定几无争议,但对于对银行扣款还贷以消灭债务的性质一直以来却众说纷纭,而鉴于企业一般均会将基本账户设立在给予其贷款额度最高的银行,而基本账户又是企业理论上资金往来最密集的账户,银行扣款还贷行为的效力认定在非常大程度上决定了债务人企业进入破产程序后的现金偿债能力,对于债务人企业之债权人的利益保护有着至关重要的影响。但实务界的浅尝辄止,学术界的不以为意,导致该问题被久久地"束之高阁",实务界和理论界均缺乏深入的、体系的探讨,使该问题在破产审判实践中引发了诸多困惑。

一、存款行为的性质界定

(一)存款行为性质界定的理论冲突

关于存款行为的性质问题,理论与实践的冲突、法条间的矛盾,导致实务界和学术界对此均有巨大的争议,但总体来说,主要有债权合同行为说与物权合同行为说、混合合同行为说之别。债权合同行为说认为,存款行为完成后,银行因此而取得存款所涉资金的所有权,并同时对存款人负担相应债务,存款人对银行仅享有债权偿还请求权即债权。[1]

---

* 西南政法大学商法学专业博士研究生,浙江省温州市中级人民法院民六庭助理审判员。

〔1〕 参见汪鑫主编:《金融法学》,中国政法大学出版社1999年版,第200~205页。

物权合同行为说认为,“存款是存款人在保留所有权的条件下,把使用权暂时转让给银行的资金和货币”,[2]“储蓄是所有权和使用权分离的信用行为,通过契约的方式,个人把货币存入银行后,货币的使用权暂时让渡给银行,存款人仍享有所有权,并拥有收取利息的收益权和按期收回本金的处分权”,[3]“尽管存款人向银行交付货币的行为表明客观上货币的所有权已经转移至银行,但由于存款所具有的‘价值形态’使得其并未发生转移占有,存款的所有权仍归属存款人”。[4] 混同合同行为说认为,存款合同是存款人与银行之间形成的一种综合性契约关系,是兼含委托代理关系、消费寄托关系与消费借贷关系的一种混同合同关系。[5]

存款行为性质界定的理论学说众多,但究其根本,存款行为性质界定争议的焦点最终源于我国物权法上“一物一权”原则的适用,即存款是否因存款行为而产生所有权转移之效果,在理论上存在如下两种争议:一种观点认为,存款所有权发生了转移,存款行为会导致银行取得存款所有权,存款人对因存款行为而获得对银行的债权,其代表学说为存款债权合同行为说。另一种观点认为,存款所有权没有发生转移,存款人仍享有存款的所有权,银行仅依法或依约享有对存款的相应用益物权,其代表学说为存款物权合同行为说。

(二)存款行为是不转移所有权的物权合同行为

支持存款行为是转移所有权的债权合同行为的学者认为,若认定存款人仍对存款享有所有权,会与银行的金融实践产生一系列矛盾,主要体现在以下六个方面:(1)与银行的信贷资金运行现实产生矛盾。若存款所有权不属于银行,则银行将存款所涉货币用以发放贷款的依据何在?(2)与银行向存款人支付利息的现实矛盾。若存款合同是保管合同,则应由存款人向保管人即银行支付相应费用,为何现实却是由银行向存款人支付利息?(3)与银行退出市场时的清偿实践产生矛盾。我国的金融机构退出市场时,存款一直都被当作银行负债对待,若存款所有权归属存款人,存款人应行使的是取回权。(4)在立法上,与《中华人民共和国商业银行法》(以下简称《商业银行法》)的有关规定矛盾。该法第71条第2款规定:“商业银行破产清算时,在支付清算费用、所欠职工工资和劳动保险费用后,应当优先支付个人储蓄存款的本金和利息。”(5)不利于银行抵销权的行使。银行债权的保护和实现事关国家金融安全和社会稳定,如果存款行为只是一般寄托行为或保管行为,则银行将会失去根据《中华人民共和国合同法》(以下简称《合同法》)第99条之规定行使抵销权的前提条件。(6)不利于全社会形成金融风险意识。金融风险意识淡薄将制约我国金融业的发展。[6]

笔者对前述观点不予认可。笔者认为,首先,在普通民众的社会观念里,将存款认定

---

[2] 中国大百科全书总编辑委员会编:《中国大百科全书:财政·税收·金融·价格》,中国大百科全书出版社1998年版,第137页。

[3] 曹新友:《论存款所有权的归属》,载《现代法学》2000年第2期。

[4] 张里安、李前仑:《论银行账户资金的权利属性——横向公司诉冶金公司、汉口支行案之理论评析》,载《法学论坛》2007年第5期。

[5] 参见汪鑫主编:《金融法学》,中国政法大学出版社1999年版,第200~205页。

[6] 参见李健男:《存款行为法律性质新论》,载《暨南学报》(哲学社会科学版)2006年第6期。

为对银行的债权是“难以理解”和“无法接受”的。在一般人眼里,银行的存款与家中的家具没有什么区别,都是个人财产。[7] 其次,在立法体系上,我国不同层次的法律、条例和部门规章都对存款所有权归属存款人进行了较一致且明确的认定。比如《中华人民共和国民法通则》第75条第1款“公民的个人财产,包括公民的合法收入、房屋、储蓄、生活用品、文物、图书资料、林木、牲畜和法律允许公民所有的生产资料以及其他合法财产”,《中华人民共和国继承法》第3条“遗产是公民死亡时遗留的个人合法财产,包括……(二)公民的房屋、储蓄和生活用品……”《中华人民共和国刑法》第92条“法所称公民私人所有的财产,是指下列财产:(一)公民的合法收入、储蓄、房屋和其他生活资料……”《中华人民共和国物权法》(以下简称《物权法》)第65条第1款“私人合法的储蓄、投资及其收益受法律保护”以及《储蓄管理条例》第5条第1款、《中国人民银行关于执行〈储蓄管理条例〉的若干规定》第3条之规定。虽然《商业银行法》第71条第2款的规定在形式上似乎否定了存款人的所有权,但该条规定实际上仅设定了一种清偿的先后处置顺序,并未明确否定存款人的取回权的行使。比如,在中国银行业倒闭的唯一案例中,我国央行于1998年6月21日作出关闭海南发展银行(以下简称海发行)决定的同时,亦指定工商银行托管海发行的全部债权债务,并由工商银行对海发行的境外债务及境内居民储蓄存款本金及合法利息保证支付。在我国,存款人将存款的使用权转移给银行并由银行予以发放贷款的行为,实际上获得了我国政府的信誉背书,在实践中并不存在影响存款人行使取回权的实质阻碍。再次,在法理基础上,《商业银行法》在我国法律体系中的效力层级姑且不论,其第29条所确立的“存款自愿、取款自由、存款有息、为存款人保密”的原则,以及中国人民银行印发的《支付结算办法》第16条第2款中确立的“谁的钱进谁的账,由谁支配”原则,也证明了存款人对存款具有绝对的流通支配权,与债权请求权的特征完全不同,更符合物权之效力。而关于有的学者提出的银行将存款所涉货币用以发放贷款及向存款人支付利息行为无法解释存款属物权之困惑,笔者认为,银行将存款用以放贷,本质上是在存款人将所存款项交付银行之后,在存款之上设立用益物权的行为。举例观之,其性质无异于房屋所有人将房屋出租给租赁人并允许租赁人转租,从某种意义上言,银行的利息支付行为无异于租赁人给房屋所有人交付租金,而银行的发放贷款行为又与租赁人的转租行为何异?在支付存款利息与收取贷款利息的事实上,银行不过是扮演着一个“二房东”的角色。然后,在历史沿革上,存款关系发轫于货币兑换商人对他人货币的保管、汇兑等与货币相关的业务,并以此为基础随着商品经济的发展而逐渐演变出其他法律关系,最后构成现代意义上的存款关系,[8] 物权属性是存款的天然属性,自其产生之始便一直存在。最后,在金融实践中,银行会对小额存款账户收取相应的账户管理费,存款债权合同行为说若是成立,岂非是贷款人还要向借款人支付相应费用?而存款物权合同行为说恰恰能够圆满地将该费用解释为保管费用,从侧面证明了存款关系中保管合同关系的基础性,而银行支付利息的行为,本质上是银行作为以进行宏观调控为目的的货币政策工具,亦是用益物权人向所有权人支付的相应对价。

---

[7] 参见孟勤国:《物权二元结构论——中国物权制度的理论重构》,人民法院出版社2002年版,第40页。

[8] 参见刘少军、张桐:《银行抵销权的认定标准研究》,载《经济法论坛》2010年第1期。

笔者认为,存款债权合同行为说与混合合同行为说是对存款法律关系的一种有力探索,其否定存款物权合同行为说的最重要理由便是针对货币该种类物,所有权的认定应遵循“占有即所有”的原则,但其忽略了存款人的银行账户这个拟制存在,未加入存款属特定账户中的款项这一事实考量,亦是对我国《合同法》第378条之误读。[9]《最高人民法院公报》2015年第1期之“中国农业发展银行安徽省分行诉张某、安徽长江融资担保集团有限公司保证金质权确认之诉案”中,安徽省高级人民法院在二审判决中提到,“金钱作为一种特殊的动产,具备一定的形式要件后,可以用于质押”,“金钱质押作为特殊的动产质押,不同于不动产质押和权利质押”,“保证金以专户形式特定化并不等于固定化”,“该账户资金的浮动仍符合金钱作为质权的特定化和移交占有的要求”,该判决明确了两个法律认定,即存入银行账户的货币属于特殊动产且不因存款行为而导致所有权转移以及银行账户中的货币可以根据当事人的意思自治而特定化。笔者认为,在委托保管合同关系中,若保管物为货币,应考量委托人真实意思表示,即在消费寄托或言之消费保管的场合,货币的所有权转移至保管人,而在受委托保管的货币被限定用途的场合,所有权与占有相分离,占有归受托人,但所有权仍应认定为委托人所有。在事实层面上,对于存款行为,明显属于前述后者,即银行账户中的货币被限定为存款人自由使用,存款所涉货币虽然为银行所占有,但其所有权仍为存款人所有。日本学者川岛武宜认为,物权客体价值的极端即为货币,货币固为吾人所有,但其本身之用益价值极微,其所有之实体,不过是观念的产物而已。[10] 对货币所有权的认定应考量对货币事实控制力,而非仅通过其物理特性而进行简单粗暴的判断,因为货币“根本不必依托任何币材”,是“十足的数字货币或符号货币”。[11] 在法律体系上,如前所述,我国的法律法规乃至部门规章,均确认了存款所有权属于存款人,单纯依据成文法的规定,无法得出货币保管者取得所有权的结论。[12] 而我国于2007年3月16日第十届全国人民代表大会第五次会议通过的《物权法》第65条第1款依然否认了学理界一直秉持的“货币占有即所有”的主张,鲜明地表达了立法者对货币所有权问题的态度,故而所谓之“替代物的保管,法律推定保管物的所有权转移给保管人”[13]“货币属于其占有者”[14]等认定,仍仅是在学理层面的探讨,毫无立法支撑。对于存款债权合同行为说的支持者而言,该学说最重要也是唯一的“官方”依据应属《最高人民法院〈关于审理民事案件适用诉讼时效制度若干问题的规定〉》第1条“当事人可以对债权请求权提出诉讼时效抗辩,但对下列债权请求权提出诉讼时效抗辩的,人民法院不予支持:(一)支付存款本金及利息请求权……”之规定,在前述司法解释中,最高人民法院将支付存款本金及利息请求权认定为债权请求权,直接与我国存款物权合同行为说相悖,但在处置方式上,又以例外规定的方式以存款物权合同行为说的法律效果对其予以规

---

[9] 万建华:《〈中华人民共和国合同法〉第378条之理解与完善——兼论我国货币保管合同的民商分立》,载《法商研究》2010年第2期。

[10] 参见谢在全:《民法物权论》(上册),中国政法大学出版社1999年版,第9~11页。

[11] 胡进:《论货币符号化及其对经济的影响》,载《汉江论坛》2002年第8期。

[12] 参见胡进:《论货币符号化及其对经济的影响》,载《汉江论坛》2002年第8期。

[13] 孙晓编著:《合同法各论》,中国法制出版社2002年版,第280页。

[14] 梁慧星、陈华彬编著:《物权法》,法律出版社1997年版,第214页。

制,笔者认为,司法解释作为只能忠实于立法本意前提下而就司法领域涉及的审判、检察业务中如何具体适用法律问题作出的“授权性”解释,[15]我国司法解释具有特色社会主义司法制度的鲜明特色,其不但具备“解释”之基本功能,同样具备部分“补漏”和“创制”功能,但是否具备修正法律之功能,笔者对其报以深深的疑虑。故而,与其说前述条款出台的目的在于解决法律适用过程中遇到的实务问题,倒不如说是体现了我国最高司法机关的法律修止意见或者说是对我国司法走向的一种集体意识表达,我们须深刻领会该条司法解释中关于请求支付存款本金及利息不适用诉讼时效的法律适用方法,但对于支付存款本金及利息属债权请求权的法律定位则应以科学严谨的态度审视之。在金融实践上,对存款性质问题,似乎以债权债务关系为基础来认定更符合完全开放的、与存款人处于平等地位的现代银行业的特性。从存款保险制度的设立、银行利率市场化的逐步放开来看,笔者也认可我国存款的性质很可能会逐渐朝着对银行所享之债权发展,但法律的修正应当是谨慎且体系化的,兀自将存款认定为存款人对银行享有的债权而不加入对其衍生后果的考量,未免显得过于激进,且针对我国银行业政治意义大于市场意义,存款人明显弱势于银行的现实状况,将存款关系通过对英美法系国家及德、法等大陆法系国家的比较研究来简单地主张我国也应将存款关系定义为消费寄托或以消费寄托关系为基础的综合法律关系,难免偏颇。

(三)小结

我国是大陆法系国家,法院必须依照法律作出判决,必须围绕立法机构制定的法律文本进行解释说明。[16] 故而笔者认为,物权合同行为关系在存款关系中的基础性质,直接否定了存款债权合同行为说与存款混合合同行为说在我国司法实践中的正当性与合法性。作为大陆法系国家的居间裁判者,如若要否定存款的物权行为性质,首先就应对我国的法律体系进行全面彻底更新,而非简单地将学理解释或法官的个人判断置于立法者之上,这对于维护我国法律统一性而言是一种极其危险的行为。故而,在存款行为中,银行受委托保管的货币被限定用途的场合,银行依法占有存款所涉货币,但货币之所有权仍应归存款人所有当无异议。

二、银行扣款还贷行为的性质界定

(一)银行扣款还贷行为性质的误读

理论界和实务界对银行扣款还贷行为性质界定的争议焦点在于其属于债务的抵销行为抑或是债务的清偿行为。存款债权合同行为说认为,银行与存款人之间属债权债务关系,若存款人同时向银行贷款的,当贷款到期时,根据《合同法》第99条之规定,银行可以通过行使法定抵销权自行扣划该银行及其分支机构名下账户的存款,或在双方存在扣款

[15] 参见陈春龙:《中国司法解释的地位与功能》,载《中国法学》2003年第1期。

[16] 参见刘星:《法理学导论》,法律出版社2006年版,第292页。

还贷约定时根据《合同法》第100条之规定行使约定抵销权，而该种主要借鉴于英美法系国家及部分大陆法系国家之银行抵销制度的学说在近年来逐渐占据上风，甚至渐至通说之地位。比如，对于银行的扣款还贷行为，刘凯湘教授、王卫国教授认为，“当企业经营情况发生重大变化时，贷款就已经到期了，用抵销来达到清偿，是法律允许的，没有任何问题”；[17]李永军教授则认为“这实际上是抵销权，约定的条件一到就抵销了，这个抵销权是单方性的，基本上不可撤销，除非你能证明债务是假的”；[18]王新欣教授虽然对此提出了相应的担忧，即“一般的抵销绝对没问题，现在唯一有争议的就是银行的抵销。银行尤其是我国的银行，有一个比较特殊的情况：银行就那么几家，债务人贷款、开户的选择余地小，只要是开户了，那么他的钱肯定都是存在银行里，如果说允许抵销的话，只要这个银行对债务人有贷款，这个银行就必然得到绝对的优先债权”，[19]但从某种意义上同样认可了银行扣划贷款行为属行使抵销权的观点。

（二）银行扣款还贷行为应属债务清偿行为

笔者认为，存款债权合同行为说渐次主流证明我国学界对存款性质的认识产生了变化，但直接将银行扣款还贷行为界定为银行行使抵销权是否妥当仍值得推敲。《合同法》第99条规定之法定抵销权，其行使之前提为“标的物种类、品质相同”，银行对贷款人所享之债权请求权与存款人对存款之物权请求权，在法律属性上并不相同，而根据我国相关法律法规，银行不得擅自扣收借款人存款账户中的存款，否则就侵犯了存款人对其账户的专有使用权和对该账户中存款的绝对流通支配权，构成对存款人的侵权。[20] 若认定银行有权对存款人的存款行使法定抵销权，那么银行在未与存款人做出相应约定的情况下自行扣划存款人的存款为何会被认定为侵权？而《合同法》第100条规定之约定抵销权，其本质特征为不存在实际的履行，债务不进行现实的交付，双方一致的意思表示一经做出则双方间的相应债权债务关系即告消灭，但在银行行使“抵销权”的过程中，并非不进行任何现实的交付，银行依然要以从存款人所有的账户上将相应存款扣划入银行自有账户，改变存款人账户中的相应信息记载，来改变相应款项的归属，实现相应债务的清偿，否则存款人对存款就仍依法享有绝对支配权，银行没有权利拒绝存款人的支配行为。从这个意义上来说，银行扣款还贷行为并不符合行使抵销权之特征，其性质也必然不属行使约定抵销权的范畴，而应是对债务的清偿。

由此观之，存款债权合同行为说与存款混同合同行为说在我国的法律体系中了无立锥之地。国内部分学者对银行抵销权奉行“拿来主义”，却对其产生的原因与存在的基础缺乏研究，虽然英美法系国家通过生效判例确立了银行抵销权的概念并不断完善，部分大陆法系国家亦通过系统的法律设定了银行抵销权，使之成为一种独立的银行的债的消灭方式，但这些国家的政治基础、历史沿革、社会状态、风俗习惯、法律体系与我国均有极大

[17] 尹秀竹：《申请受理前之法定抵销，破产法之惑？》，载《人民法院报》2009年6月14日，第3版。

[18] 同上。

[19] 尹秀竹：《申请受理前之法定抵销，破产法之惑？》，载《人民法院报》2009年6月14日，第3版。

[20] 参见吴春林：《银行清收贷款中对抵销权的误读》，载北大法宝网：http://www.pkulaw.cn/fulltext_form.aspx? Gid=335579180&keyword=&Search_Mode=.，最后访问日期：2018年2月13日。

差异,并且,银行抵销权的设立与衡平通常是并存的。而我国在缺乏对银行抵销权之相应衡平手段时贸然认可银行抵销权的效力,诸多“水土不服”情形的出现也必在预料之中。公平正义的原则在英美法系国家银行抵销权的行使中有较严格的条件,而且在具体案例中,法官还可以根据相关案例进行裁判。〔21〕即便是同为大陆法系国家的法国,其学界也认为,银行抵销权“即使是从同一概念发展出来的,其并不适用民法典第1289条的模式,而已脱离抵销成为独立的制度”,〔22〕更何况并不认可存款所有权归属银行的我国法律体系,引用一般抵销制度来认定银行同样享有抵销权应是不妥。而我国对银行抵销权的提法,最早见于已失效的由中国人民银行办公厅印发的《加强金融机构依法收贷、清收不良资产的法律指导意见》第1条第6款“若金融机构与债务人之间互负有到期债务,该债务的标的物种类、品质相同,金融机构可根据《合同法》第99条的规定,将自己的债务与对方的债务抵销,但依照法律规定或者按照合同性质不得抵销的除外。金融机构在主张抵销时应当通知对方,通知自到达对方时生效,抵销不得附条件或者附限期”以及第4条“……行使代位权、撤销权、抵销权等权利,有效保护金融债权和金融资产……”之规定,且不论其失效与否、效力位阶如何,单是其所谓之“抵销”是否就是我国民法意义上之抵销都是值得商榷甚至值得怀疑的。而在学理上以及实践中经常被引用以论证银行扣划借款的行为属于行使抵销权所依据的《最高人民法院关于银行、信用社扣划预付货款收贷应否退还问题的批复》,最高人民法院也非常谨慎地或者说是非常专业地没有用“抵销”的概念,而是提道“该款被银行、信用社或其他金融机构扣划还贷后,预付款人无权向银行、信用社和其他金融机构请求返还”。因此,笔者认为,贷款合同中关于银行在特定情况下可以扣款还贷的约定,本质上应属附生效条件的委托代扣条款,银行根据该条款得以合法地在借款人之借款的本金或利息到期时,扣划相应款项用以偿还,免去了银行催收以及借款人还款的手续,节省了履行费用,降低了交易成本,对银行而言保障了其债权的实现,对借款人而言也省去了其自行还款的麻烦。但本质上,银行根据借款人的委托而进行扣款还贷的行为,其效力仍归属借款人,该行为与借款人自行还款并无本质上的不同。

三、破产申请受理前银行扣款还贷行为性质界定的实践选择

在司法实践中,由于对存款性质的不同认定导致司法裁判不一的情况比比皆是。典型如广为流传的“忠成数码科技有限公司(以下简称忠成公司)管理人诉中国建设银行股份有限公司温州分行(以下简称建行温州分行)破产抵销权纠纷案”,〔23〕浙江省温州市中级人民法院在一审中将忠成公司与建行温州分行之间的储蓄存款合同关系认定为忠成公司对建行温州分行享有的债权,进而依据《破产法》第40条之规定,认定建行温州分行在忠成公司破产案件受理后的扣款还贷行为属行使破产抵销权,最终判决驳回忠成公司管

〔21〕参见刘少军、张桐:《银行抵销权的认定标准研究》,载李昌麒、岳彩申主编:《经济法论坛》(第7卷),群众出版社2010年版,第160页。

〔22〕刘海伟:《浅析法国法上的银行抵销权》,载《河南商业高等专科学校学报》2004年第4期。

〔23〕参见浙江省温州市中级人民法院(2014)浙温商初字第9号、浙江省高级人民法院(2014)浙商终字第27号。

理人的诉讼请求。而浙江省高级人民法院在二审中认为“忠成公司依储蓄存款合同对建行温州分行享有债权”。进而维持了浙江省温州市中级人民法院的一审判决。而在其后的“瑞安市新亚汽配有限公司(以下简称新亚公司)管理人诉中国工商银行股份有限公司瑞安支行(以下简称工行瑞安支行)破产撤销权纠纷案”中,[24]浙江省瑞安市人民法院在一审中认为“新亚公司在工商银行瑞安支行处开设银行账户,双方形成储蓄合同关系,新亚公司在款项存入账户时取得对工商银行瑞安支行的债权”,进而认定工行瑞安支行在破产申请受理前6个月内的一系列扣款还贷行为应属抵销权之行使,最终判决驳回新亚公司管理人的诉讼请求。但浙江省温州市中级人民法院在二审中以双方之扣款还贷约定应属委托代扣条款,工行瑞安支行的扣款还贷行为本质上即是新亚公司对工行瑞安支行进行个别清偿的行为为由,最终改判撤销工行瑞安支行的相应扣款还贷行为。在前述两个案件中,前案对存款债权合同说理论支持态度极其鲜明,而后案则技术性地回避了存款属物权合同行为抑或是债权合同行为之争论,并以案件双方当事人之合同约定内容而对工行瑞安支行之扣款还贷行为的性质重新进行了“盖棺定论”,后案经办法官虽对存款性质的认定“缄口不语”,实际上隐隐地透露出了对存款债权合同行为说的否定态度。

银行可对债务人企业之存款行使抵销权之认定对于破产企业现金偿债能力影响之大,在前文中已有论述,此处笔者不再赘述。但该认定对于企业破产案件审理的不良影响已经在诸多案例中显现出来。在司法实践中,甚至出现了破产案件受理并同时指定破产管理人后,破产案件受理法院当即冻结债务人企业之银行账户,并依破产管理人申请要求相关银行将债务人企业之存款转入破产管理人账户的“技术性操作方法”。该类做法的出现,表明了破产案件审理法院及破产管理人对银行行使破产抵销权是否符合公平原则的强烈质疑态度,却又担忧无法直面拒绝银行行使破产抵销权的矛盾心理。但这里又出现了一个问题:如果银行行使破产抵销权是合法的,破产案件受理后向管理人移交债务人企业账户上存款的做法,是否有侵犯银行合法权益之嫌?现行有效的《最高人民法院关于审理企业破产案件若干问题的规定》第14条第4款规定:“通知债务人的开户银行停止债务人的结算活动,并不得扣划债务人款项抵扣债务。但经人民法院依法许可的除外。”笔者认为,该条司法解释明确了最高人民法院对于银行利用自身在追索债务人财产问题上的便捷性擅自扣款还贷的否定性态度。如若依据前述司法解释中的“不得扣划债务人款项抵扣债务”得出银行有向存款人行使抵销权的权利,抑或是依据“经人民法院依法许可的除外”得出银行可在法院许可的情况下对债务人企业之存款行使抵销权,又难免有过度理解之嫌。

前文已对我国银行扣款还贷行为应属清偿债务行为的观点作了较详尽的分析论述,既然银行扣款还贷的行为不属行使抵销权的范畴,则对于破产申请受理前银行扣款还贷的行为自不应依据《破产法》第40条及《破产法解释二》第44条之规定处理,而应根据《破产法》第31条、第32条及《破产法解释二》第12条、第14条之规定予以综合评判。在学术界及实务界,不少同意存款物权行为说观点的学者指出,存款既为银行债权人所占有

[24] 参见浙江省瑞安市人民法院(2014)温瑞商初字第3579号、浙江省温州市中级人民法院(2015)浙温商终字第1588号。

债务人所有的动产，根据《物权法》第230条、第231条之规定，银行债权人行使民事留置权自然缺乏“应当与债权属于同一法律关系”之要件，但对于企业存款当可行使用商事留置权，则根据《破产法解释二》第14条之规定，该行为可不予撤销。笔者认为，存款人对存款具有绝对的流通支配权，可以此认定存款属法定不得留置的特殊动产。根据《物权法》第232条之规定，存款对于借款人所欠银行之贷款，并不具担保效力。因此，《破产法解释二》第14条之规定，在该类案件中并不适用。

笔者在文中多次强调，法律的修订应是全面的、体系化的，是牵一发而动全身的。笔者并非存款物权合同行为主义的卫道士，亦不认为我国必不可将存款债权合同行为化，而是认为若将存款变更认定为存款人对银行的债权，应对我国的诸多法律法规进行通盘修正。比如，在我国破产法及其司法解释中，《破产法》第40条规定之破产抵销权及《破产法解释二》之破产申请受理前之民法抵销，实质上是一种优先受偿权，可以保证破产债权人在抵销的范围内得到全额清偿，不仅关系到抵销双方当事人的利益，还会影响其他破产债权人的利益。[25] 如若我国立法者认为对于存款债权主义及银行抵销权的法律设定应予移植，那么是否也应考虑到“两大法系均对银行在债务人破产时的抵销权加以特殊规定”，[26]而“法国及拉美一些国家在破产程序中奉行债权人平等主义，故不承认破产中抵销权的存在”[27]的事实。笔者认为，我国若设立银行抵销权，还应考虑到银行业在我国经济实力上的优势及其与存款人之间的信息不对等地位，对银行滥用抵销权的可能性予以适当的、必要的限制与衡平。

---

〔25〕 参见最高人民法院民事审判第二庭编著：《最高人民法院关于企业破产法司法解释理解与适用》，人民法院出版社2013年版，第440页。

〔26〕 范文彦：《论我国银行抵销权制度的完善》，西南政法大学2010年硕士学位论文。

〔27〕 最高人民法院民事审判第二庭编著：《最高人民法院关于企业破产法司法解释理解与适用》，人民法院出版社2013年版，第440页。

信托视角下的住房公积金制度完善

付立新*

作为一种社会性、互助性、政策性的住房社会保障制度，住房公积金制度在健全公民居住权及发展权领域发挥着重要作用，是我国住房制度的重要组成部分，旨在为广大职工解决基本住房问题的专项资金；住房公积金制度是单位给在职员工缴纳的一种长期住房储金，并且所有权属于职工个人。但我国现行住房公积金制度在实践中的运行效果却不甚理想。据《中国住房发展报告 2015～2016》表示，因城市房地产业投机炒作造成高房价，使绝大多数的新市民只能在城市边缘临时性不稳定租住，处于"半城市化或不完全城市化"状态。[1] 这一现状必须尽快改善，否则不仅城镇化的进程受阻，还将引发一系列的社会问题。住房公积金制度作为筹集、融通住房资金以提高公民商品房购买力的社会保障制度应运而生，旨在满足新市民住房需求，解决新市民的住房刚需。

截至 2017 年 11 月底，全国住房公积金缴存总额 12.3 万亿元，提取总额 7.2 万亿元，缴存余额 5.1 万亿元；[2] 根据中国五大行 2017 年半年报统计数据显示，按照国际财务报告准则，第五大行交通银行总资产 8.93 万亿元。[3] 2017 年，全国住房公积金规模就足以和今天的第五大银行相比。与同等资金规模的商业银行管理制度相比，作为政府管理的民事财产——住房公积金，被曝管理混乱。更有某著名财经网站发起"你认为住房公积金制度有存在必要么"的问卷调查，共计 18 万人投票，支持住房公积金制度继续存在的仅占 11%，反对比率高达 89%。[4] 由此可见，对于住房公积金管理的乱象很大程度上引发了对住房公积金制度本身存在价值的质疑。当下，旨在筹集、融通住房资金提高公民商品房购买力的住房公积金制度逐渐异化为低回报率的强制性储蓄。属于个人所有的住房公积金所产生之收益，绝大部分用于庞大的住房公积金管理系统的维护及公

* 西南政法大学商法学专业博士研究生。
本文为 2016 年度重庆市研究生科研创新项目"信托视角下住房公积金管理制度的完善（CYB16077）"的阶段性研究成果。

〔1〕 学习中国：《习近平：让全体人民住有所居》，载央广网：http://news.cnr.cn/native/gd/20161227/t20161227_523398842.shtml，最后访问日期：2018 年 2 月 20 日。

〔2〕 中华人民共和国住房和城乡建设部：《2017 年 11 月份全国住房公积金运行情况》，载中华人民共和国住房和城乡建设部网：http://www.mohurd.gov.cn/zxydt/201712/t20171227_234564.html，最后访问日期：2018 年 2 月 15 日。

〔3〕 《2017 年上半年中国五大银行业绩数据对比》，载中华网：http://finance.china.com/jrxw/13000288/20170901/31257221.html.，最后访问日期：2018 年 2 月 20 日。

〔4〕 《住房公积金制度无存在必要》，载腾讯财经网：http://finance.qq.com/original/caijingguancha/f1203.html，最后访问日期：2018 年 2 月 20 日。

租房（廉租房）建设。此外，我国住房公积金制度还存在地区分散、集中管理困难等问题，使资产总额约与中国第五大银行（交通银行）总资产相当的住房公积金资产处于不亦状态。

本文旨在从维护缴存者利益的角度出发进行制度设计，聚焦十九届三中全会提出“要建立公开、规范的住房公积金制度”，以重构住房公积金信托法律关系为手段，通过合理配置职工所有权人、地方住房公积金管理中心、政府三方的权利和义务，解决目前住房公积金制度运行中资金保值、管理混乱、不透明、高度浪费之乱象。住房公积金信托作为一种法定信托、自益信托、管理信托，以住房公积金缴存资本为信托财产，缴存者为委托人及受益人，住房公积金管理中心为受托人，政府相关部门为监察人。受托人在监察人的监督下严格履行受托人义务以提供高质量、透明的资本管理、保值增值运营。根据信托法原理，住房公积金的增值财产当然归属于信托财产，以保证缴存者即受益人之受益权。由此可见，将信托制度应用于住房公积金制度中，更有利于其真正发挥社会住房保障作用。

一、住房公积金制度的沉疴积弊

（一）保障型公积金制度向低回报率强制储蓄的异变

我国住房公积金制度于某种程度上加深了贫富差距的鸿沟，住房公积金制度逐渐异变为高收入者的融资手段。不同群体的公积金使用率不同：中低收入群体的公积金使用率远低于高收入群体。[5] 中国人民银行发布的《2004年中国房地产金融报告》中也提道：“住房公积金对支持中低收入职工购房的效果不明显。”[6] 显然这与其标榜的“保障”“互济”等说辞是相悖的，违背了住房公积金制度实行的初衷，即为保护低收入家庭的居住权及发展权，提高其商品房购买力保障基本住房需求。

从中国人民银行的住房公积金结息规则可以看出，按结息日挂牌公告的三个月整存整取存款利率计息无论如何都不会超过商业银行三个月整存争整取利率，而且该利息只计单利不计复利。[7] 若缴存者将住房公积金账户余额提取转而做综合性理财，如购买国债或低风险货币型基金，则可达到资本保值增值之功效。住房公积金账户简单计息模式未考虑风险补偿与边际成本，此种保值手段与保障缴存者个人账户保值增值的目的是背道而驰的。在住房公积金账户面临通货膨胀侵蚀的同时，我国养老金个人账户通过全国社保基本运作实现了资本保值，其购买力也得到了基本保障。

---

[5] 殷俊、彭聪：《基于公平视角下住房公积金权益模式改革探析》，载《社会经纬理论月刊》2014年第11期。

[6] 中国人民银行研究局房地产金融分析小组：《2004中国房地产金融报告》，中国金融出版社2006年版，第19页。

[7] 《人民币利率管理规定》第14条规定：“居民个人的公积金存款，当年归集的，按照结息日挂牌公告的活期存款利率计息，上年结转的，按结息日挂牌公告的三个月整存整取存款利率计息。个人公积金存款按年计息，每年6月30日为结息日。”

(二)政府的住房保障功能与住房公积金的住房保障功能混淆

政府与住房公积金在住房保障中的定位不清本质上反映了我国住房公积金权益模式的不公平,这是目前我国住房保障制度中亟须解决的问题。我国住房公积金管理中心将投资国债的收益存入受委托银行开立的住房公积金增值收益专用账户。[8] 住房公积金增值收益除投资国债的收益外,还包括住房公积金存贷款利差产生的利润,而住房公积金的业务收入则包括委托存款利息收入、委托贷款利息收入和其他收入。[9] 所有增值收益除用于提取贷款风险准备金以及住房公积金管理中心管理费用、日常开销外,一半以上增值收益用于补贴公租房(廉租房)建设补充资金。住房公积金资本收益公、私性质仍受到多数学者的质疑。

表1　2016年住房公积金增值收益情况

地区	业务收入(亿元)	业务支出(亿元)	增值收益(亿元)	增值收益率(%)	提取贷款风险准备金(亿元)	提取管理费用(亿元)	提取公租房(廉租房)建设补充资金(亿元)
全国	1521.26	833.54	687.72	1.59	227.30	101.46	371.66

资料来源:中华人民共和国住房和城乡建设部《全国住房公积金2016年年度报告》。

于现行计息规则下,只有把住房公积金全额用于偿还住房公积金贷款的部分缴存者无须承受通货膨胀损失。不使用住房公积金的缴存者,包括目前无法买房和还清贷款后继续缴存的缴存者,以如此低的存款利率静待退休提取,必须承受通货膨胀的损失。对于目前无法买房的缴存者来说,他们的缴存行为实际体现为有能力买房者融资。对于还清贷款继续缴存公积金的公民来讲,还清贷款并不能成为阻碍其继续获得账户收益的理由。2016年年末,住房公积金提取总额60463.59亿元,占缴存总额的56.99%。[10] 由此看出,这两部分不使用住房公积金的缴存者人数,在全部住房公积金缴存者中占有很大的比重。住房公积金账户资本的增值应与投入的时间价值、风险溢价和购买力损失补偿相匹配。

政府与住房公积金在住房保障中所承担的责任是不同的。政府的住房保障作用与住房公积金增值收益对廉租房建设的保障作用的性质也有差异。政府对于住房保障所投入的财政支出,是国家保障公民居住权的一种表现。[11] 国务院颁布的《公积金管理条例》(以下简称《管理条例》)中明确规定住房公积金是在职职工及其所在单位缴存的长期住

---

〔8〕《中华人民共和国建设部关于纠正住房公积金管理中心兴办经济实体、投资、参股问题的通知》中规定:"根据《条例》的规定,管理中心要负责住房公积金的保值。在保证住房公积金提取和个人住房贷款发放的前提下,将住房公积金用于购买国债是管理中心唯一的保值手段。管理中心不得将住房公积金、住房维修基金及其增值收益、公有住房出售收入用于投资、参股和购买股票。"

〔9〕财政部关于印发《住房公积金财务管理办法》的通知第20条:"(一)委托存款利息收入是指公积金中心将住房公积金存入受委托银行取得的利息收入。(二)委托贷款利息收入是指公积金中心委托银行向职工发放住房公积金贷款取得的利息收入。委托存贷款利息按国家规定的利率和期限计算。(三)国家债券利息收入是指公积金中心经住房委员会批准,用住房公积金购买国家债券取得的利息收入。(四)其他收入是指住房公积金运作过程中产生的除上述收入外的收入,如住房公积金逾期贷款的罚息收入、逾期不办理住房公积金的罚款收入等。"

〔10〕同上。

〔11〕殷俊、彭聪:《基于公平视角下住房公积金权益模式改革探析》,载《社会经纬理论月刊》2014年第11期。

房储金，属于职工个人所有，即缴存者个人财产，政府投入建设的公租房（廉租房）为公有财产。无充分理由而以缴存者个人财产所产生收益投资补贴公有财产的行为有失公平。《中华人民共和国物权法》（以下简称《物权法》）规定物权以及物上孳息皆属于所有权人个人财产，住房公积金管理中心从增值收益中提取保障性住房补贴的行为违反了我国《物权法》的规定。因此，应厘清住房公积金保障公民居住权与发展权之功能与政府社会保障福利功能的关系。

实践中，住房公积金制度的公平和效率的问题日益突出，改革住房公积金制度的呼声日益高涨。各地公积金虽然可以采取实物补贴、价格补贴和货币补贴等非长久应急性手段，[12]但低收入人群因收入较低、基础消费开支大、消费倾向高，实施国家强制储蓄不甚合理。如果住房公积金能够真正实现保值增值，现存关于制度公平和效率的各种问题都可迎刃而解。因此，对住房公积金实行真正的保值增值是住房公积金制度改革亟须迈出的第一步。

（三）监管型公积金向托管资本异变

鉴于住房公积金所有权和控制权相分离，因此，在住房公积金所有权人（职工）委托住房公积金管理中心管理公积金后，由于缺乏有效监督手段，管理人可能存在一系列道德风险。[13] 其次，住房公积金管理中心管理分散、效率低下、集中管理难度大、外部审计缺失，这是因为这笔钱某种程度由地方政府支配，不愿被统筹管理。最后，我们可以从侧面看到信息公开的无序：由于地方公积金管理中心各自为政，数据统筹管理困难。住房和城乡建设部于2008年发布了全国住房公积金管理情况通报后，就再未更新过数据。直到2017年4月，住房和城乡建设部陆续更新了2017年1月至12月的住房公积金运行情况。目前应推进住房公积金制度完善、强化监管、改善服务等各项工作以满足不同需求层次的缴存者。

二、住房公积金信托的财产范围

住房公积金信托应为法定信托，以自身为受益人的自益信托、管理信托。我国住房公积金的缴存具有强制性，无论职工和单位是否愿意，都必须依法缴交住房公积金。根据《管理条例》规定，职工个人缴存的住房公积金，职工和单位住房公积金的缴存比例均不得低于职工上一年度月平均工资的5%，由所在单位每月从其工资中代扣代缴交由地方公积金管理中心管理。法定信托是依照制定法的明文规定而设立的信托，应由《中华人民共和国信托法》（以下简称《信托法》）明文规定。因此，住房公积金信托作为一种法定

---

[12] 实物补贴就是所谓的房票，低收入人群可以有接近免费的公租房；价格补贴可以是补贴购房款、补贴利息、免税等，类似目前的住房公积金优惠；货币补贴则是直接发放货币，如三亚向62万居民一次性派发2014年上半年物价补贴2.2亿元。

[13] 参见李郁军：《“甘肃住房公积金第一案”宣判 兰州市住房公积金管理中心原主任陈其明领刑十七年》，载《检察日报》2006年8月6日，第1版；刘非小：《“全国住房公积金第一案”反思》，载《湘声报》2005年9月9日，第1版。

信托、自益信托、管理信托，以住房公积金缴存资本为信托财产，缴存者为委托人及受益人，住房公积金管理中心为受托人，政府相关部门为监察人。受托人在监察人的监督下严格履行受托人义务以提供高质量、透明的资本管理、保值增值运营。

法谚有云："若无信托财产，则无法创立信托。"信托法作为财产管理法，无信托财产之存在，则无管理之对象。由此可见，信托财产为信托中的必要因素。信托财产独立于委托人、受托人和受益人。[14] 根据《信托法》第14条的规定，住房公积金信托的财产范围主要包括以下两类：其一，住房公积金缴存者及单位缴纳的资金，此为"原始受托财产"；其二，受托人因信托财产的管理运用、处分或者其他情形而取得的财产，也归入信托财产，这些财产可以理解为信托原始受托财产的"代位财产和收益"。

因此，根据信托法的原理，投资国债的收益、住房公积金存贷款利差产生的利润、住房公积金的业务收入包括委托存款利息收入、委托贷款利息收入和其他收入在内的住房公积金增值皆属于住房公积金信托财产。对住房公积金管理中心以及直接负责的主管人员和其他责任人员处以的罚款以及没收的非法所得，也应属于信托财产。此为信托归入权的应有之义，而非上缴上级财政。[15]

我国住房公积金信托的目的在于筹集、融通住房资金提高公民商品房购买力以实现住房社会保障。受托人仅可根据信托目的来处分、管理信托财产。但从属于个人所有权的住房公积金之收益，用于公租房（廉租房）建设损害了受益人利益。从表1来看，当年住房公积金收益为687.72亿元，其中54%的增值收益（约371.66亿元）用于提取公租房（廉租房）建设补充资金。该处分行为与住房公积金信托目的不符，损害了作为受益人的缴存者的利益。根据信托法原理，住房公积金增值部分属于信托财产，住房公积金管理中心应禁止提取行为以保护缴存者的受益权。

三、住房公积金信托的法律关系重构

（一）委托人（受益人）——住房公积金缴存者

一般而言，委托人是信托财产的提供者，也是信托目的的设定者，是信托结构的发起者。但住房公积金属于法定信托，其信托目的法定。住房公积金信托制度属于典型的多数委托人、受益人的自益性信托，本文将住房公积金信托中委托人和受益人的权利义务在大多数情形下作合并阐述。在信托法上，当信托为自益信托时，委托人享有的权利和受益人相同。委托人法律地位的本质在于，其为受托人的监督者。信托法理论，最典型的、最有动力的信托监督者为受益人。[16] 住房公积金信托为自益信托，缴存者同时作为委托人、受益人享有以下权利。

---

〔14〕 赵廉慧：《信托法解释论》，中国法制出版社2016年版，第182页。

〔15〕 《住房公积金财务管理办法》财综字〔1999〕59号第41条规定："对公积金中心以及直接负责的主管人员和其他责任人员处以的罚款和没收的非法所得，上缴本级财政。"

〔16〕 ［日］樋口范雄：《信托与信托法》，朱大明译，法律出版社2017年版，第12页。

1. 对非法强制执行信托财产的异议申诉权

住房公积金信托是为保障公民基本居住而设立，信托财产的独立性要求信托财产免于非法强制执行。鉴于住房公积金的法定用途和作为信托财产的公积金不会发生信托财产破产的可能，任何人、任何组织均不得强制执行住房公积金信托财产。即便受托人违反信托目的，将住房公积金信托名下之财产为自己的经营作出资金担保，被其债权人提出强制执行，委托人、受益人、共同受托人、监察人均可以信托财产为由提出异议，主张不得对其强制执行。因为信托财产独立存在的法定原则，致使委托人、受托人、受益人均不得以信托财产作为自己的担保财产。[17]

2. 信托财产管理、处分情况的调查权及说明请求权

2015年住房城乡建设部、财政部、中国人民银行三部门联合发布《关于健全住房公积金信息披露制度的通知》，明确规定住房公积金管理中心应根据自身实际情况制订住房公积金运行情况披露计划，尤其在个人住房贷款、增值收益和管理费用三个方面需独立、及时披露。[18]

作为住房公积金自益信托的委托人、受益人的缴存者，为维护自身利益，委托人有权了解住房公积金信托的运行情况以及增值收益。信托法还赋予委托人、受益人要求受托人就信托事务的处理情况作出说明的权利，以保障其信托权利。

3. 信托财产的恢复原状请求权、损失赔偿请求权及撤销请求权

住房公积金管理中心违反信托目的处分信托财产的，缴存者同时作为委托人、受益人有权申请人民法院撤销受托人的该处分行为，并可请求受托人补偿损失或者恢复信托财产的原状。由于住房公积金信托的特殊性，更需要这方面的立法保护。比如，住房公积金信托管理中心违规提取公租房（廉租房）补贴时，或者做出或有可能做出有损受益人权益的情形时（住房公积金增值的隐匿或少报等），委托人（受益人）有权对该处分行为提出撤销。

权利与义务从来都是相伴而生的。在委托人（受益人）享有上述权利的同时，仍需履行信托生效的义务和不干涉受托人处理信托事务的义务。在住房公积金信托中，委托人（受益人）需按时缴纳住房公积金，遵守国家关于住房公积金制度设定的相关规则。

（二）受托人——住房公积金管理中心

我国住房公积金皆由地方公积金管理中心管理，因此地方公积金管理中心为当然的住房公积金信托的受托人。受托人根据住房公积金信托保障公民基础住房的目的管理和处分住房公积金财产，并积极采取各种措施使住房公积金账户保值增值。受托人的行为对信托的存续与信托目的的实现至关重要，各国信托法对受托人行为的规制与管控细致入微。本文亦主要阐述住房公积金管理中心应履行的义务。

---

〔17〕 张军建：《住宅专项维修资金信托法律制度研究》，中南大学2008年博士学位论文，第65页。

〔18〕 住房城乡建设部、财政部、中国人民银行《关于健全住房公积金信息披露制度的通知》（建金〔2015〕26号）。

1. 忠实义务

受托人在执行信托事务的过程中，必须为了受益人的利益，忠于信托目的，为实现受益人最大利益的方式积极管理信托财产，不得作出违背信托目的、损害受益人利益的行为。[19] 忠实义务是受托人义务中最具特色的一种，我国《信托法》中虽然没有直接用“忠实义务”这一术语，但从我国《信托法》第 25～28 条中可归纳出该原则。

受托人必须忠实地按照委托人的意愿，处理信托事务和管理信托财产。这一规定的主要意义在于明确了受托人处理信托事务的忠实义务。也就是说，受托人以自己的名义处理信托事务、管理信托财产，必须按照信托的宗旨即委托人设立信托的意愿，忠实并且诚实地处理信托事务。显而易见，受托人的忠实义务，其实就是作为受托人处理信托事务的行动基准，即《管理条例》中对住房公积金管理中心职责的规定。

2. 善管注意义务

受托人在执行信托事务的时候应当采用的注意义务为善管注意义务。受托人违反善管注意义务的，产生损害赔偿责任。[20] 我国《信托法》第 25 条规定受托人诚实、信用、谨慎、有效管理的义务。把作为忠实义务基础的“诚实、信用”和作为注意义务基础的“恪尽职守”“谨慎”归置在同一条，至少在形式上没有明确区分“忠实义务”和“注意义务”。根据美国信托法理论，[21] 一个理性、谨慎的行为模式应该是勤奋努力的注意、体现理解力和能力水准的技能和谨慎小心的有机集合。

根据《管理条例》第 10 条的规定，各省市的住房公积金管理中心，负责住房公积金的管理运作。为防止受托人道德风险，规定住房公积金管理中心应当在受委托银行设立住房公积金专户，规范住房公积金银行专户和个人账户管理。[22] 受委托银行要为缴存住房公积金的职工建立个人账户；住房公积金管理中心要建立职工住房公积金明细账，记载职工个人住房公积金的缴存、提取等情况，并和受委托银行定期对账。对职工住房公积金的记账时间以住房公积金在受委托银行缴交入账时间为准。住房公积金管理中心对已办理缴存住房公积金的职工，要发放有效凭证。

3. 谨慎投资义务

由于住房公积金的特殊性，保障公积金资本安全，我国对住房公积金保值增值的手段法定化。根据《管理条例》的规定，住房公积金管理中心要负责住房公积金的保值。在保证住房公积金提取和个人住房贷款发放的前提下，将住房公积金用于购买国债是管理中心唯一的保值手段。住房公积金管理中心不得将住房公积金、住房维修基金及其增值收益、公有住房出售收入用于投资、参股和购买股票。住房公积金管理中心不得兴办任何类型的经济实体，不得向经济实体投资、入股，不得接收各类经济实体的挂靠。按照《住房置业担保管理试行办法》（建住房〔2000〕108 号）“贷款人不得在担保公司中持有股份”的规定，管理中心投入担保公司的资金要全部撤回。

---

〔19〕 周小明：《信托制度：法理与实务》，中国法制出版社 2012 年版，第 276 页。

〔20〕 ［日］能见善久：《现代信托法》，赵廉慧译，中国法制出版社 2011 年版，第 75 页。

〔21〕 Edward C. Halbach, *Trusts*, *Gilbert Law Summaries*, Law Distributors, 2008, p. 176.

〔22〕 国务院《关于进一步加强住房公积金管理的通知》（国发〔2002〕12 号）。

4. 定期向委托人和受益人披露信托财产现状的义务

如前所述,2015年,住房城乡建设部、财政部、中国人民银行发布《关于健全住房公积金信息披露制度的通知》,明确规定了各地住房公积金管理中心作为责任主体的及时披露义务。

受托人在信托关系中除了补偿请求权(因用固有财产清偿信托债务而取得)之外,报酬请求权可称为真正意义上的权利。受托人原则上市信托财产的固定索取权人,只能根据约定或者法定取得固定的权利。这种权利可以是一个固定的数额,也可以是一个固定的比例。住房公积金管理中心每年按照实际支出、运营费用从住房公积金增值部分提取管理费用,此为受托人管理的应有之义。

(三)监察人——住房部公积金管理司、住房与城乡建设部、财政部及中国人民银行

信托监察人是大陆法系引进信托法之时确立的一项旨在保护受益人利益的制度,主要目的是解决特定情况下如何保护受益人权益的问题。[23]

住房公积金信托属管理信托,是指不改变目的物或者权利的性质而进行的保存、利用或者改良的行为,也即住房公积金信托的最重要之处是管理运用上的安全和有效,从根本上防止迄今为止多有发生的受托人侵吞或挪用住房公积金的恶性事件的发生。因此,有必要在现有的信托关系中引入信托监察人制度。我国《信托法》规定,凡属公益信托,都必须设立信托监察人。究其原因,系公益信托的特点为受益人是不特定多数,不容易对受托人是否真正履行受托人的义务行使有效的监管,为实现信托设立人的意愿,才设立信托监察人一职,用于防止受托人违反信托损害受益人的利益。公益信托下设置信托监察人的目的在于监管受托人履行义务,实现信托目的。信托监察人并非公益信托之专属,住房公积金信托,虽非公益信托,但牵涉的是偌大的社会群体,关乎社稷民生,所以才主张设立信托监察人。从保护缴存者的利益出发,不能认定只有公益信托才能设立信托监察人。

我国住房公积金信托应以行政主管部门出面即住房部公积金管理司、住房城乡建设部、财政部、中国人民银行,由其出任信托监察人,用来监督受托人有效、安全掌管信托财产。从前住房部公积金管理司的法律地位仅限于政府管理部门,并未赋予该管理司法律上的监管责任,无责任无效率,因此导致住房公积金管理中心缺乏监督。同时住房公积金管理中心应接受财政部门的财务监督检查,以及审计部门的审计监督。[24] 行政主管部门、财政部门、人民银行及其分支机构应依据管理职权,对住房公积金管理中心在受委托银行设立住房公积金账户进行监督。受委托银行对专户内住房公积金的使用行为负有监督责任,发现违规问题要及时向当地住房公积金管理委员会、上级建设行政主管部门和人民银行及其分支机构反映。凡不按规定设置账户的,有关部门要进行严肃处理。中华全国总工会亦发布通知加强对下服务和指导,积极配合政府部门,对基层单位缴存住房公积

---

〔23〕 何宝玉:《信托法原理研究》,中国政法大学出版社2005年版,第258页。

〔24〕 财政部《关于印发〈住房公积金财务管理办法〉的通知》第38条、第42条。

金情况及时进行督促检查，推进住房公积金制度建设。[25]

住房公积金信托监察人权利可概括如下：第一，信托监察人为维护受益人的利益，有权以自己的名义，提起诉讼或者实施其他法律行为。[26] 这里的信托监察人并不等同于受益人的代理人。对于公益信托成立后的受托人的怠慢，或者违法强制执行信托财产的，信托监察人可向人民法院提出异议。第二，信托监察人有权申请人民法院取消受托人做出的违反信托目的的信托财产处分行为，或者提出补偿损失和恢复信托财产原状的请求；第三，信托监察人有权查阅与处理信托事务相关的文件并要求受托人做出说明。

监察人应以确保资金安全为前提，强化监督管理。组织制定责任追究、信息披露、人员准入、绩效考核和账户监管五项监管配套制度，完善监管制度体系，加强对全国住房公积金管理情况的定期巡查和现场监督。监督全国住房公积金和其他住房资金的管理、使用和安全，管理住房公积金信息系统。开展历史遗留项目贷款、涉险国债资金、逾期个贷和骗提套取资金等专项检查，确保资金安全。会同有关部门其具体义务概括如下：

1. 信托监察人为维护受益人的利益，行使其权利时，必须忠实履行善管注意义务。违反此义务，给信托财产造成损害时，必须承担赔偿责任。

2. 监督受托人是否严格履行了忠实义务和善良管理人的注意义务。

3. 信托监察人如从受托人处取得财物或金钱时，必须将其转交给受益人。以自己的名义为受益人取得的权利或者利益必须转移给受益人。此为信托归入权的应有之义。

四、结语

住房公积金制度是市场化住房背景下的住房保障制度，自住房公积金制度诞生以来，公积金运营管理的透明度以及公积金增值收入的分配正义备受缴存者与学者的关注。以信托的角度解构住房公积金制度，是规制住房公积金管理中心管理行为以及缴存者受益权保护的制度出口。该制度明确了信托财产的范围即住房公积金资本、资本所产生增值收益以及管理人员违法所得等因信托归入权所取得财产皆归属于住房公积金信托财产，信托财产的独立性要求政府禁止从公积金提取公租房（廉租房）补贴《管理条例》仅为行政性规定，效力位阶较低且规定尚不完善。住房公积金管理中心因有《信托法》可依而更加明确自身职责与义务，提高了履职效率和透明度。综上所述，信托视角下的住房公积金制度是以缴存者的居住权、发展权为出发点的可持续社会住房保障制度。我国应尽快修改完善《信托法》及其管理条例相关内容，为住房公积金信托提供制度支持。高率、透明、可持续发展的住房公积金制度可为实现2020年全面小康社会的建成打下坚实的基础，真正实现全民意义上的居住权与发展权。

---

〔25〕 中华全国总工会《关于认真做好工会参与建立住房公积金制度工作的通知》（总工发〔2002〕16号）。

〔26〕 雷宏：《信托监察人制度研究》，知识产权出版社2011年版，第137页。

农村人口“空心化”之殇：城乡居民权利失衡

王文彬* 张 军**

一、引 言

作为我国经济社会发展“短板”的农村，其建设发展问题一直受到历届政府的高度关注。总体来说，我国农村在多个涉农“一号文件”的扶持和帮助下，整体风貌有了巨大改观，农民生活水平也有了很大提高。但是，在新的经济社会发展背景下，我国农村发展日渐面临新的难题：“空心化”，尤其是农村人口“空心化”。因为伴随户籍等国家政策的渐次松动以及社会条件的改善，加之农民日益增长的经济理性指导，农村人口的流动性大大提高，其离开农村的速度和数量同时出现增长，继而极易导致传统农村逐渐破碎和农村建设发展遭遇“空心化”难题。通过笔者实地调研走访发现，“如今的乡土中国，人员稀少、旧屋闲置、杂草丛生，甚至残垣断壁的‘空心村’比比皆是，触目惊心”。[1] 学者程必定甚至直接指出：当学术界和实务部门正在研究和解决传统“三农”问题时，新的“三农”问题已然浮现，即农民工、“老人农业”和“空心村”问题。[2]

（一）问题的由来

自20世纪80年代以来，随着农村改革的开展，尤其是农村家庭联产承包责任制的实行，农村释放了大量剩余劳动力，加之农业生产技术的持续进步促使农村剩余劳动力的持续增加。恰逢其时，我国城市化、工业化进入了跃进期，城市建设以及工业发展都需要大量的初级劳动力，这便为农村剩余劳动力提供了众多就业机会，为其向城市转移提供了良好的“窗口期”。与此同时，我国的户籍制度也日渐松动，这也为农村人口的外流创设了宽松的制度环境。刘永飞将导致农民离开农村的原因归结为城市吸引性拉力、农村排斥性推力和农民选择力。其一，在城市吸引性拉力上，工业化和城市化的发展催生了众多工作机会，加上城市公共物品和服务比较健全，生活品质较高，基础设施相对完善等，这些因素都吸引着大量农民进入城市寻求发展机会；其二，在农村排斥性推力上，农业生产效益低下，农村发展机会匮乏，再加上农村基础设施落后，公共物品和服务短缺等因素影响着农民离开农村；其三，在农民的理性选择力上，由于农业成本逐年增高，务农收益相对减

---

* 华中科技大学公共管理学院行政管理专业博士研究生。

** 中南民族大学法学院硕士研究生。

〔1〕 张志前、王申：《进城圆梦探索中国特色城镇化之路》，社会科学文献出版社2014年版，第77页。

〔2〕 程必定：《中国的两类“三农”问题及新农村建设的一种思路》，载《中国农村观察》2011年第8期。

少,农民面临更大的生活压力,而打工收入较高,农民通过效益的比较分析后选择流向城市。[3]

20世纪90年代后,随着农民持续离开农村进城务工,我国逐渐形成了一股民工潮,打工经济一时兴起。打工收入逐渐成为部分农民家庭收入的主要来源,这有效改善了农民的生活水平。于是,各地农民纷纷效仿,再加上传统熟人社会的推介作用,不少地区的农民开始组团外出务工,继而导致农民外出的数量继续增加。此后,部分地方政府逐渐关注到这一实际情况,开始有选择地使用行政权力引导农民外出务工,以提高当地农民的经济收入和生活水平。但随着时间推移,部分农民已经熟悉了打工地的生活,开始对农村生活变得陌生起来,甚至不愿意返回农村,更不愿再从事农业生产,即农民在农村的生产发展基础日益不稳。这一点在新生代农民身上体现得尤为明显。不幸的是,各级政府对于农村劳动力过度外流超过农村发展所需限度的事实关注不够,以至于我国众多农村开始逐步陷入"空心化"危局。对此有学者不无担忧地指出:"90年代以来因为单一目标出台的国家政策实际上具有扩散的、长期的,甚至是'未预期的'社会后果,它们或者潜在地导致了'乡村空心化',或者潜在地抵制了'乡村空心化',或者两个效应兼而有之。"[4]

进入21世纪后,"撤点并校"政策以及农民工有条件在城市落户政策的实施也在一定程度上加剧了农村"空心化"的发展。一方面,为了照顾外出读书的孩童,父母不得不离开农村,在乡镇租借房屋,同时尽可能地在乡镇寻找就业机会。有些家庭则呈现出了另一种状态:青年人在外打工,老年人给孩童陪读。在此背景下,农民举家离开农村的现象十分普遍。这种情况首先会导致大量房屋闲置,其次严重影响农村的生产建设。更有甚者,许多农村土地已经陷入了抛荒或半抛荒的境地。另一方面,农民工的困苦境遇以及这一群体对于城市建设的重要性也日益得到各级政府的高度重视。为了充分发挥农民工对城市建设的作用,更好地吸引农民服务于城市发展,各级政府相继制定、出台了众多吸引农民留在城市的政策,包括有条件在城市落户的政策。事实上,在有些地方,农民工早已成为城市的重要组成部分,但他们往往同时面临着经济上不认同、生活上遭排斥的现实困境。农民工多种权益的缺失使其很难真正融入城市。较突出的是,每逢春节等假日来临,农民工大批返乡过节,北上广等城市居民的生活就会变得不便。为此,积极鼓励农民工落户城市,已经成为部分城市制定农民工政策的重要考量因素。从宏观角度看,农民工权利和权益在城市的较好实现,吸引和鼓励了大批农民继续进入城市务工,改善其生活水平。但这种情形的加剧将会导致农村人口"空心化"现象越发明显,严重阻碍农村的正常建设发展。

(二)研究概况

农村"空心化"及其引发的大面积社会问题,引起了政府、社会和学术界的强烈关注。一般说来,"三农"问题往往牵一发而动全身,因此"空心化"不单单只是经济或政治方面的问题,而是受到多种因素影响的一个综合难题,其中农村人口外流造成的人口"空心

[3] 参见刘永飞:《乡村社会"空心化"治理的新布局》,载《学习时报》2016年3月3日,第5版。

[4] 刘能:《村庄生计研究:历史脉络和当代情境》,载《江苏行政学院学报》2016年第1期。

化”又已然成为这个问题的“牛鼻子”。为此,学者们从多角度着手,反思了农村人口“空心化”的现状、原因以及对策。

刘彦随教授团队从地理学角度对农村空心化问题进行了深入持续的研究,主要关注农村土地资源的浪费;〔5〕张翼指出,“伴随着工业化、城镇化与规模巨大的人口流动,中国家庭户规模持续缩小,而家庭结构则进一步呈现出核心化趋势,在核心化过程中最显著的特征是老年家庭的空巢化”;〔6〕刘邵权等人从宅基地和劳动力两方面,对四川省山丘区农村聚落“空心化”现状作出了描述和分析:一方面,农村房屋老化、闲置和废弃现象很普遍;另一方面,农村聚落大量劳动力外流,聚落人口“空心化”严重;〔7〕郑万军等人则认为农村人口“空心化”的实质是农村人力资本的“空心化”,大量农村青壮年劳动力的多年持续外流是其直接原因,而其根本成因在于农村人力资本前期投资的不足和当期的严重流失。〔8〕

另外,农村人口外流受到多重因素的综合影响,因而对其进行原因解析也应该是一个整体性的分析过程。目前,学者们主要从经济学、社会学以及管理学等方面入手,对农村人口“空心化”出现的各种原因进行了翔实的研究与思考。而在分析过程中,学者们重点使用了刘易斯经济拐点、推拉模型以及各种人口研究模型等理论。于水等人认为城市的高工资和良好的生活条件成为拉力,农村的收入低下和发展机会少等问题成为推力,农村劳动力的迁移是在拉力和推力的共同作用下进行的;〔9〕向卿青认为,城镇化、工业化的发展、二元体制下的城乡差距扩大、外出务工的高收入、新生代人口对现代化都市生活的向往以及计划生育政策下的低生育率共同导致了农村人口的“空心化”;〔10〕饶静则指出,农村“空心化”问题产生的根本原因应当是二元城乡结构下城市化速度滞后于工业化速度。〔11〕 总之,巨大的城乡差距已经成为农村人口外流的重要现实环境。从全局发展来看,城市的高工资和良好的生活条件成为一种拉力,而农村的收入低下和发展机会少等劣势条件则相应地成为一种推力,二者共同促动了农民加速离开农村。

为了破解农村人口“空心化”难题,众多学者提出了许多治理对策,主要集中在改善农业生产、完善农村公共服务和产品以及完善相关制度等方面。如周祝平很早便提出实施农业转型战略和农村养老战略来应对农村“空心化”;〔12〕赵庆双在实地调研的基础上,探讨了“空心村”治理的原则、模式和措施,提出了保障农民主体地位、健全农村制度等具体措施;〔13〕刘彦随等人提出,“农村空心化调控的核心目标与路径应当是以健全的制度为

〔5〕 参见刘彦随、刘玉:《中国农村空心化问题研究的进展与展望》,载《地理研究》2010年第1期。

〔6〕 张翼:《中国家庭的小型化、核心化与老年空巢化》,载《中国特色社会主义研究》2012年第6期。

〔7〕 薛鹏等:《四川省山丘区农村聚落空心化现状及影响因素分析》,载《广东农业科学》2013年第13期。

〔8〕 参见郑万军、王文彬:《基于人力资本视角的农村人口空心化治理》,载《农村经济》2015年第12期。

〔9〕 参见于水等:《农村人口“空心化”的影响因素分析》,载《华南农业大学学报》(社会科学版)2013年第12期。

〔10〕 向卿青:《山区农村人口空心化的调查与思考——以四川省苍溪县为例》,载《农村经济》2012年第6期。

〔11〕 参见饶静:《我国农村空心化的成因及对策》,载《农村工作通讯》2013年第12期。

〔12〕 参见周祝平:《中国农村人口空心化及其挑战》,载《人口研究》2008年第2期。

〔13〕 参见赵庆双:《欠发达地区“空心村”现状调查及治理研究——以山东省聊城市为例》,载《开发研究》2009年第5期。

前提、以完备的市场为导向、以当地的农民为主体,逐步实现乡村资源的优化配置和内生发展能力的稳步提升";[14] 陈家喜等人则指出,"我们要直面农村人口空心化造成的困境,继续把农业发展放在战略地位,完善公共服务,创新农村基层民主,重视农村社会心理扶助,从而达到治理农村人口空心化的目的";[15] 王文彬认为,今后的农村人口空心化治理应包括以下两个方面:后期治理到前期预防的转变和开发农村人力资源化解农村人口空心化。[16] 总之,农村人口空心化治理需要建立一个完整的政策网络,包括积极发展农村经济,强化村民自治,完善农村基本公共服务,发展农村教育,丰富农村文化生活,维护农村的良好生态等内容。

虽然以上学者的研究都十分充实,但不可否认其仍然只是针对问题进行的表象研究,缺乏深层次的思考与探索。从历史发展角度看,"三农"问题的关键点在于农村与农民的发展权利受损。[17] 时至今日,农民的权利贫困依然是影响农民发家致富和农村发展的主要原因。因为在现实生活中与权利直接挂钩的是发展资源,而伴随农村人口的大量外流,农村发展资源也越发匮乏,这种情况必然导致农民与农村的权利贫困。为了争取更加均等的发展权利,农民不得不加速离开农村进城寻找发展机会。在此背景下,当农民外流超过了农村的可承受限度时,便会引发农村人口"空心化"问题。因此,本文认为,城乡居民权利的失衡是导致农村人口空心化的根本原因。外出农民进入城市表面上是谋求高工资、好生活,其实质则是为了追求与城市居民均等的发展权利。事实上,我国长期推行以农促工的发展战略,迅速建立了完整的工业发展体系,促进了国家经济社会的快速发展,但也不可否认农村为此做出了巨大牺牲,甚至付出了一定代价。而现行过度偏向城市的发展政策,也在很大程度上影响了农村的建设发展。总体来说,农村长期承担"资源输出地"的角色,不仅影响了农村的开发与发展,而且也在事实上导致了农民的权利意识淡薄,这无疑又限制了农村的正常建设发展。因此,治理农村空心化的关键路径是创造条件,赋予农民与居民均等的发展权利。也就是说,加速赋予农民均等发展权应成为治理农村人口空心化的重要工作。

二、农村人口空心化的成因与表现:城乡居民权利失衡

当前,农村人口空心化造成了新农村建设和美丽乡村建设的诸多阻碍,其已然成为影响"三农"问题解决的重要因素。而以城乡居民权利为着眼点,明显可以发现农村人口空心化造成的问题也是城乡居民权利严重失衡的直接表现。首先,过于悬殊的城乡经济收入差距是吸引农民进城务工的主要原因。在多年来形成的打工经济的路径依赖下,外出务工收入已经成为部分农民家庭的主要收入来源,因而农民进城务工持续增加。其次,极其不均等的城乡公共服务也是农民持续离开农村,造成人口空心化的主要原因。这也是

---

〔14〕 崔卫国等:《中国重点农区农村空心化的特征、机制与调控——以河南省郸城县为例》,载《资源科学》2011年第11期。

〔15〕 陈家喜、刘王裔:《我国农村空心化的生成形态与治理路径》,载《中州学刊》2012年第5期。

〔16〕 参见王文彬:《中国农村人口空心化研究综述》,载《中国农业信息》2015年第18期。

〔17〕 参见陈洪连:《当前农民权利缺位与失衡的现状分析及对策思考》,载《宁夏社会科学》2005年第5期。

城乡居民社会生活权利不平等的现实表现。最后,农民实际得享的相关权利较少。这种现状不仅是由于农民权利意识淡薄,而且是因其在权利贫困的基础上不得不首先解决与生活直接相关的经济发展问题。此外,留守群体的生活困苦问题也是农村空心化造成的现实伤痛,不仅影响了农村的正常建设发展,而且也极易造成农村社会的不稳定。可喜的是,该问题已经得到了社会公众的广泛关切和众多援助,再加上近年来国家相关部委采取的有利行动,为解决农村留守问题创造了良好的环境条件。

(一)过于悬殊的城乡经济收入差距

首先,过于悬殊的城乡经济收入差距是导致农村人口空心化的主要原因,这同时也是城乡居民权利严重失衡的首要表现。一方面,由于我国农业生产的现代化和科技化水平仍然较低,部分地区农民"靠天吃饭"的问题还没有得到根本解决,加之务农成本的增加,共同造成了务农收入的低下。再加上农村集体企业或乡镇企业历经残酷的市场经济竞争后,发展不景气,难以为农民提供充足的就业机会和较高的务工收入。另一方面,伴随城市化和工业化的跨越式发展,城市不仅能够为进城农民工提供充足的就业机会,而且也能为其提供相较于务农来说更加稳定的经济收入,因而吸引了大量农民进城务工。事实上,城乡经济收入差距越发悬殊。在历经打工经济的持续发展后,外出务工收入已经成为部分农民家庭经济收入的主要来源。据国家统计年鉴数据显示:2000年时,全国农村居民家庭纯收入2253.42元,其中工资性收入为702.3元,占比31.17%;2008年时,全国农村居民家庭纯收入4760.6元,其中工资性收入为2853.7元,占比59.94%;2014年时,全国农村居民家庭纯收入10,488.9元,其中工资性收入为4152.2元,占比39.59%。[18] 从中可以看出,金融危机以前,工资性收入占农村居民家庭纯收入的比例接近60%。近年来虽有回落,但仍然占比较高。据笔者实地调研发现:贫困地区的农民已经把外出务工作为增加家庭收入的唯一渠道。也就是说,打工经济对于这些地区已经形成了单一的依赖路径,而这对于农业和农村发展是极其不利的。

其次,农民在城市务工往往从事第二、三产业,而这些产业的平均工资也远远高于农业收入。以农民进城从事较多的制造业和建筑业为例,可以看出这两个行业收入与务农收入之间的明显差距。据国家统计年鉴数据显示:2003年,第一产业就业人员的平均工资为6884元,而制造业就业人员平均工资为12,671元,比第一产业高5877元,建筑业就业人员平均工资为11,328元,比第一产业高4444元;2008年,第一产业就业人员的平均工资为12,560元,而制造业就业人员平均工资为24,404元,比第一产业高11,844元,建筑业就业人员平均工资为21,223元,比第一产业高8663元;2014年,第一产业就业人员的平均工资为28,356元,而制造业就业人员平均工资为51,369元,比第一产业高23,013元,建筑业就业人员平均工资为45,804元,比第一产业高17,448元。[19] 可以看出,不同行业之间的工资差距越来越大,相较而言,务农收益则显得十分微薄且增长有限。在此背

---

〔18〕 中华人民共和国国家统计局编:《2015国家统计年鉴》,载中华人民共和国国家统计局官网:http://www.stats.gov.cn/tjsj/ndsj/2015/indexch.htm,最后访问日期:2018年1月21日。

〔19〕 同上。

景下,农民加速离开农村,纷纷选择进城务工。

最后,城乡居民家庭收入之间的差距持续增加,尤其是收入净差越来越大,而这也往往意味着城乡居民生活水平改善的差距。尤其是近年来,不少进城务工的农民都强烈希望能在城市定居,以便于更好地享有高收入和现代化的生活条件。虽然在政府的宏观调控下,我国的经济分配方式更加注重公平,一定程度上降低了城乡收入差距,但是城乡收入差距巨大的现实仍然没有明显改观,城乡发展差距依然巨大。根据国家统计年鉴数据显示:2003 年城镇居民人均可支配收入为 8472.2 元,农村居民人均纯收入为 2622.2 元,城乡差距为 5850 元;2008 年城镇居民人均可支配收入为 15,780.8 元,农村居民人均纯收入为 4760.6 元,城乡差距为 11,020.2 元;2014 年城镇居民人均可支配收入为 29,381 元,农村居民人均纯收入为 9892 元,城乡差距为 19,489 元。[20] 从上可以看出,城乡家庭经济收入的差距越来越大,这也意味着城乡居民享受的经济发展权利越发失衡,由此也导致了农民进城务工的步伐不断加快,继而导致农村人口空心化愈演愈烈。

(二)极其不均等的城乡公共服务

基于历史原因和现行体制影响,城乡居民享受的各种政策待遇也有较大差异。突出表现在卫生医疗、教育以及就业扶持等方面,农民享受的公共服务与产品的数量和质量远远低于城市居民。而城乡公共服务的非均等化配置,明显体现了城乡居民社会生活权利的不平等。在这种情况下,部分农民为了享有更加优质的公共服务选择举家外迁,这导致了农村人口空心化的加剧。

首先,以城乡医疗资源为例,医疗卫生资源城乡分配十分不均匀。一般来说,身体健康和卫生保障是城乡居民获取经济收入、享受生活的基本条件。城乡医疗资源分配不均衡则会直接导致农民不能享受到与城市居民相均等的医疗产品和服务,在一定程度上促使农民加速离开农村。据国家统计局数据显示,不仅城乡基本医疗条件的差距在扩大,而且城乡卫生医疗人员数量也有明显差距且不断增加,这无疑严重阻碍城乡医疗服务的均等化。2007 年城市每千人口拥有的医疗卫生机构床位数为 4.9 张,而同时期农村每千人口拥有的医疗卫生机构床位数为 2.0 张,城乡差距为 2.9 张;2010 年城市每千人口拥有的医疗卫生机构床位数为 5.94 张,而同时期农村每千人口拥有的医疗卫生机构床位数为 2.6 张,城乡差距为 3.34 张;2014 年城市每千人口拥有的医疗卫生机构床位数为 7.84 张,而同时期农村每千人口拥有的医疗卫生机构床位数为 3.54 张,城乡差距为 4.3 张。[21] 可以看出,农民享有的平均床位数远远低于城市,这明显表明城乡基本医疗条件的差距。2007 年城市每千人口拥有的卫生技术人员数为 6.44 人,而同时期农村每千人口拥有的卫生技术人员数为 2.69 人,城乡差距为 3.75 人;2010 年城市每千人口拥有的卫生技术人员数为 7.62 人,而同时期农村每千人口拥有的卫生技术人员数为 3.04 人,城乡差距为 4.58 人;2014 年城市每千人口拥有的卫生技术人员数为 9.7 人,而同时期农村每

〔20〕 中华人民共和国国家统计局编:《2015 国家统计年鉴》,载中华人民共和国国家统计局官网:http://www.stats.gov.cn/tjsj/ndsj/2015/indexch.htm,最后访问日期:2018 年 1 月 21 日。

〔21〕 同上。

千人口拥有的卫生技术人员数为3.77人,城乡差距为5.93人。[22] 从中可以看出,不仅农民拥有的平均卫生技术人员数量远低于城市水平,而且城乡差距还在不断加大。

其次,城乡公共服务不均等也反映在不断增加的城乡教育差距上。一般来说,拥有教育资源的数量多少和质量优质与否,往往关系到一个地区的持续发展能力。但随着社会经济发展,我国城乡教育质量差距越发明显,相对来说,农村教育持续衰落促动了部分农民加速离开农村。一方面,城市凭借自身优势吸引了大批优秀教师聚集在城市教育机构中,同时城市教育机构也能优先使用更多先进的教学方法和设施,由此极易导致农村儿童在教育竞争中处于劣势。再加上经济收入等其他原因的影响,乡村教育机构中的师资力量流失严重,使农村教育的改善与正常开展都越发困难。另一方面,城市学生的升学也比农村拥有一种潜在优势,尤其反映在高等教育阶段上。以我国著名学府北京大学和清华大学为例。1978年至1998年,来自农村的北大学子比例约占三成,20世纪90年代中期开始下滑,2000年至2011年,考上北大的农村子弟只占一成左右。清华2010级入学大学生中,农村生源仅占17%。[23] 事实上,城市生活优于农村生活,这能够为学生提供更多有利的教育条件,使学生的成绩更有保证。在此背景下,进入城市生活以保证子女享受更加优质的教育资源也就成了许多农民离开农村的原因之一。

最后,城乡就业扶持力度存有明显差异。由于农业发展不景气和涉农行业发展缓慢,农村无法为农民提供充足的就业岗位和较高的经济收入。而城市相较农村而言,第二、三产业较为发达,也具有更加成熟的就业扶持体系和十分明确的就业扶持范围,同时依附于城市拥有的产业条件,能够为求职者安排更多的就业岗位,从而更好地满足劳动者的就业需求。城市的劳动力市场和人才市场也已经较为成熟,能够为进城务工的农民提供就业机会,再加上各级政府出台的农民工就业优惠政策吸引了越来越多的农民进城务工,继而导致农村人口不断离开,直至突破了农村发展的可承受限度,使农村出现了人口空心化现象,进而导致农村发展遭遇的众多问题。

(三)严重失衡的城乡居民政治权利

在经济收入和公共服务不均等的现实状况之外,还有一种没有得到农民重视但却实际存在的权利失衡也严重影响着农民的正常生活,即严重失衡的城乡居民政治权利。学者张英洪长期研究农民权利,他指出:"在城乡二元结构下,农民与城市居民享受的政治权利也极不均衡,农民无法真正实现在政治生活上的平等权利。其表现在现实的社会生活中,包括户口登记、劳动就业、社会保障、就学就医等方面享有和承担与城镇居民完全不平等的权利和义务。"[24] 笔者实地调研发现,同一地区的城乡居民也很难享受到相同的政策优惠。如一些地区的城市居民在每年节假日期间可以根据户籍享受许多受政府调价基金支持的优惠商品,而同地区的农民不仅无法享受这种优惠政策,反而在一些农产品价格

---

[22] 中华人民共和国国家统计局编:《2015国家统计年鉴》,载中华人民共和国国家统计局官网:http://www.stats.gov.cn/tjsj/ndsj/2015/indexch.htm,最后访问日期:2018年1月21日。

[23] 《北大清华仅一两成学生来自农村》,载求是理论网:http://www.qstheory.cn/wh/whsy/201306/t20130607_238008.htm,最后访问日期2018年1月26日。

[24] 张英洪:《农民权利论》,九州出版社2013年版,第85页。

上还受到管制。这种状况引起了广大农民的强烈不满,不仅损伤了农民对自身和农村发展的认可,也使农民前往城市的想法更加坚定,直接促动了农民离开农村,导致农村人口持续减少,人口空心化现象越来越严重。再从近年来广受社会公众关注的选举权来看,农民一直享有不公平的选举权,农民的诉求难以通过其代表反映至政府层面。直到2010年,全国人大才通过《选举法》的修改决定,明确规定城乡按相同人口比例选举人大代表。事实上,这一法律修改明显滞后于社会发展的。这一规定虽然在一定程度上消除了对农民代表名额的歧视性规定,但就具体的执行情况来看,在各级人大代表中真正的农民代表依然明显少于工人代表和其他阶层的代表。[25] 此外,城市居民的政治权利意识较强,诉求反映渠道较畅通,维护个人正当利益的渠道也较多,这也是吸引部分农民进城的一个原因。许多离开农村的农民希望借助城市维权渠道解决自身遇到的不公等问题,这种情况较为典型的例证便是国家信访局旁形成的"信访村"。

(四)农村留守群体的权利贫困

农村人口空心化造成了众多社会问题,其中留守群体的生活困苦最引人关注,从权利角度看可以认为农村留守群体遭遇了权利贫困。有记者调查指出:"老人缺乏生活照料、失能无靠问题突出,儿童亲情缺失、家庭教育弱化,妇女劳动强度高、精神负担重,在中国农村大规模的'留守群体'呈现出的普遍隐患令人堪忧。"[26] 据最新调查,目前全国的农村留守儿童共有6100多万名,其中近1/3的农村留守儿童与祖父母一起居住,其中有262万名一年到头接不到父母一个电话,近1000万名一年也见不到父母一面。随着越来越多的农民进城务工,农村留守儿童的生存现状堪忧,由于父母常年外出务工,亲子关系疏远,儿童心理障碍和学习障碍出现的可能性比普通孩子要高。此外,他们更容易染上酗酒等不良嗜好,极易形成不良的生活和学习习惯,尤其是产生自杀想法的概率远高于一般儿童。反映了农村留守儿童的悲惨境遇,也反映了基层社会保障体系的脆弱,更直接说明了留守儿童的权利贫困。为应对这个问题,国务院制定印发了《关于加强农村留守儿童关爱保护工作的意见》,对农村留守儿童关爱保护工作进行安排和部署。同时,成立了由民政部牵头的农村留守儿童关爱保护工作部际联席会议,并预计在2016年年底前完成农村留守儿童摸底排查工作,这对于改善农村留守儿童的困苦现状来说是个利好消息。其次,留守老人和留守妇女不仅要承担繁重的农业生产任务,还要负责照顾留守儿童,这两个群体的生活情况同样不容乐观。据有关数据统计,近5000万人的留守老人"养儿无法防老",约4700万的留守妇女长期感到烦躁、焦虑和压抑。在边远贫困地区,有些留守老人深受病魔折磨和生活艰苦,甚至不堪生活重负选择了自杀,酿成了一幕幕人间悲剧。而农村留守妇女,既要承担地里的农活,还要承担照顾老人、孩子的家务活,生活负担十分沉重。同时,留守妇女饱受夫妻分居两地的煎熬,有的被在城里务工丈夫抛弃,甚至还有一些遭遇了性侵犯也不敢声张。近年来,性侵犯农村留守妇女的案件、农村离婚案件均呈上

---

〔25〕 参见赵万一:《中国农民权利的制度重构及其实现途径》,载《中国法学》2012年第3期。

〔26〕 冯志军:《农村"留守群体"隐患堪忧　社会组织探医治良方》,载中国新闻网:http://www.chinanews.com/sh/2016/06-06/7895943.shtml,最后访问日期:2018年1月10日。

升趋势。这些情况都说明留守老人、留守妇女与留守儿童同样面临着严重的权利贫困问题。

三、治理农村人口"空心化":赋予农民与农村均衡发展权

如上所述,我们可以明显看出城乡居民发展权利的不均衡,不仅造成了农民的持续外流直至农村人口"空心化",而且也导致了相关次生问题的出现。因而,解决上述问题的核心出路在于保障农民与农村的均衡发展权。正是由于既往政策和现行政策的不当导向,使得农村承担的"资源输出地"的角色并没有实现真正转变,我国依旧缺乏保障农民与农村发展权利的社会环境与氛围。因而结合农村实际状况,治理农村人口"空心化"和赋予农民与农村均衡发展权,应该从以下几方面着手:一是尽快改善农村发展环境,为农民与农村赋权创造良好条件;二是加速发展现代农业,巩固农村的生产基础,以便保障农民与农村的经济发展权利;三是完善农村公共服务,继续不遗余力地推进城乡公共服务均等化工作,确保农民能够享有与城市居民相等的公共服务与产品,维护其社会生活权利;四是针对留守群体生活困苦的问题,应该结合农村精准扶贫工作实际情况,开展精准帮扶,以便直接消除农民与农村的权利不公现象;五是要尽快提升农民的权利意识,发挥其主体作用,以便其更加有效地获取均衡发展权利。

(一)改善农村发展环境,为农民赋权创造条件

改善农村发展环境能够为农民与农村赋权创造良好的条件。历经多年的新农村建设,农村各方面工作都有了长足的进步。但我们不能忽视,在统筹城乡一体化进程中,依旧存在着农村资源过度流失、发展环境有所恶化的问题。笔者实地调研后发现,一些农民过度外流的农村整体风貌已经渐次衰败。尤其是在农村青壮年劳动力大量外出背景下,农村的大量基本公共建设难以开展,如农田水利设施、文化娱乐设施等,这极大地影响了农村的正常建设发展。同时,对于失地农民以及进城务工农民来说,依旧存在许多权益受损问题。因而,积极改善农村发展环境,应成为赋予农民与农村发展权利的首要工作。具体来说,一是地方政府要高度关注农村发展环境的改善问题,通过税收优惠、政策支持以及项目援助等方式帮助农村建立良好的发展环境。同时,地方政府也要强化对于企业涉农投资行为的监管,保障农民与农村的合法权利和正当权益,避免更多的农村发展资源流失或被攫取。二是各地区应该因地制宜地成立领导农村建设发展的统筹机构,改变以往对农村各种工作"九龙治水"而不能发挥合力的状况。通过统一机构的领导和统筹安排,才能够有针对性地分配发展资源、培育相关农村人才,更加精准地改善农村发展环境。事实上,国家各部委针对农村发展中的许多问题,制定实施了大量政策,但是由于领导力量分散,最终导致政策效力在多方扯皮中消解,并没有实现原先的政策意图。三是农村自治组织也要不断改变发展思路,更多地从保护农民与农村发展权利的角度开展工作。一方面,农村自治组织要充分发挥引领经济发展的作用,通过外出学习以及专家咨询等方式,尽快找到本村的发展优势,通过发展资源的集聚开发,有效培育当地的特色产业,以便提高农村的核心竞争力和农民的经济收入。另一方面,农村自治组织也要从更加宏观的角

度出发,考虑安排事关农村持续发展的相关工作,并在此过程中,积极思考如何有效地维护农民与农村的发展权利。总之,通过政府的政策主导、农村自治组织的引导和农民的积极参与,能够尽快改善农村发展环境,为农民与农村赋予均衡发展权利创造良好条件。

(二)加速发展现代农业,保障农民的经济发展权利

加速发展现代农业,夯实农村的生产基础,能够更好地保障农民与农村的经济发展权利。事实上,务农效益低下正是农村人口过度外流的重要原因。由于我国农业生产的现代化程度较低,使农业生产发展的风险性依然较高,再加上务农成本的持续增长,不仅压缩了农民从事农业生产的利润空间,而且在很大程度上打击了农民继续从事农业生产的积极性和信心。因而,发展现代农业,提升农民务农收入,帮助农民重拾对农业生产发展的信心,既能保证农民的经济发展权利,也能有效治理农村人口空心化。具体来说,首先,各级政府应该继续完善我国的农业生产技术推广体系,推进现代农业生产技术的规模使用。当下的农技推广并没有切实发挥作用。一方面,由于地方政府在这项工作上投入的经费较有限,难以在农村有效开展"产学研"的持续进行,不能帮助农户有效掌握应用现代农业生产技术。另一方面,基层农业生产技术推广人员的作用有限,囿于工资较低等原因,这部分工作人员缺乏积极性,有些人甚至常年没有下过农村。实地走访发现,大多数农民反映并没有得到农业生产技术人员的指导,而这种现状对于现代农业发展是极其不利的。其次,农村应该尽快培养生产发展人才,尤其是农业生产技术人才。人才是推广使用现代农业生产技术的核心主体,而人才缺失则是这项工作面对的首要难题。事实上,当前农业生产发展人才短缺问题异常凸显。一方面,由于大量青壮年劳动力持续外出,弱化了农村生产发展人才的培育基础。这一部分群体的文化素质较高,原本应该成为农村生产发展人才的培养对象,但其过度外流降低了生产发展人才培育的可能性。[27] 另一方面,老一辈依靠经验的农业生产发展人才,由于年龄原因正在渐次离开农业生产。为此,农村可以和相关农业高等科研院所合作,推进"订单式人才"培养工作,有针对性地选拔一批有志于农业发展的青壮年人才,进行更多涉农工作的学习和培训,便于这一群体直接从事农业生产工作。最后,必须加速培育新型农民。新型农民应该成为现代农业发展的有效主体,农村也应成为新型农民的聚集区。通过政府主导、村级组织引导、社会组织帮助和农民参与,依靠现场讲学、外出考察等方式,有效提高农民素质,最终使其成为"有文化,懂技术,会生产"的新型农民。总之,通过完善农村生产技术推广体系、培养农业生产发展人才和新型农民,能够切实推进现代农业发展,进而维护农民的经济发展权利。

(三)完善农村公共服务,维护农民的社会生活权利

"推进城乡公共服务均等化,完善农村公共服务,进而维护农民的社会生活权利,这也是治理农村人口空心化的重要路径。"[28] 为让子女享受更优质的教育,家庭成员享有更优质的医疗资源,以及追求更现代化的生活方式,农民举家外迁愈加频繁,这使农村人口

---

〔27〕 参见王文彬:《农村人才集聚的困境及破解对策研究》,载《改革与战略》2016年第4期。

〔28〕 王文彬:《机制设计视角下农村人口空心化治理》,载《农村金融研究》2016年第8期。

"空心化"越发严重。长期以来的以农促工战略导致农村发展资源较稀缺,同时农村也无法为农民提供充足的公共服务与产品,这成为城乡二元经济结构下最剧烈的矛盾。通过完善农村的公共服务事业,不仅能够有效改善农民的生活环境,也有助于农村培养农村人才,进而为新农村和美丽乡村建设提供充足的智力支撑。具体来说,首当其冲的是完善农村教育体系。一方面,各级政府应该持续提高农村基础教育水平,在教学设备设施和师资力量分布上向农村倾斜。同时,我们也需要清楚地认识到,虽然"撤点并校"在一定程度上实现了农村教育资源大整合,提高了农村基础教育水平,但由此滋生的校车安全事故等问题成为基础教育工作中的新难题,亟待多方力量参与破解。另一方面,在农村加速开展更加精准的职业教育和成人教育。由于我国农民的文化素质普遍较低,往往阻碍新型农民的培育。因此,相关部门应合理设置课程,以期提高农民的科学文化素质。与此同时,我们需要在农村大力推广职业教育,适时培养具有一技之长的专业农民。其次,充实农村卫生医疗资源。历次医疗改革并未完全实现既定政策目标,反而在某些方面增加了农民负担,因此饱受诟病。"看病难""看病贵"依然是农民反映的主要难题,看病就医的费用也成为诸多农民家庭支出的主要部分。在此背景下,农民没有享受到与城市居民相等的社会生活权利,以至于为了得到更好的治疗,部分农民也逐步选择离开农村。一方面,相关部门需要继续推进农村医疗事业改革,尤其是逐渐扩大新农村合作医疗的覆盖范围,并不断提高农民看病就医的报销比例,切实有效地减轻农民负担。另一方面,各级医疗机构应该结合时代和技术发展,积极开展"互联网+医疗"的模式,通过先进技术来消弭农村所受的时间和空间限制,保障农民享有充足卫生医疗资源,实现医疗资源的精准投放。最后,建立完善的农民就业社会保障体制。当前,"农民"的称谓往往被视为一种身份象征,并未涉及职业属性,这不仅与我国现实情况不符,而且不利于为农民提供应有的职业保障。从经济发展序列来看,农业是比较特殊的行业,农民也是一种特殊职业。农民之所以成为社会发展的弱势群体,很大程度上是因为没有得到应有的职业尊严与保障。因而,政府应当尽快为农民建立与城市职工相同的社会保障体系。这不仅有助于提高农民发展农业的信心,而且也能切实有效地维护现代农业的可持续发展。由此,农村公共服务的完善能够培养农民对于农村的归属感,进而减缓农村人口的外流速度,最终实现治理农村人口"空心化"的目标。

(四)精准帮扶留守群体,消除农村权利不公

当前,农村留守群体生活保障问题是城乡居民权利失衡的显著表现。通过精准帮扶留守群体,有助于直接消除农民与农村的权利不公现象。农村青壮年劳动力大量外出不仅导致农业生产发展面临挑战,也直接致使农村"386199"[29]部队的生活困难。留守儿童的生活困难以及教育缺失、留守妇女的劳务繁重和留守老人的赡养不足都需要有针对性地解决。首先,通过政府主导、社会组织参与能有效地改善留守儿童的生活困难问题。如近年来,由公益组织发起的免费午餐活动就在一定程度上帮助留守儿童改善了生活水平。

---

[29]　这是对农村留守人员的形象称谓:"38"是指过"三八"妇女节的妇女;"61"是指过"六一"儿童节的儿童;"99"是指过"九九"重阳节的老人。

同时建议开辟新形式教育，弥补留守儿童家庭教育的缺失。政府在农村大力兴建了电子信息室（但利用率较低），可以在此设备基础上与城市协商（开辟专门场所）开展远程教育，实现留守儿童和父母的定期视频，这不仅能让儿童享受到亲情关怀，也能有助于维护儿童的心理健康。其次，针对留守妇女劳务工作繁重的问题，应该因地制宜地推广农业机械。尤其是鼓励生产制造小型化的农业生产机械，通过使用现代机械来减轻妇女的生产负担。虽然多年来我国农业机械化水平持续提高，但是发展情况十分不均等，尤其是在不同地区，如适合南方的丘陵、山地地形使用的机械仍然较少。因而必须积极推进农业机械的小型化，提高机械可操作性，便于留守妇女操作使用。同时也要积极鼓励、引导农民成立农业生产合作社，通过集体行动减少个人负担，这也能在很大程度上缓解留守妇女生产任务繁重的难题。最后，在传统的居家养老模式日渐失效的情况下，政府应积极鼓励留守农民到社会机构中养老。一方面，要在县级以下行政区域完善养老的社会机构设置，并不断改善养老机构的生活保障条件，确保能够为老人的晚年生活提供足够的便利。在此过程中，我们也要充分发展第三方组织的作用，尤其是志愿性组织，帮助实现养老机构的多样化和科学化。另一方面，建立政府补贴、社会组织援助和农村参与的养老资金投入模式，以降低农民在养老机构中生活的成本。在当前我国老龄化程度不断提高的状况下，单纯依靠政府和农民的力量难以解决数量庞大的老年人的养老问题，因此需要得到社会组织的援助。总之，通过精准帮扶农村留守群体能够直接消除农村的权利不公现象，为治理农村人口空心化创造良好条件。

（五）提升农民权利意识，赢取均衡发展权

提升农民权利意识，发挥农民的主体性作用，对于农民快速获得均衡发展权至关重要。从历史发展角度来看，农村的权利意识薄弱使大量权利受损问题没有得到有效解决。如部分失地农民面对开发商和政府的强势作为，往往选择忍气吞声，并没有据理力争维护合法权益。这种状况当然也受到了目前维权渠道不畅的影响，但我们从中也能发现农民权利意识的淡薄和维权行为的缺失。因此，我们应尽快提升农民权利意识，让农民掌握更多的“发展权利”，以便促进农村建设发展，进而有效治理农村人口空心化。具体来说，必须从宣传农民权利知识和疏通农民维权渠道两方面着手提升农民权利意识。一是积极开展农民权利知识宣传普及活动。通过“权利知识下乡”“村干部宣传引导”等方式，帮助农民树立权利意识，掌握更多与自身密切相关的权利知识。如在大学生开展“三下乡”活动时，可以把农民权利知识带到农村去。在当前城乡经济融合过程中，尤其是在统筹城乡一体化进程中，农村不仅要抢抓机遇促进发展，同时也要鼓励农民主动应对侵权问题。只有这样才能不断改善农民的权利贫困现状，帮助农民赢取均等发展权。二是有效疏通农民维权渠道。渠道的通畅与否往往决定着农民对于自身权利维护的及时性和有效性。现实生活中，维权渠道不畅问题轻则造成农民对政府不满，重则导致群体性事件出现，影响社会稳定。通过各级政府设立农民权利热线电话、建设农民维权网站等方式，可以将更多的农民权利诉求反映到相关部门，并建立有效的追踪体系以确保及时有效地解决农民遇到的问题。总之，治理农村人口空心化需要打破城乡居民权利失衡的现状，并切实保障农民的均等发展权。

少数民族权利保障的原则与模式

——基于1991～2014年15部人权白皮书的分析

王敏璇*

少数民族问题是一个全球性的问题，尤其是对地缘及国际政治意义上的大国来说更是如此，如人口构成极其复杂的中国、移民众多的美国以及西欧诸国等。随着全球化的深入，几乎任何国家都难以保持为单一种族、民族或族群的纯粹“民族国家”。在国家的政治、经济、社会、法律等不同领域，少数民族问题都发挥着不同的作用，产生各异的影响。国家和社会的进步与发展，依赖于理念的普适和制度的合理。对少数民族问题的反思需要从制度和理念两方面进行。享有人权的主体是所有人，而人因其差异性在获得人权保障上则有一定不同。少数群体是人权保障的重要主体，少数民族人权问题日益成为国际社会所关注的焦点。国际社会也通过一系列文件对此进行了宣示。[1] 就我国而言，保障“少数民族”人权是人权保障的重要内容，如何进一步推动少数民族人权建设成为当下研究少数民族人权的重要议题，而推动的基础则在于更清晰地总结经验与积极实践。

1978年，中国进入了改革开放的新时期，中国社会开始经历前所未有的根本性变革。人权从“资产阶级口号”逐步成为国家、社会及公民所共同认可的基本价值、共同尊重的基本准则。人权不仅使公民们念兹在兹，且已然成为国家与社会治理的核心议题。1991年，中国政府发布了首部《中国人权状况》白皮书，这是中国首次阐述人权议题的官方文件，以后逐步形成惯例。及至2014年，中国共颁布了15部以人权为主题的白皮书，[2] 阐发了中国对于人权的认识与态度，分享了中国人权事业建设的经验与成果。总之，

---

* 重庆坤源衡泰律师事务所律师。
本文的研究与写作获益于西南政法大学人权研究院执行院长张永和教授的悉心指导，以及“2016·中欧人权研讨会”上南开大学常健教授和西南政法大学梁洪霞副教授对本文的点评，特此说明并衷心致谢。

[1] 联合国大会第2106A（XX）号决议通过、47/111号决议修订的《消除一切形式种族歧视国际公约》，第47/135号决议通过的《在民族或族裔少、宗教和语言上属于数人权利的宣言》。欧洲委员会部长委员会通过的《欧洲保护少数民族框架公约》。非洲统一组织通过的《非洲人权和民族权宪章》等。

[2] 根据中华人民共和国国务院新闻办官方网站的“政府白皮书”栏目下“人权”条目显示，共计有15部白皮书。实际上，以“人权”为主要内容的中国政府白皮书，除所涉及研究的12部之外，还有1999年9月颁布的《中国的少数民族政策及其实践》、2000年6月颁布的《西藏文化的发展》、2000年12月颁布的《中国21世纪人口与发展》、2001年10月颁布的《中国的农村扶贫开发》、2001年11月颁布的《西藏的现代化发展》、2002年4月颁布的《中国的劳动和社会保障状况》、2003年3月颁布的《西藏的生态建设与环境保护》、2004年4月颁布的《中国的就业状况和政策》、2004年5月颁布的《西藏的民族区域自治》、2004年9月颁布的《中国的社会保障状况和政策》、2005年2月颁布的《中国的民族区域自治》、2005年8月颁布的《中国性别平等与妇女发展状况》、2005年10月颁布的《中国的民主政治建设》、2006年6月颁布的《中国的环境保护（1996～2005）》、2008年9月颁布的《西藏文化的保护与发展》、2009年3月颁布的《西藏民主改革50年》、2009年9月颁布的《新疆的发展与进步》、2009年9月颁布的《中国的民族政策与各民族共

一系列的人权白皮书[3]向中国及世界人民"深入阐释了中国的人权观点和实践",[4]展现了中国人权的整体情况,呈现了中国人权的基本面貌。作为统一的多民族国家,中国的少数民族权利自始至终均是历部人权白皮书的主要议题。少数民族权利随着中国社会的发展而逐步被完善,相较于经济发展的成效显而易见,权利保障的发展则需要仔细地考察才可能发现其中的意涵。本文以人权白皮书中少数民族权利保障的事实为经验基础,试图在历史演进的进程中,从形式制度与原则理念两个维度探寻少数民族权利保障的外在模式与内在原则。换言之,本文探讨的问题是我国少数民族权利保障的基本模式与基本原则。

一、人权白皮书的叙事

中国的人权白皮书阐明了中国对于人权的认识与理解,其既为我国的人权建设总结了经验,亦为升华实践经验提供了基本事实依据。遍览中国人权白皮书,可以明显地发现我国在表述少数民族人权状况时,主要通过人权实践中的具体经验、事例与数据来展现中国少数民族人权的基本状况。1949 年迄今,少数民族的经济权利、文化权利和政治权利(political rights)均获得长足进步。少数民族权利从无到有,从停留于纸面到逐步成为行动中的权利。通过一般性的观察即可发现我国少数民族人权的发展势头一直在向更好的方向发展,尤其是人权白皮书对我国人权建设经验的及时记录,更为我国人权发展史留下了珍贵的资料。经济的发展程度对人权影响明显,[5]改革开放以来,我国以经济建设为中心,从保障人权的外因入手做出了重要努力。人权白皮书是改革开放以来我国人权建设中的里程碑,此后逐步形成了做不定期经验报告这一惯例。

从 1991 年中国政府颁布第一部中国人权白皮书(《中国人权状况》)以来,截至 2014 年,我国共颁布了 15 部人权白皮书。中国政府在每部白皮书中均对少数民族权利保障问题进行了专门论述,通过列举大量事实与数据说明中国少数民族人权的保障情况。具体言之,人权白皮书从历史、政治、法律、社会等方面,通过例证与数据等描述了我国对少数民族权利的保障情况,以此勾勒了中国少数民族人权的基本状况。毫无疑问,少数民族权利保障问题是

同繁荣发展》、2011 年 7 月颁布的《西藏和平解放 60 年(中英)》、2011 年 10 月颁布的《中国农村扶贫开发的新进展(中英)》、2013 年 10 月颁布的《西藏的发展与进步(中英)》、2015 年 4 月颁布的《西藏发展道路的历史选择(中英)》、2015 年 9 月颁布的《民族区域自治制度在西藏的成功实践(中英)》、2015 年 9 月颁布的《中国性别平等与妇女发展(中英)》、2015 年 9 月颁布的《新疆各民族平等团结发展的历史见证(中英)》、2016 年 9 月颁布的《中国司法领域人权保障的新进展》26 部。为研究中国少数民族人权的一般情况,本研究选取了一般意义上的中国人权白皮书为研究对象,使研究内容具有一般性,展现的是中国人权的整体的、基本的情况。另外,中国还分别于 2009 年与 2012 年颁布了两部国家人权行动计划,以此落实人权要求、积极保障人权。参见张永和主编:《人权之门》,广西师范大学出版社 2015 年版。

[3] 就广义的人权文件而言,我国的法律渊源中的人权规范、人权白皮书、人权行动计划等均可归属于国家官方的人权文件序列;从狭义上讲中国人权白皮书,主要指国务院新闻办公室发布的 15 部白皮书;本文所称的人权白皮书意指后者。

[4] 董云虎:《中国人权发展史上的一个重要里程碑——〈中国的人权状况〉白皮书发表 10 周年回顾》,载《人权》2002 年第 1 期。

[5] 李步云:《论人权的本原》,载《政法论坛》(中国政法大学学报)2004 年第 2 期。

中国人权保障的主要议题(见表1),亦是中国人权建设经验的集中体现。

表1 中国人权白皮书中关于少数民族人权的统计

序号	名称	颁布时间	是否专章谈及少数民族人权
1	《中国人权状况》	1991年11月	是,“少数民族的权利保障”
2	《西藏的主权归属与人权状况》	1992年9月	是,“人民获得了人身自由”“人民享有的政治权利”“经济的发展和人民生活的改善”“宗教信仰自由”“教育和文化的发展”“人民健康和人口发展状况”“生存环境的保护”“国家对西藏发展的特殊支持”
3	《中国人权事业的进展》	1995年12月	是,“少数民族的权利保障”
4	《1996年中国人权事业的进展》	1997年3月	是,“少数民族的权利保障”
5	《中国的宗教信仰自由状况》	1997年10月	是,“对少数民族宗教信仰自由权利的保护”
6	《西藏自治区人权事业的新进展》	1998年2月	是,“民族区域自治制度与人民的政治权利”“经济发展与人民的生存权和发展权”“人民享有的受教育权利、文化权利和健康保障权利”“宗教信仰自由的权利”
7	《1998年中国人权事业的进展》	1999年4月	是,“少数民族的权利”
8	《中国人权事业发展50年》	2000年2月	是,“少数民族的平等权利和特殊保护”
9	《2000年中国人权事业的进展》	2001年4月	是,“少数民族的平等权利和特殊保护”
10	《2003年中国人权事业的进展》	2004年3月	是,“少数民族的平等权利和特殊保护”
11	《2004年中国人权事业的进展》	2005年4月	是,“少数民族的平等权利和特殊保护”
12	《2009年中国人权事业的进展》	2010年9月	是,“少数民族的平等权利和特殊保护”
13	《2012年中国人权事业的进展》	2013年5月	否
14	《2013年中国人权事业的进展》	2014年5月	是,“少数民族权利”
15	《2014年中国人权事业的进展》	2015年6月	是,“少数民族权利”

资料来源:中华人民共和国国务院新闻办公室官方网站。

少数民族权利保障随着中国政治、社会、法律的发展而逐步发展。从政治制度来讲,经由宪法规定,我国确立了民族区域自治制度,从制度上保障少数民族自身发展需要。换言之,民族区域自治为少数民族在其聚居区实行充分自治提供了良好的制度条件。从法律上来看,宪法法律均规定了少数民族所享有的特殊权利,且作为公民的少数民族群体成员同时平等享有全部公民权利(见表2),如此则为保障少数民族权利提供了充分的法律依据。通过对中国人权白皮书中少数民族人权保障的权利类别进行梳理,可以将这些权利进行类型划分,从而更好地认识少数民族人权保障的特殊性。按照人权享有的主体划分,一般可分为个人人权(Individual Human Rights)和集体人权(Group Rights)。按照人权内容或国际人权宪章所规定的人权类别划分,一般可分为公民权利、政治权利、经济权利、社会权利、文化权利。[6] 显而易见,少数民族作为一个群体,对于少数民族人权的保障就是对集体人权的保障。因此对于少数民族人权的保障,关键在于对人权内容的理解。

由表2可看出,15部中国人权白皮书均在涉及"少数民族人权"的部分阐明了公民权利、政治权利、经济权利、社会权利、文化权利的状况。为进一步认识我国少数民族人权,以1991年首部中国人权白皮书即《中国人权状况》为例,该部白皮书第七章对我国少数民族人权状况进行了阐释,其中1/3的篇幅从不同方面对少数民族的"政治权利"进行了说明。该部白皮书有三个做法值得关注:第一,少数民族公民在国家和地方国家权力机关中的代表比例受到法律倾斜保护;第二,党政机关的各级官员均有少数民族公民担任;第三,国家积极培育少数民族官员。总体来说,对于少数民族政治权利的保障主要是通过保证他们的参政权来实现的。[7]

表2　中国人权白皮书中所涉及的各类人权

	公民权利	政治权利	经济权利	社会权利	文化权利
《中国人权状况》(1991年)	√	√	√	√	√
《西藏的主权归属与人权状况》(1992年)	√	√	√	√	√
《中国人权事业的进展》(1995年)	√	√	√	√	√
《1996年中国人权事业的进展》	√	√	√	√	√
《中国的宗教信仰自由状况》(1997年)	√	√	×	×	√
《西藏自治区人权事业的新进展》(1998年)	√	√	√	√	√
《1998年中国人权事业的进展》	√	√	√	√	√
《中国人权事业发展50年》(2000年)	√	√	√	√	√
《2000年中国人权事业的进展》	√	√	√	√	√
《2003年中国人权事业的进展》	√	√	√	√	√
《2004年中国人权事业的进展》	√	√	√	√	√
《2009年中国人权事业的进展》	√	√	√	√	√
《2012年中国人权事业的进展》	√	√	√	√	√
《2013年中国人权事业的进展》	√	√	√	√	√
《2014年中国人权事业的进展》	√	√	√	√	√

资料来源:中华人民共和国国务院新闻办公室官方网站。

[6] 参见陈佑武、李步云:《中国特色社会主义人权理论体系论纲》,载《政治与法律》2012年第5期。
[7] 参见沈寿文:《中国少数民族人权述评——基于政治权利的角度》,载《云南大学学报》(法学版)2007年第2期。

就社会而言，社会观念的更新及经济水平的提高使保障少数民族权利具有坚实的社会基础。从观念上看，从20世纪初叶的“五族共和”到新中国建立之后破除“大汉族主义”，中国确立了各民族平等、团结和共同繁荣的民族关系基本原则，例如各国家机关中均有少数民族成员，充分保障了少数民族的公民权利和政治权利；从经济上看，经过改革开放后的生产力解放，少数民族权利的实现具备了牢靠的物质基础，例如各级政府通过财政补贴等方式重点扶持少数民族地区的经济建设，使少数民族地区经济水平获得了极大发展（见表1和表3）。

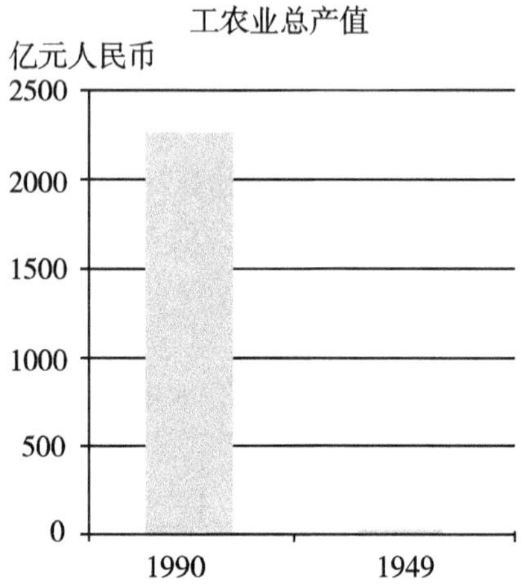

图1　少数民族地区工农业总产值比较（1991年人权白皮书）

资料来源：中华人民共和国国务院新闻办公室官方网站。

由图1可以清晰地看出，1949年与1999年这两个跨越半个世纪的时间点呈现了少数民族地区经济发展的天壤之别。1949年中国百废待兴，少数民族地区工农业总产值不到40亿元，而到1999年新中国建政50周年，则一举突破2000亿元；就绝对数字而言，50年的距离足足有50倍，可明显反映我国少数民族地区经济发展的迅速程度。工农业总产值大略可以显现出少数民族经济权利的保障情况，通过历史的纵向比较，显而易见，我国少数民族经济权利保障取得了巨大成就，少数民族的经济权利处于持续获得较为有效保障的状态中。自1991年以来，人权白皮书对于少数民族地区或民族自治地方的国内生产总值（GDP）或工农业总产值的描述基本处于不可或缺的地位（见表3）。

GDP是衡量国家或地区经济发展水平的重要指标。虽然唯GDP主义并不可取，但是其指示经济发展状况的意义依旧重大。改革开放以来，我国经济发展迅猛，仅从国内生产总值这一指标来看，已经居于世界经济强国之列。因此以国内生产总值来衡量我国少数民族地区的经济水平，亦可以看出我国保障少数民族经济权利的概貌。如全国少数民族地区在1990年的产值为2000多亿元，而到2003年则已经破万亿元，再到2013年，新疆维吾尔自治区一区的生产总值已经是1990年全国数值的4倍多。我国人权白皮书中的国内生产总值基本可以勾勒出我国保障少数民族经济权利的基本发展情况。一般而言，民族自治地区经济水平提升的动力源，一为民族自治地区人民的辛勤努力，二为国家良好的经济大环境，三为国家的政策扶持。在三种可辨别的动力源中，通过政策扶持少数民族可以说是我国保障少数民族人权的基本路径或模式。

表 3　少数民族地区（或民族自治地方）的 GDP（或工农业总产值）

	数据表述
《中国人权状况》(1991 年)	1990 年,少数民族地区的工农业总产值为 2272.8 亿元
《中国人权事业的进展》(1995 年)	1994 年,民族自治地方工农业总产值比 1990 年增长 73.8%
《1996 年中国人权事业的进展》	1996 年,内蒙古、西藏、新疆、广西、宁夏这五大自治区的国内生产总值增幅超过 10%
《1998 年中国人权事业的进展》	1997 年,少数民族地区国内生产总值为 7087 亿元
《中国人权事业发展 50 年》(2000 年)	1998 年,民族自治地方的工农业总产值为 8523.5 亿元
《2000 年中国人权事业的进展》	2000 年,民族地区国内生产总值比上年增长 8.1% 左右
《2003 年中国人权事业的进展》	2003 年,全国民族地区生产总值完成 11000 多亿元
《2004 年中国人权事业的进展》	2004 年,内蒙古自治区、广西壮族自治区、西藏自治区、宁夏回族自治区、新疆维吾尔自治区地区生产总值分别为 2712 亿元、3320 亿元、210 亿元、460 亿元、2200 亿元
《2009 年中国人权事业的进展》	未出现数据表述
《2012 年中国人权事业的进展》	未出现数据表述
《2013 年中国人权事业的进展》	2013 年,西藏自治区生产总值达 807.67 亿元,新疆维吾尔自治区生产总值 8510 亿元
《2014 年中国人权事业的进展》	未出现数据表述

资料来源:中华人民共和国国务院新闻办公室官方网站。

我国少数民族的政治权利得到宪法和法律的充分保障。《中华人民共和国宪法》(以下简称我国《宪法》)第 59 条第 1 款规定,在我国最高权力机关人民代表大会中"各少数民族都应当有适当名额的代表"。《中华人民共和国选举法》(以下简称我国《选举法》)第 18 条第 1 款则规定:"有少数民族聚居的地方,每一聚居的少数民族都应有代表参加当地的人民代表大会。"自 1991 年第一部人权白皮书颁布以来,人权白皮书重点阐述少数民族人民参与国家和本民族事务管理的情况。一般而言,在人权白皮书中,主要通过例证与数据,从全国人民代表大会中少数民族代表的数量与比例、国家行政机关中少数民族干部比例等具体方面,来阐述少数民族政治权利的保障情况(见表 4)。

表 4　少数民族参与管理国家和本民族事务情况

	数据表述
《中国人权状况》(1991 年)	第 7 届全国人大少数民族共有代表为 455 人,占 15%
《中国人权事业的进展》(1995 年)	第 8 届全国人大少数民族共有代表 439 人,占代表总数的 14.7%
《1996 年中国人权事业的进展》	未出现数据表述

续表

	数据表述
《1998年中国人权事业的进展》	第9届全国人大、政协中,所有少数民族均有代表和委员;其中,全国人大代表428名,占代表总数的14.37%;全国政协委员257名,占委员总数的11.7%
《中国人权事业发展50年》(2000年)	全国共有少数民族干部270多万人
《2000年中国人权事业的进展》	1999年年底,全国共有少数民族干部282.4万人
《2003年中国人权事业的进展》	第10届全国人大共有少数民族代表415名,占代表总数的13.91%。 截至2003年,全国各级各类民族区域自治地方政府的主要领导,已全部由实行民族区域自治的民族干部担任
《2004年中国人权事业的进展》	中国155个民族自治地方的人民代表大会常务委员会中都有实行区域自治的民族的公民担任主任或者副主任;自治区主席、自治州州长、自治县县长全部由实行区域自治的民族的公民担任
《2009年中国人权事业的进展》	截至2009年,全国共有290多万少数民族干部
《2012年中国人权事业的进展》	未出现数据表述
《2013年中国人权事业的进展》	在西藏自治区的四级人大代表中,藏族和其他少数民族代表31,901名,占93%以上。 在西藏自治区干部队伍中,藏族和其他少数民族占82.05%
《2014年中国人权事业的进展》	在全国人大代表中,西藏自治区有20名代表,其中藏族和其他少数民族代表14名。 在全区干部队伍中,藏族及其他少数民族占70.53%,其中县乡两级领导班子中,藏族和其他少数民族占73.03%

资料来源:中华人民共和国国务院新闻办公室官方网站。

在全国人民代表大会的代表构成中,少数民族代表的构成比例情况直接反映了我国少数民族参与国家事务管理的现状(见表4)。目前,所有少数民族均有代表在最高权力机关中任职并占有一定比例,可以说,我国对少数民族政治权利的保障是十分坚实而有效的。少数民族人口占我国总人口的8%左右,从第七届至第十届全国人民代表大会的统计数据可以看到(见表4),少数民族代表的数量稳定,总数维持在415人至455人这个变化范围内,所占比例在13.91%至15%,高于少数民族人口所占全国人口比例。同时,在国家各级机关的公务员中,少数民族所占的比例同样是超过少数民族占全国人口的比例,这实际上体现了国家倾斜保护少数民族政治权利的基本意图与实践情况。截至2009年,该比例为9.6%,并仍在持续上升。在2004年,全国155个民族自治地方的主要领导全部由实行区域自治的民族的公民担任。值得注意的是,在以西藏为代表的民族自治区域内,各级人大代表和领导班子中的少数民族成员比例较高,实现了少数民族自治的初衷。由此,可以说少数民族的政治权利在我国一直得到稳健的保障,并在持续发展。这是我国保障少数民族政治权利有力的实证证据。

少数民族权利是中国人权的重要组成部分,它们不仅在官方文件中受到重视,在实践中也实实在在地得到保障。少数民族个体不仅享有公民权利和政治权利、经济、社会与文化权利的普遍保障,同时,随着政治的进步、法律的完善与社会的发展,少数民族在经济建设等领域亦得到了国家的积极扶持。实质上这既是对少数民族权利的特殊保障,在某种程度上,亦体现了我国保护少数民族权利的纵深化与立体化。

二、少数民族权利保障的原则

人权白皮书所描述的少数民族权利保障的事实展现了少数民族权利既具有人权的一般属性,亦有因其民族特征而具有的特殊属性的基本情形。健全的人权保障模式是平等保护与特殊保护的结合,[8]保护少数民族人权亦不例外。"法律面前人人平等"是现代法治的一项基本原则。在一国的宪法法律框架内,法律所确认的公民身份使每个公民不分民族、性别、宗教信仰等差异性因素而无差别地享有权利、承担义务。我国宪法法律所保障的少数民族权利首先归属于国家统一的权利体系,每一个组成少数民族共同体的个人首先是国家公民。因此,法律对于少数民族个人的保护首先即是对公民的保护。实际上,组成少数民族群体的个人作为国家公民的存在已经享有法律的保护,这即是少数民族权利一般性的保障。对于少数民族权利的保障,就理论和实践而言,更多的考量是从少数民族特殊性或独特性的角度出发。我国少数民族因其语言、地域、经济生活、文化及心理素质等区别于汉族族群而形成具有一定民族特征的现实状态,这些特征构成了少数民族权利保障独特性或特殊性的存在,亦是少数民族权利保障的核心。例如,少数民族语言,其不同于我国通用的汉语普通话及各地方言,对其进行特殊保护就是少数民族权利保障的重要权利保障类别。保护少数民族的民族特征,一方面是尊重族群文化多样性的要求,另一方面也是政治正当性的本质要求。总之,在现代国家之内,少数民族权利的一般性在于其受益主体首先是一国公民,而其特殊性则源于历史、政治、文化等所形成的民族特征。

实际上,平等抑或特殊保护,其实质均是遵循权利保障的平等原则。从公民身份来看,对少数民族人权进行无差别的保障,不因民族差别而有任何不同,这是少数民族人权一般性的体现。从民族特征出发,少数民族的民族独特性应给予特别保护,这是对少数民族特殊性或独特性的尊重;同时,鉴于少数群体在分享利益、成果时可能处于的不利地位,在平等原则之下应当允许合法差别待遇。由此,可以从三个层次看待少数民族人权保障。

(一)无差别平等保护原则

人权是人人应当享有的权利。对"人人"的认识是剥离了民族、种族、性别、宗教信仰等一系列因素之后的普遍性、一般性认识。基于人权享有主体的一般性认识,任何人的人权均应受到无差别的平等保护。由此,对于"人人"的人权保护亦是普遍性、一般性的保护,少数民族的个人作为国内法的公民理应享有此种无差别的平等保护。

---

[8] 参见常健、刘坤:《论人权的平等保护与特殊保护》,载《人权》2009年第3期。

平等原则之下的少数民族人权保障，尤其需要注意，禁止歧视少数民族。虽然无差别的平等保护为少数民族人权保护奠定了必要的基础，但是由于少数民族在群体数量上处于民族国家内的“少数”，其民族特征又区别于民族国家内的多数民族。前者可能使少数民族在民主原则下处于劣势，而后者的文化差异亦可能使少数民族在面对与主要民族的文化冲突时处于劣势。这些可能的劣势使多数民族或其他少数民族因为经济地位、文化风俗的差异而对某些少数民族滋生歧视。如此，可能的劣势地位使无差别保护需要附加上禁止歧视的原则进行强化，同时亦需要进行特别保护，由此才能真正彻底、切实地保障少数民族人权。

(二)特别保护原则

无差别的平等保护是民族国家内任何人获得人权保障的基础。从社会现实出发，少数民族与多数民族相比，在诸多方面均存在竞争与机会上的不利。基于此，法律理应对少数民族进行特别保护(special protection)。[9] 需要说明的是，对于少数民族人权的特别保护，并非是少数民族个人所享有的“特权”(privilege)，亦非对多数民族的“反向歧视”(reserve discrimination)，更可能或者恰切的表述是为实现真正平等，而对少数民族采取的一种“补偿”(compensation)措施，以此弥合社会可能的裂痕，保证社会和谐，促进社会进步。

所谓特别保护，是基于少数民族的民族特征及其可能处于的不利地位而进行的必要保护，最终目的是通过这样的保护措施避免因经济、文化、政治、历史、风俗习惯而滋生对少数民族的歧视与压迫。例如，语言作为少数民族的重要民族特征，几乎世界各国的法律均规定，国境内的各民族都有使用和发展自己的语言文字的自由。

总体来看，少数民族人权的特别保护必须认识两个基本因素：民族特征是进行特别保护的基础，可能的不利地位则体现了实施特别保护的必要性；二者同时构成了特别保护的正当性基础。

(三)合法差别待遇原则

无差别的平等保护是基于人权保障的一般性要求而产生，特别保护则是由少数民族特征与可能的不利地位而产生的。平等保护与特别保护是否足够，仍是需要关注的问题。从实践来看，由于历史原因少数民族仍然可能面对一些不利情形，如我国少数民族大多聚居于边陲、贫瘠之地，政治、经济、社会、文化发展较落后。彻底改变落后现状仍需要较长时期，但对于国家而言，有义务对少数民族进行扶持。就法律上而言，这种扶持即是对少数民族给予合法差别待遇(preferential treatment)。

一般而言，合法差别待遇主要体现为优待措施。在我国的少数民族人权保护的实践中，主要有两类优待措施。一类是政治权利优待措施。如我国《宪法》第 59 条第 1 款规定：“全国人民代表大会由省、自治区、直辖市、特别行政区和军队选出的代表组成。各少数民族都应当有适当名额的代表。”我国《选举法》第 18 条第 1 款规定：“有少数民族聚居

---

[9] 参见李占荣：《少数民族人权发展的法理解析》，载《浙江学刊》2008 年第 4 期。

的地方,每一聚居的少数民族都应有代表参加当地的人民代表大会。"该条同时还对各少数民族代表的选举作了特殊性照顾的规定。根据这些规定,聚居境内同一少数民族的总人口数不足境内总人口数15%的,每一代表所代表的人口数可以少于当地人民代表大会每一代表所代表的人口数。另一类是经济、社会、文化权利的优待措施。例如,在教育权问题上,一方面在国家高等教育的资源分配上,大力扶持少数民族地区的高等教育机构,传承民族文化,培养少数民族人才;另一方面则是在国家高等教育入学考试中,对于少数民族考生采取加分等优待措施。

(四)权利保障的原则

无差别的平等保护、特别保护以及合法差别待遇三个原则实际都是平等原则的内涵的体现或具体化,三原则内蕴于平等原则之中,它们是少数民族权利保障的基本原则。

在一国领域之内,任何人主要受国内法的约束与保护,公民身份或资格是平等保护的基本条件。在少数民族人权特别保护中,最基本的预设是处于民族国家内的某些少数民族可能面临劣势地位或不利局面。这一基本前提是对现实的诚恳认识,而非不顾现实的彻底平等主义。从消极意义上来讲,若不积极消弭劣势、弥补不利所造成的影响,势必使族群差距拉大,割裂族群,难以形成民族间的和谐共处。相较于人权的一般保护,对于少数民族人权的保护尤其需要注意禁止歧视原则、优待措施的适用。前者是消极的防御,后者则是积极的保护,二者从不同角度发挥着保护少数民族人权的重要作用。

基于平等原则,通过对少数民族人权一般性与特殊性的认识,保障少数民族人权理应在逻辑上具有一定层次性,即任何人首先应受到无差别的平等保护,凌驾于宪法法律之上的特权首先需要被排除;少数民族因其民族特性与劣势或不利之地位,而从消极层面享有一定特别保护,即主要是为了防止权利被侵犯而产生的消极保护;合法差别待遇则是通过主动措施扶持少数民族,促进其民族进步与发展,抑制民族间矛盾的滋生,预防民族冲突的成型。前述三个原则的人权保障贯彻了平等原则,而根本上也展现了社会主义的人权特色。〔10〕

需要注意的是,现实中,前述三个原则仅是逻辑上的层层推进。而更可能的是,三个原则在保障少数民族人权中呈现一种立体的关系,即三者同时发挥作用以保护人权,而非机械的层层递进或先后次序的依次保护。

三、权利保障的稳定性与多样性

15部中国人权白皮书书写了中国人权20余年的发展史,其既为我国的人权建设总结了经验,亦为升华实践提供了基本事实依据。综观人权白皮书中对少数民族权利的保障,可以发现,平等原则作为根基性准则,是不可动摇的权利保障之根本。对所有公民的权利进行无差别的平等保护是平等原则的底线,而特殊保护及合法差别待遇则可能随着时代的进步而变化。

---

〔10〕 参见徐显明:《人权的体系与分类》,载《中国社会科学》2000年第6期。

作为平等主体的全体公民，对其权利进行普遍保护构成了权利保障的基础，而这一基础必须具备稳定性。平等原则的普遍保护所具有的稳定性首先体现在身份的平等上，即一切拥有公民身份的主体都享有无差别的平等保护。身份平等的正当基础来自国家政治与法律的双重构造。以公民身份享有全部权利是整个人权白皮书的核心，在实现的内容上基本没有变化，而存在变化可能性的则是权利的序列或权利排序问题。从权利保障的实践角度而言，所有权利均应得到一致保护，而从国情、政治与社会实际出发，则需要作出一定“配置”。例如，我国的国情是发展中大国，推进政治经济社会建设的目的是促进社会公平正义与增进人民福祉，由此人权白皮书对生存权与发展权的突出则显得实际而合理，而这样的配置也得到了现实的有效回应。可以预见，基于身份平等对权利实现普遍保护，以及基于政治与社会现实在权利序列中突出生存权与发展权，是人权白皮书所强调的中国人权具有稳定性之处，亦即不变之处。此原则针对的是整个人权保障体系，少数民族权利的保障概莫能外。

对于权利平等保护进行补足的优待政策具有较强的多样性。需要说明的是，针对民族特征或可能劣势地位的特别保护则同普遍平等保护一样具有稳定性，例如对于少数民族语言的保护不因时因地而变，稳定地对其进行保护是基本路径。因为在历史中形成的语言，很难在一定时期内出现巨大情势变更，而稳定则是民族语言本身的特征。但是，优待政策则不一样，它乃是基于经验事实所进行的判断，并具有价值追求，就实质而言，其更多偏向经验性地选择。例如，我国高等教育录取中对少数民族的倾斜政策。此选择的正当性基础乃是基于对社会的多样性追求，其实质是一个经验性的社会政策目标，而表现外观或形式则呈现为权利样态。例如，充分保障少数民族受教育权，使大量少数民族学生能够在优惠条件的支持下进入高等院校学习，如此，一方面提升了高校学生的多样性构成，另一方面亦将社会的多样性提升到新的高度。此一多样性诉求的经验属性，使其具有随着经验变迁的灵活性，意即随着社会的发展，当多样性达到某一程度，这一经验性安排将面临调整的可能性。

四、余　论

保障少数民族权利是中国政府的政治责任与政治义务。中国政府主要通过政策保障少数民族的各项权利，政策构成了少数民族权利保障的基本模式之一。

通过对人权白皮书的研究可以发现，我国少数民族权利保障长期以政策为基本方式。在实践中，对权利的保障政策的确起到了不可低估的作用，而且政策具有的灵活、及时与有效等特点，对于及时应对权利问题、有效改善权利状况有很大的功用。可以预见，政策保障仍将发挥重要作用。历部中国人权白皮书中通过大量数据、事例等呈现了我国少数民族经济发展的基本图景，亦有力证明了少数民族经济权利得到保障的力度。通过对中国人权白皮书表达少数民族人权的梳理，可以发现“支援”“支持”“扶持”“扶助”等均体现了中国政府对少数民族经济权利的“倾斜”性保障；而“优惠政策”“对口支援”“援建工程”“扶助政策”“扶贫政策”“特殊扶持政策”“优惠政策”“特殊政策和措施”等表述则体现了中国政府对保障少数民族经济权利所采取的基本模式，即通过政策对人权进行保障。

简言之,"政策扶持"是我国保障少数民族经济权利的基本模式。

在建设社会主义法治国家的时代要求下,在全面深化改革与全面推进依法治国的背景下,通过法治保障少数民族权利亦成为推进少数民族权利保障的基本模式之一。

通过法治保障少数民族权利,完善少数民族权利保障体系,需要认识到法治模式在权利保障中所发挥的基础性作用。法律以国家强制力为后盾,通过正当法律程序,在立法、执法、司法等法律运行的各个环节对权利进行无偏倚的保护。在法律一般性保护的框架内,并不区分民族、多数与少数民族。从公民的角度,无差别地保护少数民族权利,实现法律面前人人平等的基本法治原则,强调以公民视角处理权利保护问题。在国家法制统一的框架内,通过立法允许保障少数民族权利的特殊、变通与补充规定,适当对于少数民族进行倾斜保护;通过执法灵活处理少数民族权利问题,合理保障少数民族权利;通过司法化解权利冲突,在坚守司法的中立性、终局性、权威性的基础上,以正当法律程序保障权利。

政策灵活性与法律稳定性的结合使权利保障全面而及时。显而易见的是,法律保障权利虽然十分有力,但是并非所有权利都已经上升为法律权利,某些权利保障的空白则需要更具有行动力的政策来进行补足。法律与政策的合力从根本上促进了权利保障的良好局面,法律与政策并举的二元权利保障模式,符合中国社会的基本现实。法律的消极性与政策的积极性相配合,既为权利保障划定了底线,亦为其追求更完善、更积极的权利保障铺平了道路。中国的少数民族权利保障需要在进一步总结现有二元模式的经验基础上,扩大法律保障的基础性作用,制度化政策保障的扩展性作用。

改革开放以来,人权白皮书所呈现的中国保障少数民族的基本面貌,从经验维度展现了中国少数民族权利保障的进步。从中国保障少数民族权利的经验来看,中国遵循了平等原则,在实现普遍保护的同时,强调特别保护或倾斜性保护。可以说,这既符合中国的现实情况,亦符合中国全面推进依法治国的根本诉求。在更高层面上,这样的权利保障体现了中国对追求整个社会的公平与平等的努力,并以此最终实现建设中国特色人权事业的既定目标。

中国人权白皮书关于女性权利的表达

林莎莎*

引 言

“享有充分的人权,是长期以来人类追求的理想”,这是首部中国人权白皮书关于人权问题的明确表达。人权,是基于人的本质和尊严而派生出的“正当”和“不容侵犯”的权利与自由,是每个人应然享有的人格尊严、人生价值及平等的权利、机会与责任。人权意识的孕育源于人类对自我意义的理性反思,更是对自我价值的强烈追求。因此,关于“人权”这个伟大的名词的解读不应分种族、性别、语言和宗教。

从某种意义上来说,人类的历史,亦是一部人类从意识觉醒到不断争取、逐步实现并发展人权的历史。人类对于女性权利的追求伴随着人权历史的推进而消长。18 世纪法国的奥兰普·德古热(Olympe de Gouges,1748～1793 年)女士提出《妇女和女公民权利宣言(草案)》,虽未通过,却明确表达了女性对权利的要求:妇女生而自由,在权利上与男子是平等的。而后,第二次世界大战打破了国之为国的主权边界,践踏了人之为人的人格尊严,自由、平等、财产、安全等所谓的自然权利不复存在。为捍卫人权运动,联合国大会于 1952 年 12 月 20 日通过《妇女政治权利公约》。该公约强调:其一,妇女有权享有与男子平等的政治权利;其二,不得有任何歧视。后《消除对妇女歧视宣言》于 1967 年发布,提出“必须在法律上和事实上确保男女平等原则的普遍承认”,认为歧视妇女有损人类尊严及家庭与社会之福利,将阻止妇女以与男子平等之条件参加其国内政治、社会、经济与文化生活视为发展妇女服务国家与人类潜力之障碍。显然,从《妇女政治权利公约》的宣言到《消除对妇女一切形式歧视公约》的国家义务性规定,再到消除妇女歧视委员会(Committee on the Elimination of Discrimination against Women,CEDAW)的设立,关于女性平权的认知与努力在 20 世纪中期已初步实践。

女性作为人,应然地享有“生而为人”的权利,这是人权概念的应有之义。由于经济发展的局限、社会分工的因素以及社会文化的影响,导致占世界人口一半的女性陷入弱势地位,而忽视了其应有的人格尊严、贬低了其独立的价值,使其丧失了与男子同等的权利和社会地位,更无法延伸到关于国家保障女性权利这一正当性的论证。关于人的自由和全面发展这一命题,追根溯源,终究是会回到最初的“妇女生而自由,在权利上与男子是平等的”,抑或是“人权源于人自身的固有尊严”。所以对人权的追求离不开女性的解放与发展。

---

* 重庆仲裁委员会仲裁秘书,法学硕士。

一、中国女性的权利发展进路

(一)女性解放与女性权利发展

近代中国女性解放是与整个社会解放联系在一起的。论及中国女性的解放路径,得从女性解放的渊源谈起。早在"五四"运动时期,中国早期的马克思主义者关于女性解放的思潮就非常活跃,并逐渐发展为推翻旧社会旧制度的重要理论武器,即女性之所以长期遭受压迫,没有政治参与、经济独立、婚姻自主权,源于政权、族权、神权、夫权四权统治的封建宗法旧制度。如毛泽东在《湖南农民运动考察报告》中所言,妇女解放的道路,就是推翻腐朽的、反动的封建地主资产阶级政权,建立新生的进步的无产阶级政权。这就是女性解放的第一阶段:阶级解放。新中国成立后,女性成为真正的国家和社会主体,其应享有的平等、自由被赋予宪法、法律上的确认和保护。江泽民于1995年《在联合国第四次世界妇女大会欢迎仪式上的讲话》中提出,"实现男女平等是衡量社会文明的重要尺度。……我们十分重视女性的发展与进步,把男女平等作为促进我国社会发展的一项基本国策。"男女平等是女性解放的核心概念,女性依法享有同男子平等的各项权利,并积极参与社会主义各项事业的建设。这是女性解放的第二阶段:女性平权。而后,我国政府通过1994年的《北京宣言》《行动纲领》,并制定第一部关于女性发展的总规划即《中国妇女发展纲要(1995~2000年)》《中国妇女发展纲要(2001~2010年)》。这四份文件确立了我国女性发展的总目标和如何发展的优先领域,以及实现女性发展应采取的具体政策和措施。此时,进入女性解放的第三阶段:女性发展。

那么,何为平权,何为发展?

"平权",就是平等地享有权利。具体到"平等女性权利",则意味着要平等女性权利与人权的权利内容,平等女性与男子享有的权利内容。但是,平等本身就是一项基本人权,同时又贯穿于每一项具体人权之中。基于人权的内容,女性平等地享有以下几个领域的权利:政治、经济、文化教育、健康、人身等。同样地,平等反对一切形式对女性的歧视,包括性别歧视。所以,"平权"还要求在人权的各个领域,女性与男子在平等的基础上享有权利、机会和承担责任,并参与发展,以实现男女作为人的尊严和价值的平等。

关于"发展",《到2000年提高妇女地位内罗毕前瞻性战略》提出,发展是全面的,包括政治、经济、社会、文化和人类生活其他方面的发展,以及经济和其他物质资源的发展和人类德、智、体和文化的增长。发展是指事物由小到大、由简单到复杂、由低级到高级的变化。而女性发展在于通过各种形式的努力,在女性权利保护、自身素质、价值实现、地位改变等领域获得一种由下而上的进步,在个人受益的同时实现与社会的共同发展。在1975年的"国际妇女年",联合国便提出了未来10年的目标:平等、发展、和平。时至今日,发展仍然是女性人权的主题。

(二)中国人权白皮书中的女性权利宣言

根据中华人民共和国国务院新闻办公室关于"政府白皮书"的统计和以人权白皮书

“妇女权利”为关键词的数据分析,自1991年11月《中国的人权状况》发布,截至2016年上半年,我国官方发布的年度性人权白皮书已达12部,[1]女性发展专题的人权白皮书3部,而3部西藏专题的人权白皮书中均涉及女性的权利发展。

第一,就年度性人权白皮书而言,中国人权白皮书宣示了女性权利一直是我国人权事业的重要组成部分。如表1所示:

表1 人权白皮书关于女性权利表述统计

序号	名称	颁布时间	是否专章谈及女性权利
1	《中国的人权状况》(1991年)	1991年11月	否,“公民享有经济、文化、社会权利”章节涉及
2	《中国人权事业的进展》(1995年)	1995年12月	是,“保护妇女、儿童合法权益”
3	《1996年中国人权事业的进展》	1997年3月	是,“妇女、儿童的合法权益”
4	《1998年中国人权事业的进展》	1999年4月	是,“妇女、儿童的合法权益”
5	《中国人权事业发展50年》(2000年)	2000年2月	是,“妇女、儿童权利的保护”
6	《2000年中国人权事业的进展》	2001年4月	是,“妇女、儿童权利的保护”
7	《2003年中国人权事业的进展》	2004年3月	是,“妇女、儿童权益”
8	《2004年中国人权事业的进展》	2005年4月	否,“公民经济、社会、文化权利”章节涉及
9	《2009年中国人权事业的进展》	2010年9月	否
10	《2012年中国人权事业的进展》	2013年5月	否,“社会建设中的人权保障”章节涉及
11	《2013年中国人权事业的进展》	2014年5月	否,“人身权利”“人权领域的对外交流与合作”章节涉及
12	《2014年中国人权事业的进展》	2015年6月	是,“妇女、儿童、老年人权利”

资料来源:中华人民共和国国务院新闻办公室。

通览表1,我们可以发现:12部人权白皮书中,仅《2009年中国人权事业的进展》未谈及女性权利,余下的11部人权白皮书均以不同形式阐述女性在中国的权利状况。其中,有7部人权白皮书以独立章节的形式阐述中国的女性权利状况,多表述为“妇女权利”或“妇女权益”,而其他年度的女性权利多归纳到公民某一领域的具体权利予以表达,如政治、经济、社会、文化权利,甚至是人身权利。

由图1可知,自1991年的人权白皮书发布以来,除1998年、2009年和2013年的明显低于10个外,“妇女”在其他年度的人权白皮书中的词频数量基本保持在20个左右,最高可以达到29个。这意味着,几乎每一年度的人权白皮书均会重点关注女性的人权发展,

[1] 此处“12部人权白皮书”仅指全国范围内的年度性白皮书,不包括专题白皮书,如国防、医疗、能源、妇女等。

并予以阐述。换言之,一直以来女性的人权发展都是人权白皮书必不可少的内容。

为进一步实现对于女性发展的承诺,《中国妇女发展纲要(1995~2009年)》和《中国妇女发展纲要(2001~2010年)》也相继于1995年8月和2001年5月颁布。中国人权白皮书表明了我国对于女性人权的基本立场和态度,是一份对外的中国女性人权宣言。

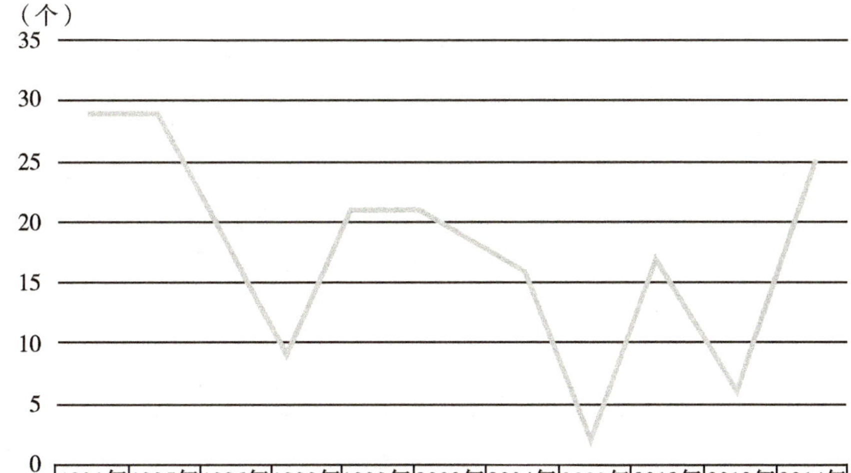

	1991年	1995年	1996年	1998年	1999年	2003年	2004年	2009年	2012年	2013年	2014年
词频(个)	29	29	19	9	21	21	16	2	17	6	25

图1　妇女词频变化

资料来源:历年人权白皮书。

第二,就女性发展专题的人权白皮书而言,中国人权白皮书是女性发展在具体人权领域的延伸。

表2　女性发展专题人权白皮书所涉及的各类权利[2]

	平等权利	公民权利	政治权利	人身权利	经济权利	社会权利	文化教育权利	婚姻家庭权利
《中国的妇女状况》(1994年)	√	√	√	√	√	√	√	√
《中国性别平等与妇女发展状况》(2005年)	√	√	√	√	√	√	√	√
《中国性别平等与妇女发展》(2015年)	√	√	√	√	√	√	√	√

表2、表3中关于人权各类权利的划分,是参考我国《宪法》提出的公民基本权利的分类,一定程度上涵盖了在中国现阶段精神原则和物质条件下人自由而全面发展的权利。

对比表2、表3,发现中国人权白皮书在个别年度上关于女性权利的状况发布或有欠缺,但在整体上与女性专题人权白皮书存在一致性。二者均囊括了平等权利、公民权利、政治权利、人身权利、经济权利、社会权利、文化教育权利、婚姻家庭权利和环境

〔2〕　这里关于各类权利的列举,以1982年11月26日在第五届全国人民代表大会第五次会议上彭真同志《关于中华人民共和国宪法草案的报告》权利篇的内容为参考标准。

权利。

结合表1、表3，我们可以知道年度性人权白皮书由于存在结构体例上设计因素和宣传策略的改变，导致不同年度关于女性发展状况的内容分布略有差异，但在总体上遵循了各类权利的基本划分标准，并提供了大量的关于女性人权发展状况的全国性统计数据，这是女性权利得到保护和发展的真实体现。相较而言，表3中的女性专题人权白皮书，则是一部完整的女性权利变迁史。观察人权白皮书的发布时间，不难发现，《中国的妇女状况》《中国性别平等与妇女发展状况》《中国性别平等与妇女发展》接近于每10年发布一次。作为时间跨度长达10年的女性发展报告，每一部人权白皮书不再是对女性发展状况的简单介绍，更重视女性发展的基本要旨，即联合国宪章的男女权利平等人权精神，也侧重于结合国家的政策立法保护与女性的具体权利实践，详细阐述女性权利在各个领域的发展状态，如男女平等基本国策的上令下行、妇女发展纲要等一系列纲领性文件的具体策略措施。可以说，女性专题人权白皮书是一份中国女性发展精神和权利实践的外宣报告。

表3　中国人权白皮书所涉及的各类权利

	平等权利	公民权利	政治权利	人身权利	经济权利	社会权利	文化教育权利	婚姻家庭权利
《中国的人权状况》(1991年)	√	√	√	√	√	√	√	√
《中国人权事业的进展》(1995年)	√	√	√	√	√	√	√	√
《1996年中国人权事业的进展》	√	√	√	√	√	√	√	—
《1998年中国人权事业的进展》	√	√	√	√	√	√	√	—
《中国人权事业发展50年》(2000年)	√	√	√	√	√	√	√	—
《2000年中国人权事业的进展》	√	√	√	√	√	√	√	√
《2003年中国人权事业的进展》	√	√	√	√	√	√	√	√
《2004年中国人权事业的进展》	√	√	√	√	√	√	√	√
《2009年中国人权事业的进展》	—	—	—	√	—	—	—	—
《2012年中国人权事业的进展》	√	√	√	√	√	√	√	√
《2013年中国人权事业的进展》	√	√	√	√	√	√	√	√
《2014年中国人权事业的进展》	√	√	√	√	√	√	√	√

又如，2005年的《中国性别平等与妇女发展》，该文件开宗明义，在前言部分重申促进男女平等是中国的一项基本国策，并指出，中国社会主义和谐社会的公平正义包含性别平等，政府要保障女性在政治、经济、社会、文化教育和婚姻家庭领域享有与男子同等的权利。在政策立法上，不断建立健全维护女性权益的法律体系，继续贯彻落实妇女发展纲

要，以促进女性的全面发展。在女性权利实践上，提升女性在各个领域的参与层次，培育女性干部，开展女性健康项目，旨在推动女性权利的进一步实现。

第三，就西藏专题的人权白皮书而言，人权白皮书是藏区女性的人权报告，更是全中国女性的权利宣言。

表4　西藏专题人权白皮书关于女性权利的表达

名称	关于女性权利的表达
《西藏的主权归属与人权状况》(1992年)	"人民享有的政治权利"：在旧西藏处于社会最底层的藏族妇女，也已走上领导岗位，1986年妇女干部已占全区干部总数的30%以上……232人任县级干部
《西藏自治区人权事业的新进展》(1998年)	"民族区域自治制度与人民的政治权利"：1996年，西藏自治区人民代表大会中的妇女代表占代表总数的20%。……在历史上第一次有了藏族的女法官、女检察官、女警官、女律师。 "人民享有的受教育权利、文化权利和健康保障权利"：妇女、儿童的医疗卫生保健工作，在西藏得到重视

表4中，1992年西藏地区女性权利主要表现为政治权利，1998年藏区人权白皮书中不仅仅是女性参政权的实现，女性的就业层次亦得到了提升，健康权利得到重视。当然，从政治参与层次、就业层次的提升，可以推出女性的受教育权也同样得到了保护。换言之，西藏地区的女性权利实现了从政治权利发展到受教育权、文化权利和健康权利的跨越。在人权保护意义上，是在平等权利发展的基础上对女性予以特殊权益保护。藏区女性由于地域上的差异成为女性发展链条上的薄弱环节。她们的发展是中国人权事业不可回避的发展对象，亦是中国人权事业建设的重要组成内容。

二、女性权利在人权白皮书中的表述

没有女性的解放和进步，就没有人类的解放和进步。新中国成立以来，女性的解放与发展一直是我国人民持续努力、不断进取并为之奋斗的社会主义重要事业。综观30年来，我国女性不断突破守旧思想的禁锢、政治经济社会的差异和自身生理条件的限制，逐步在女性的解放道路上取得了长足的进步。文中，笔者拟以中国人权白皮书为文本基础，观察比较其中关于女性权利的表达，以分析我国女性的解放事业在各个领域的运行轨迹。

(一)从强调平权到特别保护

从1991年《中国的人权状况》和1994年《中国妇女的状况》开始，中国女性的解放已经进入平权阶段，具体内容如表5所示：

1. 政治领域

表5 人权白皮书关于男女权利平等的表达

	政治领域
《中国的人权状况》(1991年)	1. 宪法规定,妇女在政治……各方面享有同男子平等的权利。 2. 妇女享有同男子平等的选举权和被选举权
《西藏的主权归属与人权状况》(1992年)	在旧西藏处于社会最底层的藏族妇女,也已走上领导岗位,1986年妇女干部已占全区干部总数的30%以上,现有5人任自治区一级干部,38人任专区一级干部,232人任县级干部
《中国妇女的状况》(1994年)	1. 中国共产党和中国政府把妇女参政作为中国民主建设的一项重要内容。……提高妇女参政比例,确保妇女真正享有宪法赋予的政治权利。 2. 政府特别重视培养少数民族女干部……促进少数民族女干部的迅速成长。……少数民族女干部已成为少数民族地区政治、经济、社会发展的骨干力量
《中国人权事业的进展》(1995年)	1. 中国妇女享有与男子平等的政治权利。 2. 妇女参与管理国家和社会事务的程度进一步提高
《1996年中国人权事业的进展》	1. 妇女依法在国家政治生活中享有与男子平等的权利。 2. 政府各部门中女性担任领导干部职务的人数也有所增加
《西藏自治区人权事业的新进展》(1998年)	现在,全西藏……在历史上第一次有了藏族的女法官、女检察官、女警察、女律师
《1998年中国人权事业的进展》	中国妇女参与国家和社会管理的程度不断提高
《中国人权事业发展50年》(2000年)	新中国成立后,妇女参与管理国家和社会事务的权利依法受到保障,参政水平不断提高
《2000年中国人权事业的进展》	1. 中国妇女在政治……方面的权利继续得到有效促进和保护。 2. 妇女参与国家和社会管理的程度明显提高
《2003年中国人权事业的进展》	妇女参与管理国家事务的权利受到保障
《2004年中国人权事业的进展》	妇女在政治……方面的平等权益正在随着社会的发展逐步得到实现
《中国性别平等与妇女发展状况》(2005年)	妇女参与国家和社会事务管理的能力不断增强,参政的水平逐步提高。中国宪法明确规定男女政治权利平等的基本原则。妇女权益保障法对实现妇女参与决策和管理的保障措施作出进一步规定,妇女发展纲要明确提出妇女参政的具体目标。这些为提高妇女参政水平奠定了法律政策基础
《2009年中国人权事业的进展》	无
《2012年中国人权事业的进展》	新修改的全国人民代表大会和地方各级人民代表大会选举法、村民委员会组织法……重试提高妇女参政比例
《2013年中国人权事业的进展》	无
《2014年中国人权事业的进展》	妇女参与公共事务管理的权利得到依法保障
《中国性别平等与妇女发展》(2015年)	中国制定和实施相关法律法规和政策规划、保障妇女享有与男性平等的政治权利,妇女参政比例进一步提高,在国家和社会事务决策的和管理中的作用增强

由表5可知,第一,宪法明确宣布了女性享有政治方面的权利,即参与国家事务的决策和管理,并且几乎每一份人权白皮书中均对此进行确认和强调。这是中国女性参政权从无到有的实现,也是女性参与社会发展、发出自己声音的第一步;第二,女性在政治领域享有与男子同等的权利。换言之,人权的实现不存在性别歧视。女性享有同男子平等的参政机会,以及为实现机会平等的国家保护。中国人权白皮书关于女性参政数据,即女性公职人员、政府高级领导、代表、常委等人数、比例持续不断地增长恰恰是对这一点的有力证明。

关于该领域的女性权利,1991年表述为"选举权与被选举权",此时仅局限于六项基本政治权利之一;1994年,女性权利的关键词表述为"参政比例""提高"。据此可以推知,中国女性在普及选举权与被选举权的基础上,已经实现平等参政机会的普遍享有。这是对女性参与国家事务的决策和管理权利的完善与发展。其次,党和政府将女性参政纳入民主建设事业,体现了国家政策对女性在政治领域的权利的倾斜保护。基于此,女性参政比例的提高显然是国家对于实现女性实质意义上的参政平等所作出的努力;在1995年的《中国人权事业的进展》以后,表述多为"比例""程度""水平""提高""依法"。概言之,一则,国家保障女性参与管理国家和社会事务的平等权利,不仅为政策倾斜保护,还强调"依法受到保障",即立法保护。二则,女性参政水平,或者是参与国家和社会管理程度的提高,是对女性在政治领域的权利由机会平等逐步发展为实质平等,是女性参政平等权真正的实现。

实现平等一直是贯穿中国女性问题的主线,而在平等的基础上,我们还强调女性人权在政治领域的发展。争取政治方面的权利,之所以成为女性主义运动的首要突破口,关键在于女性能够与男性平等分享人类与生俱来的权利的前提是获得政治话语权。如此,实现女性发展往往要求女性在政治领域内,在享有平等权利的基础上,能够进一步表达女性自身的性别利益,并影响国家和社会相关事务的决策和管理。

结合女性发展专题人权白皮书,我们还可以看到,我国对于政治领域的女性发展问题,强调了以下几个方面:第一,妇女组织对于民主政治的参与成为女性参与国家事务的决策与管理权利的重要补充。截至2015年的《中国性别平等与妇女发展》的发布,我国一直支持和鼓励女性参与民主政治建设,特别是进行民主管理和民主监督,并不断拓宽其参与的范围和途径。中国人权白皮书的相关表述有,"妇女与妇女组织在国家民主政治建设中的影响力日益增强""妇联组织的民主参与和民主监督作用得到加强"。第二,基层女性参政工作是女性参政的重要内容。对此,1994年的《中国妇女的状况》并无任何表述,2005年的《中国性别平等与妇女发展状况》提道"基层妇女参政水平不断提高",而2015年的人权白皮书也提到,中国女性已广泛参与基层民主建设。源于资源分配的差异性,基层女性,尤其是农村妇女往往处于弱势地位。相应地,发展农村妇女的政治权利,提高其参政比例和参政水平,推动她们成为基层民主政治的重要力量,这恰恰是实现女性发展的重要体现。第三,培养发展女干部成为实现女性参政权的重要手段。多数关于女性发展的人权白皮书表示,国家重视女干部的培养和选拔工作。文件中,多表现为发文件、定措施,如开展女性干部培训班,制定重点培养女干部鼓励政策等。综上所述,"妇女组织""基层女性""少数民族妇女""培养选拔"等关键词的多次出现,均是女性人权基于参政平等权,在渠道拓宽、平衡女性差异、提高女性参政优势上充分发展的体现。

2. 经济领域

表6　人权白皮书关于男女权利平等的表达

<table>
<tr><th></th><th>经济领域</th></tr>
<tr><td>《中国的人权状况》(1991年)</td><td>1. 宪法规定,妇女在经济的……各方面享有同男子平等的权利。
2. 中国实行男女同工同酬,劳动妇女享有特殊劳动保护和劳动保险的权利</td></tr>
<tr><td>《西藏的主权归属与人权状况》(1992年)</td><td>无</td></tr>
<tr><td>《中国的妇女状况》(1994年)</td><td>“在经济领域中的平等权利与重要作用”:中国妇女享有与男子平等的就业权利。……男女同工同酬已基本得到实行</td></tr>
<tr><td>《中国人权事业的进展》(1995年)</td><td rowspan="2">1. 中国妇女的经济……权利进一步得到保障。
2. 妇女的就业层次逐步提高。
3. 中国法律规定,男女同工同酬,妇女劳动受到特殊保护,妇女在经期、孕期、产期和哺乳期受到特殊照顾,职工中的生育妇女享有3个月的带薪产假</td></tr>
<tr><td>《1996年中国人权事业的进展》</td></tr>
<tr><td>《西藏自治区人权事业的新进展》(1998年)</td><td>无</td></tr>
<tr><td>《1998年中国人权事业的进展》</td><td>妇女就业人数增加,就业比重上升</td></tr>
<tr><td>《中国人权事业发展50年》(2000年)</td><td>妇女依法享有与男子平等的劳动就业权利,并享有同工同酬和受特殊劳动保护的权利</td></tr>
<tr><td>《2000年中国人权事业的进展》</td><td>1. 中国妇女在经济……方面的权利继续得到有效促进和保护。
2. 妇女就业人数不断增加,行业分布趋于合理</td></tr>
<tr><td>《2003年中国人权事业的进展》</td><td>妇女就业规模继续扩大,经济越来越独立</td></tr>
<tr><td>《2004年中国人权事业的进展》</td><td>1. 妇女在经济……方面的平等权益正在随着社会的发展逐步得到实现。
2. 妇女的就业规模、劳动报酬……与男性基本相当</td></tr>
<tr><td>《中国性别平等与妇女发展状况》(2005年)</td><td>国家将保障妇女获得与男子平等的就业机会、共享经济资源和社会发展成果,作为推进性别平等与妇女发展的首要目标和优先领域,制定并采取了一系列政策措施,确保妇女平等参与经济发展、平等获得经济资源和有效服务,增强妇女的自我发展能力,改善妇女的社会经济地位</td></tr>
<tr><td>《2009年中国人权事业的进展》</td><td>无</td></tr>
<tr><td>《2012年中国人权事业的进展》</td><td>新修改的……女职工劳动保护特别规定以及新制定的社会保险法,重视……推进生育保险以及为女职工创造健康安全的工作环境</td></tr>
<tr><td>《2013年中国人权事业的进展》</td><td>无</td></tr>
<tr><td>《2014年中国人权事业的进展》</td><td>妇女就业得到有效促进</td></tr>
<tr><td>《中国性别平等与妇女发展》(2015年)</td><td>平等参与经济活动和公平享有经济资源是妇女生存发展的基本条件。中国在推进经济结构战略性调整和转变经济发展方式的改革创新中,充分保障妇女经济权益,促进妇女平等参与经济发展、平等享有改革成果</td></tr>
</table>

由表6可知,女性在经济领域的权利主要有两个方面:第一,基于人权的普遍性,女性享有同男子平等的权利,如就业权、休息权、同工同酬等;第二,女性享有因特殊生理条件和与生俱来的社会责任而产生的权利,如女性在经期、孕产期、哺乳期等应享有的特殊权利。上述二者均在中国人权白皮书中有具体的描述,并辅以大量的事实和数据。值得注意的是,这充分解释了"女性人权是什么",以及"如何得以发展"这一命题。

人权白皮书《中国的妇女状况》在"在经济领域中的平等权利与重要权利"提出,"中国妇女享有与男子平等的就业权利"。当然,这也是国际人权和我国《宪法》所明确规定的。如恩格斯所言,"妇女解放的第一个先决条件就是一切女性回到公共的劳动中去"。[3] 换句话说,赋予女性平等的就业权利,使其能够参与社会发展,是解放中国女性、实现女性人权的第一步。另外,"男女同工同酬"也是人权白皮书关于女性平等权益的高频词。在1990年,中国便签署了国际劳工组织的《男女工人同工同酬公约》,这是我国对于实现在全国范围内女性与男子同工同酬的官方承诺,也是尊重和保护中国女性劳动价值的重要体现。当然,在部分人权白皮书中我们清晰地看到,1994年提及"男女同工同酬"已基本得到实行。在中国,同一行业、同一个工种中技术熟练程度相同的劳动者,都可以获得同等报酬。1995年,实现全国城乡男女同工同酬成为《妇女发展纲要》的重要目标,2004年写明"妇女的就业规模、劳动报酬和受教育水平与男性基本相当",而往后年度的人权白皮书已不再谈及"男女同工同酬"的这一命题。如此我们可以推出,关于中国女性在经济领域的同工同酬的平等权益基本实现。最后,也是不得不提及的一点,即妇女的特殊权利以及相关的特殊保护机制。1991年的《中国的人权状况》便提出,"劳动妇女享有特殊劳动保护和劳动保险的权利"。跟踪人权白皮书的内容,可以发现,女性特殊权利的保护机制逐渐由政府重视发展为我国的立法保护,如《女职工劳动保护特别规定》《社会保险法》。作为实现女性人权的重要组成部分,中国对于妇女的特殊劳动保护是女性在经济领域平等权益得以正确解读的基本前提和保障。

上文谈及的"就业权利""同工同酬""特殊劳动保护"是实现女性发展的起点,将女性纳入社会经济主体范围内,开始享有其应当享有的平等权益,是一个从无到有的过程,也就是所谓的"平权"。而如何实现女性的发展,或者说是女性的进一步解放,需要对女性这一社会经济主体进行剖析。女性经济不独立的根源在于资源分配的不均衡,既包括经济资源、社会资源,也包括发展成果。而对资源的占有则是实现再生产,或者是可持续发展的前提。那么要实现女性的发展,应当实现由就业机会的享有向经济资源、社会资源、发展成果的共享转变。

结合人权白皮书,我们可以看到,国家采取了一系列政策措施,以实现女性的发展。人权白皮书明确提出:"平等参与经济活动和公平享有经济资源是妇女生存发展的基本条件。"并侧重对以下两个方面进行阐述。第一,在平等就业的基础上实现女性创业和再就业。"支持性政策措施""鼓励创业"是人权白皮书关于创业和再就业的主要关键词,主要体现了国家对于女性在平等参与经济活动方面,着重于主体上的广泛性。第二,优化女性就业结构。女性的就业结构往往表现为女性从事第一、第二、第三产业的人数比例,就

〔3〕《马克思恩格斯选集》(第4卷),人民出版社1965年版,第70页。

业结构的优化意味着女性逐步从第一、第二产业向第二、第三产业转移。从这个角度在某种程度上可以观察出女性的发展问题,即女性自身的受教育水平、工作素质,甚至是国家相关政策的落实程度。部分人权白皮书多次指出了高新技术行业、企业高层管理人员的女性就业比例呈上升趋势,并提出继续改善女性的就业结构。显然,这是基于实现中国女性普遍参与经济活动基础上的分配公平。

女性发展还强调,在女性平等参与发展的同时,平等地享有发展成果。现阶段,集中体现在国家的社会保障体系方面。2010年《中华人民共和国社会保险法》(以下简称社保法)通过,并将生育保险作为独立章节予以明确和重视。早期的妇女特殊劳动保护侧重相关企事业单位对于女性的经期、孕产期、哺乳期产生的特殊问题给予协助和保护,相应地,社保法的颁布实际上增加了关于妇女特殊保护的责任主体,即国家。国家将该问题纳入社会保障体系并予以财政支持,显然能够提升妇女特殊保护机制的效率。米切尔曾提出:"历史上妇女没有进入关键的生产领域,不仅仅是在压迫关系中她们的体弱所致,还由于她们在生育中的作用""只要生育仍是一种自然现象,妇女注定要成为社会剥削的对象"。[4] 且不谈生育的控制与否,但是对于女性生育保障体系的完善,在某种程度上,真正实现了对女性的解放,或者是女性的发展。

3. 文化教育领域

表7　人权白皮书关于男女权利平等的表达

	文化教育领域
《中国的人权状况》(1991年)	1. 宪法规定,妇女在文化的……各方面享有与男子平等的权利。 2. 妇女受教育权利受到尊重。1990年在校女生7881万人……
《西藏的主权归属与人权状况》(1992年)	无
《中国的妇女状况》(1994年)	1. 中国政府大力发展妇女教育事业。 2. 在正规教育中,国家积极采取措施,提高女性入学率、在学率与升学率。……在部分边远、贫困和少数民族地区,采取办女童班、办女校、实行免费上学等办法,努力消除女性受教育障碍。……中国政府还特别注意发展妇女成人教育、职业技术教育和扫盲教育
《中国人权事业的进展》(1995年)	1. 中国妇女的……文化权利进一步得到保障。 2. 妇女的受教育权进一步得到保障。1994年……女童入学率提高……中学生、大学生中女性比例上升……
《1996年中国人权事业的进展》	1. 妇女的经济、社会、文化权利得到保障。 2. 妇女的受教育权进一步得到保障。到1995年,全国已建立……女子中等职业学校……女子职业大学
《西藏自治区人权事业的新进展》(1998年)	无
《1998年中国人权事业的进展》	妇女受教育水平明显提高。1997年,女性成人文盲率……减少。女童与男童入学率之差……减少。全国有女大学生、女研究生……36%和30%。中学和小学女生占学生总数的比例……提高。中国科学院、中国工程院女院士……高于世界其他国家的女院士比例

〔4〕［英］朱丽叶·米切尔:《妇女,最漫长的革命》,陈小兰、葛友俐译,载李银河主编:《妇女:最漫长的革命:当代西方女权主义理论精选》,三联书店1997年版,第19页、第20~21页。

续表

	文化教育领域
《中国人权事业发展50年》(2000年)	如今妇女文盲比例……降。1998年……基本保障了女童接受义务教育的权利
《2000年中国人权事业的进展》	1. 中国妇女在教育……方面的权利继续得到有效促进和保护 2. 妇女的受教育水平进一步提高。据统计……男女受教育水平差距进一步缩小
《2003年中国人权事业的进展》	男女受教育水平差距缩小,女性在各级教育中的比例均呈上升趋势
《2004年中国人权事业的进展》	1. 妇女在……社会方面的平等权益正在随着社会的发展逐步得到实现 2. 妇女的……受教育水平与男性基本相当
《中国性别平等与妇女发展状况》(2005年)	1. 女性享有与男子平等的受教育权利和机会。中国的教育法、义务教育法和职业教育法等法律对女性受教育的权利和机会予以明确规定 2. 国家采取切实措施和行动,保障女童接受九年义务教育的权利,增加女性接受中高等教育的机会,重点扫除青壮年女性文盲,提高妇女的终身教育水平和平均受教育年限
《2009年中国人权事业的进展》	无
《2012年中国人权事业的进展》	推进公共文化服务均等化
《2013年中国人权事业的进展》	无
《2014年中国人权事业的进展》	
《中国性别平等与妇女发展》(2015年)	1. 中国积极促进教育公平,调整教育结构,坚持贯彻性别平等原则,努力保障男女平等接受教育的权利和机会 2. 男女受教育差距明显缩小。……妇女接受职业教育和技能培训的比例不断提高

从1991年中国人权白皮书发布开始,甚至追溯到苏维埃政府时期,我国政府一直重视女性的受教育权,并大力发展女性受教育事业。由表7可知,人权白皮书着重从三个方面描述中国女性受教育权利的实现状况:第一,“入学率”“在学率”“升学率”均是人权白皮书中衡量女性受教育情况的重要指标,并保持着上升趋势。根据人权白皮书内容,“文盲率”显著下降,1999年的中国青壮年女性文盲率已降为8.5%,而全国范围内女童的入学率达到98.86%。显然这是确认和保障女性享有受教育权利的体现。我们知道,旧社会有着“女子无才便是德”的陋习,而文盲率的降低、入学率的提高则是女性“平权”的重要内容。第二,追踪“女童与男童的入学差”这一关键词,我们还可以发现,女性教育事业的核心还在于平等男女的受教育权利。自1980年我国签署《消除对妇女一切形式歧视公约》,消除歧视也成为在文化教育领域内实现男女平等的重要目标。2004年人权白皮书明确表明,女性受教育水平与男性基本相当。第三,对于如何实现女性的平等受教育权,国家强调以政策倾斜和立法保护的手段来保证其实际获得。如将女性教育纳入国家的教育发展规划,基于充分的财政支持,完善基础教育设施和公共文化服务,实现城镇女性文化教育的普及,并持续提升受教育水平等,还有通过教育法、义务教育法等相关法律来保

证女性受教育权利，实现无条件的机会平等。结合上述三点，中国女性受教育权利的广泛普及和相关政策立法的实施，已基本实现女性在文化教育领域的“平权”内容。

2015年的妇女发展专题人权白皮书提出，将性别平等意识纳入教育工作，如教育内容、教育方式等，以调整教育结构，促进教育公平。所谓教育结构，是指包括基础教育、职业技术教育、高等教育、成人教育在内的各种不同类型和层次的教学组合和比例构成。而性别平等意识则是以性别平等的视角进行教育工作，并设性别平等教育课程，设计女性与经济、政治等领域的课堂视角，促进女性在教育领域的发展。人权白皮书发布后期，为适应社会经济结构的复杂性和社会专业的分工，职业教育问题逐步得到重视。我国将职业教育纳入基本教育体系，制定并完善相关的法律政策。如职业教育法、“国家高技能人才振兴计划”、“阳光工程”、职工技能培训班等。教育是促进女性参与社会经济发展的关键领域。合理的教育结构、高质量的教育水平是对女性受教育权内容的发展，有助于女性结合自身特殊条件，提升就业素质、优化就业领域，推动女性更全面地参与社会发展，分享发展成果。

4. 婚姻家庭领域

表8　人权白皮书关于男女权利平等的表达

<table>
<tr><th></th><th>婚姻家庭领域</th></tr>
<tr><td>《中国的人权状况》（1991年）</td><td>1. 宪法规定，妇女在……家庭的生活等各方面享有同男子平等的权利
2. 国家特别重视保护妇女的婚姻自主权，禁止买卖，包办婚姻</td></tr>
<tr><td>《西藏的主权归属与人权状况》（1992年）</td><td>无</td></tr>
<tr><td>《中国的妇女状况》（1994年）</td><td>1. 以爱情为基础的自主婚姻和男女平等的家庭生活已成为当代中国婚姻家庭的主流
2. 中国妇女获得了婚姻自主权……独立的姓名权……对家庭经济和家庭重大事务的管理决策权……家庭财产的所有权和继承权……平等、民主、和睦的现代家庭关系</td></tr>
<tr><td>《中国人权事业的进展》（1995年）</td><td>1. 国家特别重视保护妇女的婚姻、家庭权利，依法维护妇女的婚姻自主权、维护家庭中的夫妻平等和男女平等
2. 中国妇女享有与男子同等的财产所有权和继承权，平等参与家庭事务管理和决策的权利</td></tr>
<tr><td>《1996年中国人权事业的进展》</td><td rowspan="4">无</td></tr>
<tr><td>《西藏自治区人权事业的新进展》（1998年）</td></tr>
<tr><td>《1998年中国人权事业的进展》</td></tr>
<tr><td>《中国人权事业发展50年》（2000年）</td></tr>
</table>

续表

	婚姻家庭领域
《2000 年中国人权事业的进展》	1. 中国妇女……婚姻家庭等方面的权利继续得到有效促进和保护 2. 国家采取各种措施，切实保护妇女各项权利不受侵犯，为更有效地制止家庭暴力、遏制重婚纳妾、完善家庭财产制度，保护妇女的婚姻家庭权利不受侵犯，全国人大动员社会各界进行认真研究，积极开展《婚姻法》的修订工作，并于 2001 年 1 月将《婚姻法（修正草案）》向全社会公布，广泛征求意见，展开讨论
《2003 年中国人权事业的进展》	无
《2004 年中国人权事业的进展》	
《中国性别平等与妇女发展状况》（2005 年）	1. 2001 年中国颁布的婚姻法修正案重申男女平等基本原则，强调夫妻地位平等和婚姻家庭权利义务平等，有针对性地补充了禁止实施家庭暴力、禁止重婚等有利于维护妇女权利的条款 2. 妇女的婚姻自主程度明显提高，在家庭决策中的作用显著增强，人身、财产权利得到进一步保障 3. 大力发展社会福利事业，在社区优先发展对家庭生活有直接影响的公共服务，努力实现家务劳动社会化，增加妇女的自我支配时间。……女婴和女孩……老年妇女……家庭环境……
《2009 年中国人权事业的进展》	无
《2012 年中国人权事业的进展》	
《2013 年中国人权事业的进展》	
《2014 年中国人权事业的进展》	制定《关于依法办理家庭暴力犯罪案件的意见》，依法制裁家庭暴力行为……截至 2014 年年底，全国已有 29 个省（自治区、直辖市）制定了专门的预防和制止家庭暴力的地方性法规或政策，《中华人民共和国反家庭暴力法（征求意见稿）》正式向社会公众征求意见
《中国性别平等与妇女发展》（2015 年）	营造和谐，平等的家庭环境……将促进性别平等、家庭和谐、倡导婚姻自由平等作为主要任务，促进家庭成员的平等发展……妇女社会支持系统……“关爱女孩行动”……社会养老服务体系……家庭环境

从表 8 可以看出，年度性人权白皮书，如 1996 年、1998 年、2003 年、2004 年、2009 年、2012 年、2013 年对于婚姻家庭领域的女性权利并没有任何表述。如此特殊的空白，究其原因在于我国的基本国情。在 1931 年的苏维埃政府时期，《中华苏维埃共和国宪法大纲》第 11 条宣布：“中国苏维埃政权以保证彻底地实行女性解放为目的，承认婚姻自由，实行各种保护妇女的办法，是妇女能够从事实上逐渐得到脱离家务束缚的物质基础，而参加全社会经济的政治的文化的生活。”[5] 而后颁布的《关于暂行婚姻条例决议》具体制定了解放女性、实现婚姻自由的各种办法，通过对结婚、离婚以及其中财产的倾斜性规定，赋

[5] 韩延龙、常兆儒：《中国新民主主义革命时期根据地法制文献选编》（第 2 卷），中国社会科学出版社 1981 年版，第 11 页。

予妇女从未有过的独立的财产所有权、共同财产的平等分割权。中国女性经济上的独立冲破了旧时父权夫权专制体系存在的根本，从而保证"人之为人"应当享有的自由、平等的实现。当然，这些都为新中国成立后的第一部法律提供了充分的经验基础和群众基础，即婚姻法。所以说在家庭领域内的婚姻自由、男女平等权利原则不仅存在于宪法、法律，而是付诸实践、内化于人心的。那么，作为对外宣传和指导意义的年度性人权白皮书未对其进行具体的描述和数据的分析，只是在第一、二部白皮书中用宪法条文"妇女在……家庭的生活等各方面享有同男子平等的权利"和国家政策，"国家特别重视保护妇女的婚姻、家庭权利，依法维护妇女的婚姻自主权，维护家庭中的夫妻平等和男女平等""中国妇女享有与男子同等的财产所有权和继承权，平等参与家庭事务管理和决策的权利"予以概括，也是在婚姻家庭领域已基本实现女性平权的表现。

关于女性发展阶段的表述主要有以下两个方面：第一，观察仅有的两部谈及婚姻家庭领域内女性权利的年度性人权白皮书——2000年度人权白皮书、2014年度人权白皮书，可以发现：婚姻法于2001年进行了有针对性的修订工作，即禁止家庭暴力犯罪行为的补充；2014年则制定了专门办理该类案件的意见。新婚姻法和意见的颁布，是我国积极响应国际社会关于预防婚姻家庭暴力作出的重要努力。据统计，家庭暴力这一社会现象已成为全球问题。它不仅仅曝光在中国，还存在于全球各个国家、社会阶层、学历水平以及各个年龄段的人群。1993年联合国大会通过《消除对妇女的暴力行为宣言》，指出家庭暴力是人权问题，属于歧视妇女行为的一种形式。归根结底，这源于男女的不平等关系。1994年在北京召开的联合国第四次世界妇女大会通过《北京宣言》和《行动纲领》，并确立了关于如何预防和惩治犯罪的具体措施。1996年，联合国人权委员会第52届会议制定了《联合国家庭暴力示范立法框架》，进一步提出了各个国家反对家庭暴力立法的目标。[6] 显然，这是国际社会就女性问题的突出领域进行专项治理，以进一步保障女性人权。相应地，我国《关于依法办理家庭暴力犯罪案件的意见》的出台亦是为预防和惩治家庭暴力，提高女性人权意识，推动婚姻家庭领域中的性别平等所作出的积极努力。

第二，结合女性发展专题人权白皮书，我们知道，中国女性基本实现婚姻自由、夫妻地位平等，享有独立的姓名权、家庭财产的所有权和继承权、对家庭经济和家庭重大事务的管理决策权。这一切的实现，源于女性的解放。而女性解放的先决条件在于一切女性回到公共的劳动中去。在此进程中，如何将女性从家庭的禁锢中解放出来成为妇女回归劳动的关键所在。邹卫在《从妇女问题的产生和发展谈妇女解放》中曾明确界定"重新回到公共的劳动中去"概念，即女性的劳动摆脱"家庭劳动"的性质，获得社会劳动或经济劳动的性质，得到社会承认。当然，这并不意味着单纯地参与社会活动并以此获得一份独立的经济收入。相反地，女性解放的根本途径只能是使女性重新同社会生产资料相结合，重新以生产资料所有者的身份参与社会生活的各个领域的活动。否则，只能使走出家庭的女性进一步背上家务劳动和社会活动的双重包袱，处境变得更加恶劣。[7] 关于女性对生产

---

〔6〕 参见张晓玲等：《反家庭暴力与妇女权利保障》，载李君如主编：《人权蓝皮书：中国人权事业发展报告 No.4(2014)》，社会科学文献出版社2014年版，第193页。

〔7〕 参见邹卫：《从妇女问题的产生与发展谈妇女解放》，载《河北大学学报》(哲学社会科学版)1990年第4期。

资料的平等享有问题本文在经济领域已做过分析,此处不再赘述。另一角度可以发现,上述概念还指,女性摆脱“家庭劳动”是“回归公共劳动”的必要条件。这也是本文想要强调的一点,即女性在家庭领域的解放,应当注意“家庭劳务”作为特殊社会劳动的存在。如我们所知,家庭劳务具计时长、无报酬的特点,追根溯源,是传统社会文化使其捆绑于女性这一社会主体,又或者家庭中男女地位的不平等。中国女性发展专题的人权白皮书明确提出,“发展社会福利事业努力……实现家务劳动社会化,以增加妇女的自我支配时间”,“支持男女平衡工作与家庭、夫妻共担家庭责任。……完善妇女社会支持系统”。显然,这是国家对女性能够在一定程度上实现对“家庭劳务”的摆脱所作出的努力,即家务劳动社会化的运动、妇女社会支持系统的建立。或者说,关于家务劳动解放与社会支持系统的正确认知,恰恰是我国女性人权在婚姻家庭领域的发展。

5. 健康领域

表 9　人权白皮书关于男女权利平等的表达

	健康领域
《中国的人权状况》(1991 年)	无
《西藏的主权归属与人权状况》(1992 年)	无
《中国的妇女状况》(1994 年)	无
《中国人权事业的进展》(1995 年)	国家尊重妇女的生育权,保护妇女的生育健康
《1996 年中国人权事业的进展》	1. 妇女的健康状况有较大改善 2. 城乡普遍建立了妇幼卫生保健服务网络
《西藏自治区人权事业的新进展》(1998 年)	无
《1998 年中国人权事业的进展》	1. 妇女的健康状况不断改善 2. 各级卫生机构逐步建立健全了妇幼保健网,开展了早孕建卡、产前检查、高危管理、住院分娩、产后访视等一整套孕产妇系统保健工作,保护了妇女的生育安全
《中国人权事业发展 50 年》(2000 年)	1. 妇女的健康状况大大改善 2. 基本上开成了遍布全国的妇幼保健网
《2000 年中国人权事业的进展》	1. 妇女的健康状况不断改善 2. 2000 年起,中国政府在西部和农村贫困地区实施为期二年的专项计划,预计拨款 2 亿元,用于降低孕产妇死亡率和消除新生儿破伤风。中国扶贫基金会于 2000 年 10 月正式启动了“母要平安 120 行动”。致力于在中西部七省、市贫困地区建立县、乡、村三级妇幼保健和救护机构,以促进贫困人口母婴生命保健,消除孕产妇生育过程中母婴平安脆弱性和低保障性
《2003 年中国人权事业的进展》	1. 妇女、儿童的卫生保健工作得至加强。近年来,中国政府推动在全国广泛开展妇女疾病的普查普治和孕产期系统保健,定期进行妇女常见疾病的防治工作 2. 2002 年,全国妇幼保健机构发展到 3067 个,农村新法接生率已达 97.2%

续表

	健康领域
《2004 年中国人权事业的进展》	1. 国家积极向妇女提供生殖健康服务,推行避孕节育知情选择,维护妇女的生殖健康权、知情权、选择权 2. 国家举办了以“关注妇女,抗击艾滋”为主题的世界艾滋病日结动—国家严厉打击非医学需要的胎儿性别鉴定和选择性别的人工终止妊娠、溺弃女婴等违法行为……“关爱女孩行动”试点活动
《中国性别平等与妇女发展状况》(2005年)	1. 中国政府把妇女健康作为促进性别平等与妇女发展的优先领域。国家颁布并实施了《中华人民共和国母婴保健法》《中华人民共和国人口与计划生育法》等法律,并在妇女发展纲要中提出妇女健康目标 2. 国家不断增加妇幼保健资金投入,逐步完善妇女保健服务网络
《2009 年中国人权事业的进展》	1. 国家完善公共卫生体系,提高人民的健康水平 2. 国家安排基层医疗服务体系……农村……孕产妇住院分娩实施补助……宫颈癌检查……全国艾滋病抗病毒治疗工作已覆盖 31 个省(自治区、直辖市)
《2012 年中国人权事业的进展》	妇女健康水平进一步提高,妇女人均预期寿命进一步延长
《2013 年中国人权事业的进展》	无
《2014 年中国人权事业的进展》	1. 妇女儿童健康服务水平进一步提升。国家卫生和计划生育委员会将 2014 年确定为“妇幼健康服务年”,启动妇幼健康优质服务包建活动 2. 继续做好农村孕产妇住院分娩补助、农村妇女“两癌”检查等项目
《中国性别平等与妇女发展》(2015 年)	中国建立覆盖城乡的医疗卫生服务体系,增强疾病防治能力,扩大医疗保障覆盖人口。不断完善和健全妇幼健康法律政策和服务体系,大力实施妇幼卫生保健项目,提高妇幼卫生服务的公平性和可及性,妇女健康状况得到显著改善

通览表 9,可以发现,人权白皮书中女性权利的发展轨迹如下:

1991 年至 1994 年,对女性的健康权只字未提。

1995 年至 2005 年,女性健康成为促进性别平等与女性发展的优先领域。其间,卫生保健工作持续加强,女性的健康状况不断改善。究其原因,可以从以下两个层面考虑:在政策层面,第一,国家尊重并保护女性的生育权和健康权,并逐步实现女性健康状况的改善;第二,从各级的卫生机构扩大到遍及全国的女性卫生保健网络,其工作内容着重于女性孕产期系统保健(保护生育安全)、疾病的普查普治(普及常见疾病的预防)和提供生殖健康服务(推行避孕节育知情选择);第三,开展扶持中西部和农村地区卫生保健的专项计划和“母婴行动”,降低孕产妇死亡率和消除新生儿破伤风,保障贫困人口母婴的生命保健;第四,将包括女性健康在内的妇女发展纲要纳入国家社会发展规划之中,制定明确的目标、行动策略和具体措施。在立法层面,关于女性健康权利的相关法律法规逐步建立,即 2001 年的《中华人民共和国母婴保健法》、2001 年的《中华人民共和国人口与计划生育法》、1998 年的《中国预防和控制艾滋病中长期规划》,以及 2005 年的《中华人民共和国妇女权益保障法(修正案)》有关女性生殖健康的部分规定。这一时期也是关于女性健康的政策立法发展得最为繁盛的阶段。两者共同保证了女性的生育健康,或者说是生命健康的权利实现。

2006年至2015年，国家在前10年的基础上提出两点：一是积极完善基层医疗服体系建设，推动妇幼卫生保健网络发展到覆盖城乡的医疗卫生服务体系；二是建立城镇职工的基本医疗保险和生育保险制度，以及合作医疗等多形式的健康保障制度。全国范围内的女性医疗卫生服务体系的建立，辅以多元的医疗渠道，有助于保障全国女性，特别是贫困地区的女性，享有全方位的医疗机会和高质量的服务水平。而女性健康医疗服务的公平性和可及性，正是女性平等健康权的实现和发展。

（二）从政策主导到法治保障

表10 1991～1996年人权白皮书话语变迁

	政策	法律
《中国的人权状况》（1991年）	中国十分重视妇女、儿童和青少年的权利保障	—
《西藏的主权归属与人权状况》（1992年）	为了使西藏人民更好地行使管理国家和地方事务的权利，政府十分重视培养西藏民族干部。……在旧西藏处于社会最底层的藏族妇女，也已走上领导岗位	—
《中国的妇女状况》（1994年）	中国政府运用法律的、行政的和教育的手段消除对妇女的各种歧视，保护妇女的特殊权益。中国的各种法律保障妇女与男子具有同等的权利和地位，具有同等的人格和尊严	
《中国人权事业的进展》（1995年）	促进男女平等，是中国社会发展的一项基本目标。 1995年8月，中国政府还颁布了《中国妇女发展纲要》（1995～2000年），确定中国妇女发展的总目标为：提高妇女的整体素质，使法律赋予妇女的各项权益进一步得到落实。《纲要》还制定了各项具体目标和相应的政策措施	“保护妇女、儿童合法益”： 1.1991年以来，中国依据男女权利平等和保护妇女特殊权益的立法原则，加强了妇女人权的法律保障。1992年，中国颁布实施了《中华人民共和国妇女权益保障法》，对保障妇女政治、文化教育、劳动、财产、人身和婚姻家庭等各方面的权益作出了具体的规定。目前，中国已形成了以宪法为基础，以《妇女权益保障法》为主体的一整套保障妇女权益的法律体系，其中包括10余部基本法律、40余项国家行政法规，以及80余项地方性法规 2.针对近年来有的地区重新出现的拐卖妇女儿童的违法犯罪活动，各级司法机关依据全国人大常委会1991年通过的《关于严惩拐卖、绑架妇女、儿童的犯罪分子的决定》，惩处了一批拐卖妇女儿童的罪犯，使拐卖人口案件连年下降
《1996年中国人权事业的进展》	中国为促进男女平等、保障妇女合法权益，做出了积极的努力	

续表

	政策	法律
《西藏自治区人权事业的新进展》(1998年)	民族区域自治制度的贯彻实施,进一步保障了西藏人民的政治权利……旧西藏法典规定,"剥夺妇女议论国事之权",这种状况在新西藏已不再存在	—

从表10可以看出,1991年的《中国的人权状况》对女性问题给予了积极的态度,即"十分重视"。在西藏地区,关于女性的权利停留在"妇女开始享有政治权利"层面。而1994年的《中国的妇女状况》中,强调政府的能动作用,即运用积极手段维护女性权益。在1995年的《中国人权事业的进展》中,明确提出将男女平等纳入社会发展之中。同样地,1996年的中国人权白皮书则表明政府为保障女性合法权益作出不懈努力。"重视""培养""手段""努力"等话语的运用,在一定程度上体现了国家对于女性发展问题侧重于行政力量的支持。

结合中国人权白皮书的具体内容从以下两方面来看。

宏观上,一方面,社会发展的规划和国家政策的制定对于如何实现女性人权具有重要意义。女性发展专题人权白皮书提出,促进男女平等是中国的一项基本国策,社会主义现代化建设的各项事业需要全国各族女性的融入和参与。同样地,正确认识女性人权,了解女性在政治、经济、文化、社会等领域的价值,是我们保障女性权利在各个领域实现的前提。另一方面,继1980年签署《消除对妇女一切形式歧视公约》以后,我国于1995年成功举办第四次世界妇女大会,并通过了《北京宣言》和《行动纲领》,该文件首次在国内宣示"妇女权利就是人权",并将女性人权在各个领域具体化,提倡在社会多方力量的参与下实现女性权利、机会和责任的平等。同年,我国颁布了《中国妇女发展纲要(1995～2000年)》。这是一份贯彻男女平等基本国策、实施《行动纲领》、协调推进女性权利与社会经济共同发展的国家行动计划,它确定了现阶段女性发展的主要目标和国家机关、非政府组织、社会力量全方位配合女性参与经济建设和社会发展的战略规划。

微观上,各年度人权白皮书均会重申"中国妇女享有与男子平等的权利""妇女的经济、社会、文化权利得到保障""妇女的受教育权利得到保障"等实践男女平等的政策性话语,并用大量数据和事实材料描述了女性在各个领域的具体发展状况。具体而言,政治领域内,强调保障女性选举权与被选举权,并提高女性参政比例,或者通过参与非政府组织提升女性参与决策管理水平;经济领域内,提出解决女性贫穷问题是第一要义,中央和地方各部门要切实保障女性获得平等的经济资源,并实行男女同工同酬(1990年我国批准了国际劳工组织的《男女工人同工同酬公约》);教育领域内,侧重以加大财政投入的方式,完善教育基础设施、提高女童升学率,保障女性平等的受教育机会。

无论是宏观上诸多文件的制定与实施,还是微观上大量数字的提高,这些材料均反映了以下几个方面:第一,中国人权白皮书发布早期,甚至是新中国成立初期,我国发展女性人权往往采用政策倾斜保护的方式。第二,我国为实现女性人权制定的相关政策保护与国际女性人权精神存在一致性。《行动纲领》等女性发展文件均强调女性权利就是人权,这是消除女性歧视、实现女性参与发展的重要思想基础。第三,相关政策均强调女性参与发展的先决条件在于实现各个领域的机会平等,这要求将女性发展纳入经济社会发展总体规划之中。

当然,我国对于女性人权的保护本身就有法律基础。早在 1949 年,具临时宪法性质的《共同纲领》通过并宣布,"妇女在政治的、经济的、文化的、社会的和家庭生活等各方面享有同男子平等的权利"。这为中国女性能够成为平等的法律主体,参与社会发展提供了最根本的宪法依据。此后,中国强调立法工作的建设,并注重运用法律的手段开展女性解放工作,关于女性权利的立法工作也呈现出前所未有的发展趋势。如我们所知,婚姻法是新中国成立后颁布的第一部法律。这是中国解放女性、赋权女性第一步,对婚姻自主权的确认是冲破男权社会、实现两性平等的基本前提。而继承法的颁布推动中国女性平等享有经济资源得以实现,使女性参与政治、经济发展成为可能。随后,我国陆续颁布选举法、教育法、妇女权益保障法、民法、刑法等基本法律和特别法律,均对女性权利的保护作出明确规定。在 1995 年,人权白皮书《中国人权事业的进展》也首次承认,中国已形成以宪法为基础,以妇女权益保障法为主体的一整套保障女性权益的法律体系。

如此,正是因为我国男女平等基本政策的引导和相关女性发展文件的规划,发展女性人权、改善女性状况成为社会发展的重要内容。而关于女性权益保障的立法体系不断建立并趋于完善,如表 11 所示:

表 11 1998~2014 年人权白皮书话语变迁

	政策	法律
《1998 年中国人权事业的进展》	—	"妇女、儿童的合法权益"
《中国人权事业发展 50 年》(2000 年)	—	"妇女、儿童权利的保护" 1. 新中国成立后,妇女参与管理国家和社会事务的权利依法受到保障,参政水平不断提高 2. 如今,妇女依法享有与男子平等的劳动就业权利,并享有同工同酬和受特殊劳动保护的权利 3. 1998 年,全国小学女童入学率已由 1949 年的 15% 提高到 98. 86%,基本上保障了女童接受义务教育的权利
《2000 年中国人权事业的进展》	—	"妇女、儿童权利的保护" 1. 为更有效地制止家庭暴力、遏制重新纳妾、完善家庭财产制度,保护妇女的婚姻家庭权利不受侵犯……积极开展《婚姻法》的修订工作,并于 2001 年 1 月将《婚姻法(修正草案)》向全社会公布……全国各地方人大和政府已制定了 20 多个预防和制止家庭暴力的地方性法规和政策 2. 全国已有 13 个省、47 个地市县建立了由多个部门参与的妇女维权联席会议制度,定期协调督查妇女权益保障工作。法院系统设置了 544 个维护妇女、儿童权益的合议庭,聘请 4266 名妇联组织的专职维权干部担任人民陪审员,直接参与妇女权益案件的审理工作

续表

	政策	法律
《2003年中国人权事业的进展》	2001年,中国政府颁布实施了《2001～2010年中国妇女发展纲要》	1. 国家依法保护妇女儿童的合法权益 2. 2000年以来,国家相继制定和修订了《婚姻法》《人口与计划生育法》《农村土地承包法》《计划生育技术服务管理条例》《母婴保健法实施办法》《婚前保健工作规范》等法律法规。现正在着手修订《妇女权益保障法》 3. 国家采取专项行动,依法严厉打击拐卖妇女儿童等违法犯罪行为,保障妇女儿童权利不受侵犯
《2004年中国人权事业的进展》	—	1. 国家依法保障妇女的合法权益 2. 到2004年年底,全国共建立2603个县级以上维护妇女儿童权益协调组或联席会议。22个省出台了反家庭暴力条例、意见或办法,有妇女维权法庭或维权合议庭3183个
《中国性别平等与妇女发展状况》(2005年)	—	"妇女权益的法律保障":国家保障妇女合法权益的法律体系不断健全。10年来,中国相继制定和修订了婚姻法、人口与计划生育法、农村土地承包法、妇女权益保障法等法律,颁布实施了母婴保健法实施办法等100余件涉及妇女权益保障的法规和规章。……逐步建立起保障妇女权益的社会化维权工作机制。……开展保障妇女合法权益的法律援助和法制宣传活动
《2009年中国人权事业的进展》	无	
《2012年中国人权事业的进展》	1. 国家"十二五"规划纲要专门增加了"促进妇女全面发展"专节 2. 2011年,中国政府颁布了《中国妇女发展纲要(2011～2020年)》,进一步落实男女平等基本国策	1. 2010年以来,国家不断完善保障妇女儿童权利的法律、政策。新修改的全国人民代表大会和地方各级人民代表大会选举法、村民委员会组织法、女职工劳动保护特别规定以及新制定的社会保险法,重视提高妇女参政比例、推进生育保险以及为女职工创造健康安全的工作环境 2.《中国反对拐卖妇女儿童行动计划(2008～2012年)》的实施,进一步加大了对妇女儿童人身权利的司法保护力度
《2013年中国人权事业的进展》	—	妇女儿童的人身权利得到有效保障。国家制定实施《中国反对拐卖人口行动计划(2013～2020年)》

续表

	政策	法律
《2014 年中国人权事业的进展》	2014 年,中国政府进一步贯彻男女平等基本国策,切实保障妇女合法权益	1. 健全法律政策性别平等评估工作机制,加强对法律政策的性别平等评估 2. 制定《关于依法办理家庭暴力犯罪案件的意见》,依法制裁家庭暴力行为。2014 年 2 月,最高人民法院向社会通报人民法院近年来打击家庭暴力行为的有关情况,同时公布 10 起涉家庭暴力典型案例,进一步统一了涉家庭暴力案件的法律适用。截至 2014 年年底,全国已有 29 个省(自治区、直辖市)制定了专门的预防和制止家庭暴力的地方性法规或政策。《中华人民共和国反家庭暴力法(征求意见稿)》正式向社会公众征求意见
《中国性别平等与妇女发展》(2015 年)	—	"性别平等与妇女发展的法治保障":中国加快建设社会主义法治国家,全面推进依法治国,探索创新中国特色社会主义妇女权益保障机制,形成了以《中华人民共和国宪法》为基础,《中华人民共和国妇女权益保障法》为主体,包括国家各种单行法律法规、地方性法规和政府规章在内的保障妇女权益和促进性别平等的法律体系。……保障妇女权益的法律法规不断完善。……保障妇女权益的执法力度不断加大。……妇女权益的司法保护不断加强。……加强普法宣传教育,提高性别平等的法律意识。……完善多机构合作的妇女维权机制,为妇女提供法律服务

通览表 11 可以发现,后期的人权白皮书对于如何实现我国女性权益的保护,均着重阐述了我国在法律领域所作出的建设和努力。自 1995 年《中国人权事业的进展》首次正面使用"妇女合法权利"这一概念,"保护妇女合法权利"便成为后期中国人权白皮书对于女性人权事业建设的主要基调。如 1998 年的"妇女、儿童的合法权益"、《中国人权事业发展 50 年》和 2000 年人权白皮书的"妇女、儿童权利的保护"、2003 年的"国家依法保护妇女儿童的合法权益"、2004 年的"国家依法保障妇女的合法权益"、2012 年的"妇女、儿童权利得到更好保障"、2013 年的"妇女儿童的人身权利得到有效保障"、2014 年的"切实保障妇女合法权益",还有 2005 年女性发展专题人权白皮书的第九章"妇女权益的法律保障"、2015 年的第七章"性别平等与妇女发展的法治保障"。上述话语的变迁体现了女性人权的实现机制逐步趋向于法治化。

女性发展作为社会主义法治社会的重要组成部分,维护女性权益、推进性别平等,实现女性发展法治化则是应有的题中之意。而如何将实现女性人权走上法治的轨道,在于不断建立健全女性权利保障体系。具体而言,在于立法、执法、司法、守法的全方位法治建设。在立法层面,完善保障女性权益的立法体系,侧重多领域、多层次地赋权女性。1953 年的选举法、1979 年的《地方各级人民代表大会和地方各级人民政府组织法》等相关法律的颁布,使女性能够参与管理国家和社会事务成为可能,直接推动女性向"合法权利"领域跨出了重大一步。还有妇女的特殊劳动保护权利，基于女性自身条件的特殊性，在赋予女性基本经济权利的同时，深层次地就女性具体的劳动保障权利进行再次分配，实现女性平等参与社会经济发展。值得重视的是，人权白皮书《2014 年中国人权事业的进展》首次提出，健全法律政策性别平等评估工作机制。在法律政策的制定过程中融入性别平等视角，并形成评估机制。显然，这在立法工作中是具有开创意义的，也是女性人权发展在立法保护中的重大跨越。在司法层面，国家强调严厉打击侵害女性权利的违法犯罪行为。2008 年《中国反对拐卖妇女儿童行动计划》实施，2014 年《关于依法办理家庭暴力犯罪案件的意见》公布，对女性人身权利的保护，逐渐从频繁的社会曝光走向充分的事后救济。司法机关重视程序的合法性和正当性，努力改善司法保护的实际效果，以进一步实现违法必究、依法追究的法治样态。在守法层面，社会主义的各项事业全面依法建设，创造环境友好、公平正义的法治社会。普法宣传教育是创造法治环境的基本前提，如此才能引导各个领域的社会主义识法、尊法、信法，实现法治内化于心，进而自觉守法。

三、女性权利表达存在的问题

综合表 5 至表 11，我们可以发现，在过去的 20 多年，中国在促进男女平等、实现女性人权上取得了重大成就。目前，我国女性的社会地位在各个领域得到普遍提高。例如，广泛参与民主政治建设，提升其参政水平成为女性发展的重要议题；女性就业层次得到提升，就业结构不断优化，与之相对应的社会保障逐步改善，特别是妇女的特殊保护机制；受教育权利普遍实现，且男女受教育水平的差距显著缩小，公共文化服务亦实现均等化；婚姻关系实现平等自由，关于人身、财产的法律保障进一步完善，推动两性关系和谐的发展；我国的健康服务水平不断提升，女性的健康状况显著改善，覆盖城乡的医疗卫生服务体系已经建立。

然而，仅仅根据人权实践领域的线索对中国女性权利进行梳理、分析是不够的。单一的研究视角往往存在一定的局限性。对于任何一个领域的研究，我们都需要进行横向与纵向的立体式分析，以实现研究对象的完整性和研究方法的全面性。中国语境下的女性权利发展贯穿了社会经济发展的各项领域，也存在地域、文化、民族，甚至是年龄层次上的差别。关于中国人权白皮书之于女性权利的研究，笔者试图将政治、经济、文化教育、婚姻家庭、健康五大领域和不同的女性权利主体进行交叉分析，有如下发现：

表 12　中国人权白皮书关于各类女性主体权利的表达

领域	女性	农村妇女	女童	老年妇女	少数民族女性
政治领域	√	O	O	O	√
经济领域	√	O	O	O	O
文化教育领域	√	O	√	O	√
婚姻家庭领域	√	O	√	√	O
健康领域	√	√	O	√	O

注：表格中，“√”表示中国人权白皮书存在关于女性权利的阐述；“O”则表示无任何描述。

第一,表中关于“女性”这一变量的统计,证明中国人权白皮书是中国女性的权利宣言,关于女性权利的表达是我国社会主义事业各项领域的重要内容。

第二,相较于“女性”权利的表达,中国人权白皮书在农村妇女、女童、老年妇女和少数民族女性群体的权利阐述多存在空白。但是,这一类群体恰恰是最需要受到关注的。农村妇女、女童等群体由于在年龄、知识、物质财富、社会地位、地域等方面处于不利地位,显现出“弱势”特征,可以说是“弱势女性群体”。从社会学视角出发,“弱势”是指在社会性资源分配中,某一社会群体所具有经济利益的贫困性、生活质量的低层次和承受力的脆弱性特征。那么,弱势女性群体也必然地具有贫困性、低层次和脆弱性这一本质特点。[8]

(一)农村妇女“三低现象”

就“农村妇女”而言,中国人权白皮书中仅有关于女性权利在健康领域的实践内容。联系表5,中国人权白皮书有这样3处关键词,2000年的“政府在西部和农村地区……专项计划……用于降低孕产妇死亡率……建立县、乡、村三级妇幼保健和救护机构”、2009年的“国家安排基层医疗服务体系……农村……孕产妇住院分娩实施补助……宫颈癌检查”和2014年的“继续做好农村孕产妇住院分娩补助、农村妇女‘两癌’检查等项目”。显然,上述关键词主要是强调农村妇女的生育健康。我们必须承认:一方面,在健康领域,对于农村妇女的权利保护是不完整的;另一方面,农村妇女在政治、经济、文化教育和婚姻家庭领域的权利表达并没有在人权白皮书中被关注。

根据《中国2010年第六次人口普查资料》显示,我国女性数量为6258.5万人,其中农村地区的女性达3173.3万人,是全国女性数量的1/2,也是全国人口数量(12,734万人)的1/4。作为中国人口中的一支庞大的队伍,农村女性的发展显得尤为重要,无论是在政治、经济、文化方面,还是健康、教育领域。她们的个人发展、能力建设,尤其是权利的表达、生活的幸福指数,不仅关系着千家万户的生活品质,更影响社会主义各项事业的基础建设。

农村妇女,[9]是城市妇女的相对概念。当然,生活环境与女性的发展必然存在一定的联系。第一,农村往往是欠发达地区的代名词,具有交通不便利、生活条件落后、观念守旧、公共设施不完善等特征;第二,长年居住在农村的妇女,其经济收入较低,收入多来源于农业生产,或者是沿海地区的简单手工作业;第三,农村公共设施的不完善多数体现为农村教育条件和教育设施的不健全,以及公共卫生体系的相对落后,这导致出现农村妇女文化程度低、健康状况不高的局面;第四,观念的守旧、经济收入低以及受教育水平的落后,不可避免地导致了农村妇女在家庭生活中的不平等地位。在巨大的城乡差距下,农村女性的“弱势”主要体现在以下几个方面。[10]

首先,政治参与度低。《第二期中国妇女社会地位抽样调查主要数据报告(2000

---

[8] 参见陈成文:《论社会弱者的社会学意义》,载《电子科技大学学报》(社会科学版)2000年第2期。

[9] 关于“妇女”的概念,我国的妇女发展纲要和妇女权益保障法并没有对此明确的界定。依据《新华字典》的解释,妇女意为“成年女子”。结合日常生活的考虑,笔者此处论及的妇女主要是指18周岁以上的女性,而农村妇女则是经常居住地在农村的18周岁以上女性。

[10] 正文中后续提及的数据均引自全国妇联和国家统计局联合组织实施发布的《第二期中国妇女社会地位抽样调查》《第三期中国妇女社会地位抽样调查》。

年)》采用全国范围内的1178个村委会为基础样本,调查发现:约24%的村委会干部中没有女性成员,同时,没有女性干部的村党支部数量高达57.6%。换言之,近1/4地区的农村妇女几乎不参与基层民主,更别提女性干部的培育与发展。显而易见的是,在2000年,农村妇女参与国家与社会事务管理的程度偏低。遗憾的是,直到2010年的报告中仍未专门就农村妇女的政治权利进行调查。

其次,经济利益低。综合分析第二期和第三期的调查报告,农村妇女权利在经济领域主要表现为两个方面:一是经济收入低。根据报告中的图表显示,农村妇女的低收入、中低收入群体均达到50%以上,而高收入群体却不到25%。二是土地权益保护存在障碍。一方面,我国的土地权属分配一直与集体组织中的身份存在密切关系。"从夫居"的传统导致了农村妇女群体因为婚姻关系的变动(含结婚、再婚、离婚、丧偶)出现家庭与集体组织中身份的变化,这使农村妇女在土地权益保护中处于被动状态。另一方面,城镇化和农业现代化的推进,加快了农村承包土地分配、流转的进程。基于上述的被动状态,加之土地征收补偿主体资格认定标准的不明确,农村妇女常常陷于失地的局面,或者说是无法获得相应的土地权益保护。

最后,受教育水平低。2010年的《第三期中国妇女社会地位抽样调查主要数据报告》曾提出,中西部农村妇女的教育状况有待改善。其中值得我们注意的是,该项目收集到的是关于受教育水平最直接的数据。首先,该调查从两个方面对受教育水平进行考量,一是受教育年限,二是受教育程度。其次,根据简单的计算,我们可以得出:就受教育年限而言,中西部农村妇女平均为6.8年,东部地区农村妇女平均为7.6年,即便是京津沪地区,其农村妇女的平均受教育年限也仅9年。或者说,农村妇女受教育的平均最高年限也止于我们的义务教育水平。就受教育程度而言,中西部农村仅有10%接受过高中阶段及以上的教育。由于缺少京津沪、东部地区的具体数字,无法统计出全国范围内的整体受教育程度。但这并不妨碍我们对农村妇女群体关于受教育权利是否实践的判断。相反地,再高的数字都无法平衡≤10的受教育年限和程度,更无法掩盖≤10数字的真实存在和农村群体受教育权利的缺位。

(二)被遗忘的女童权利

就"女童"而言,其权利的表达主要体现在文化教育领域、婚姻家庭领域。在表7中,即女性权利的文化教育领域,多次提及"女童入学率""女童接受义务教育的权利"等关键词。无疑,就学比例的大幅度增加是我国实现受教育权利从无到有的最好证明。全国范围内的九年义务教育也进一步保障了每一个儿童基本的受教育程度。但是,我们似乎忽略了对教育质量的考量。这也是中国人权白皮书未曾提及的内容。通览表8,中国人权白皮书仅有2处关于"女孩"的表达:2005年首次提出通过"关爱女孩行动",推动有利于女孩的利益导向机制建立,以提高女孩的家庭地位,保障女婴和女孩的生存发展权利;2015年重申了"关爱女孩行动",强调建立平等的家庭关系。关爱女孩行动是对于实现男女平等的创造性举措。显然,这有助于女童在其他领域的权利实现和发展。尽管如此,这仍无法女童在家庭生活中依法享有的其他权益,如父母在履行抚养义务中必给予的尊重、关怀与照顾。

儿童作为每个家庭的宠儿,作为未来社会的建设者,作为整个中华民族精神的传承者,对儿童保护和发展的重要性不言而喻。国家十分重视儿童的发展问题。在《中国儿童发展纲要(2001～2010年)》的基础上,国务院又于2011年颁布了《中国儿童发展纲要(2011～2020年)》,强调从儿童的健康、教育、法律保护、环境以及福利五个领域建设进一步改善儿童的成长环境。作为我国儿童发展的纲领性文件,纲要明确提出完善儿童权利的立法体系和保障机制,从健全城乡公共医疗服务体系、促进教育资源分配均等化等多个维度推动儿童的发展。

遗憾的是,近来关于儿童权利遭受侵害的事件频繁曝光。而与之相关的立法保护止于2013年未成年人保护法、2006年新的义务教育法。就法律适用而言,能否准确对接现阶段的儿童侵权事件可能存在一定的滞后性。2013年,我国也及时发布了相关的司法文件:最高人民法院、最高人民检察院、公安部、司法部《关于依法惩治性侵害未成年人犯罪的意见》和教育部、公安部、共青团中央、全国妇联《关于做好预防少年儿童遭受性侵工作的意见》。然而,上述工作意见并未纳入法律效力位阶的范畴。

1. 儿童受到的关心呈下降趋势

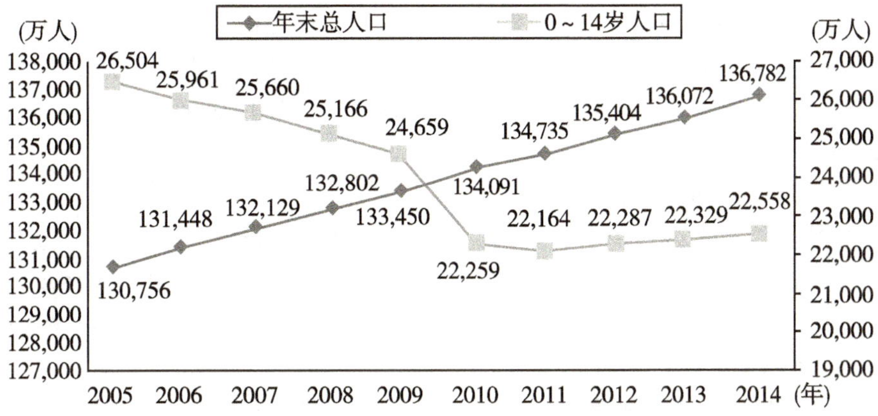

图2　2005～2014年14岁以下人口发展趋势

注:1. 2005年为1%人口抽样调查样本数据,其他年份为1‰人口变动调查样本数据。2. 1981年及以前人口数据为户籍统计数;1982年、1990年、2000年、2010年数据为当年人口普查数据推算数;其余年份数据为年度人口抽样调查推算数据。总人口和按性别分人口中包括现役军人,按城乡分人口中现役军人计入城镇人口。

资料来源:国家统计局。

如图2所示,2005年的全国总人口为13.1亿人左右,而后一直保持着约1000万/年度的增长速度,并在2014年接近于13.7亿人。与此同时,我国0～14岁人口数量总体呈现下降的趋势。从2005年至2009年,儿童人口数量呈梯度式下降,减少3000万人,于2010年又骤减了3000万人,并在后来的4年中保持稳定。总而言之,"从21世纪初开始的近10年来,在总人口不断增加的情况下,我国儿童人口数量却持续下降"。[11]

〔11〕 赵树坤:《2013年中国女童免遭性侵的法律保护报告》,载李君如主编:《人权蓝皮书:中国人权事业发展报告No. 4(2014)》,社会科学文献出版社2014年版,第231页。

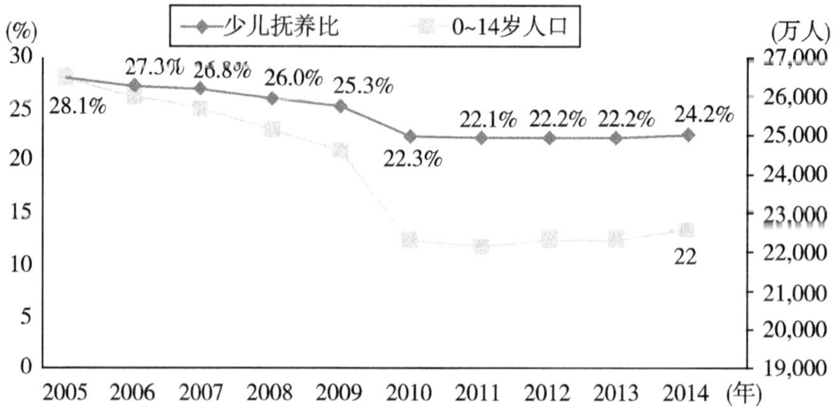

图3　14岁以下人口抚养比

资料来源:国家统计局。

观察图3,我们还可以发现,0~14岁人口的数量和少儿抚养对比近10年均呈下降趋势。但值得注意的是,"少儿抚养比"[12]和"0~14岁人口"的折线交于2005年,并伴随年度的变化而趋于分离。具体而言,0~14岁人口数量的下降幅度在2005~2010年均大于少儿抚养比,并且差距逐渐拉大"。在儿童人口数量逐年减少的情况下,儿童的抚养比并没有上升,反而是下降了。儿童的抚养比下降,说明儿童受到的关心和教育呈现一个下降的趋势。"[13]

2.女童防性侵保护迫在眉睫

截至2016年3月2日,中华社会救助基金会儿童安全基金"女童保护项目"连续发布《2014年儿童防性侵教育及性侵儿童案件统计报告》和《2015年性侵儿童案件及儿童防性侵教育统计报告》。报告显示:自2013年,全国各地的性侵儿童案件呈持续高发状态,且媒体的曝光数量居高不下(见图4)。

2015年,媒体公开曝光的案件为340起,较2014年减少33%。但是《2015年性侵儿童案件及儿童防性侵教育统计报告》明确表示,公开曝光案例的减少并不代表实际发生案例的减少。"儿童保护项目"的数据统计均建立在媒体公开报道案件的基础之上。一方面,性侵案件的隐蔽性导致该类事件难以发现,更别说予以公开报道;另一方面,媒体的传播行为本身存在取向性,报道内容往往被要求具有典型意义或突出特征。[14]

数据可以让我们作出的合理推断:我国的人权建设在儿童的健康权和性教育权方面存在缺口,在儿童权利的预防机制和救济机制上更存在巨大的漏洞。

---

[12]　人口抚养比亦称人口负担系数,是指人口总体中非劳动年龄人口数与劳动年龄人口数之比。抚养比可分为总抚养比、少儿抚养比和老年抚养比。少儿抚养比是指0~14岁人口占15~64岁劳动年龄人口的比重,老年抚养比是指65岁以上人口占15~64岁劳动年龄人口的比重。总抚养比为少儿抚养比与老年抚养比二者之和。

[13]　赵树坤:《2013年中国女童免遭性侵的法律保护报告》,载李君如主编:《人权蓝皮书:中国人权事业发展报告No.4(2014)》,社会科学文献出版社2014年版,第232页。

[14]　女童保护基金:《2015年儿童防性侵教育及性侵儿童案件统计报告》,载中发简国展报网:http://www.chinadevelopmentbrief.org.cn/news-18626.html,最后访问日期:2018年6月20日。

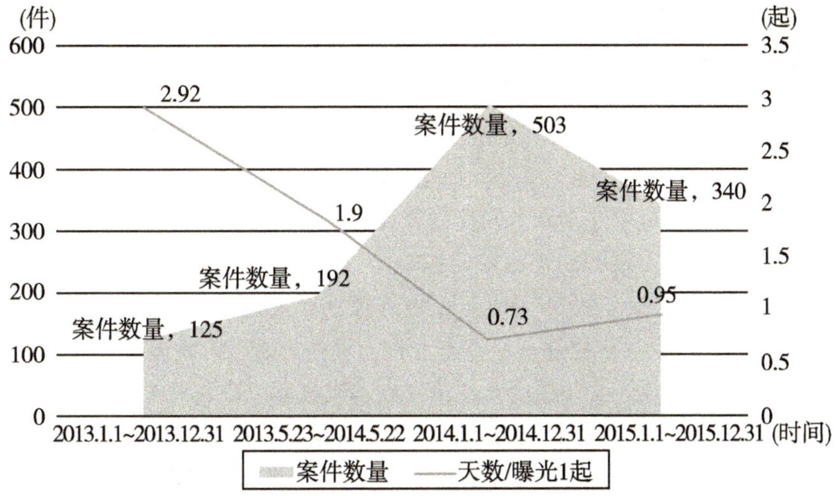

图 4　2013～2014 年公开报道性侵儿童案件统计数据

资料来源：女童保护基金“女童保护项目”。

值得注意的是，性侵案件中绝大多数的受害对象是女童（如图 5 所示）。

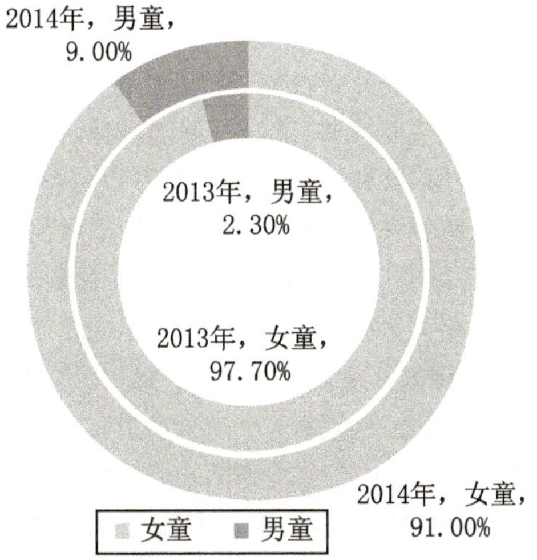

图 5　2013 年、2014 年性侵儿童性别比

资料来源：女童保护基金“女童保护项目”。

根据“女童保护项目”的统计，2013 年我国性侵案件的受害儿童是 726 名，其中女童 709 名，占受害者的 97.7%；在 2014 年的 96 起案例中，性侵女童案件为 87 起，占 91%。概言之，就目前能够统计到的公开和未公开数据而言，遭受性侵害的女童数量远大于男童，或者说，女童是性侵案件的主要受害群体。

而女童是发展阶段的女性群体，是未来的母亲。她们的成长过程影响着每一位女性的发展，关系着我国每一个家庭的幸福稳定和社会主义事业中政治、经济、文化、健康等各项领域的建设。换言之，女童是女性群体密不可分的组成部分。女童性侵案件曝光的突发性、集中性，甚至连续三年在一定程度上证明了性侵儿童这一犯罪事实的非常态化。因此,相关的立法保护和救济机制的建立,以及一系列立法体系的完善工作更迫在眉睫。

在女性人权发展的建设进程中,女童的权利实现与否、个人发展与否已经成为女性实现人权的重要衡量标准。因此,要实现真正的女性发展,既要强调女性的参政权利、保障女性的经济利益,也要关注女性尤其是女童基本的人身权利。

3.农村留守女童与城乡流动女童的受教育权问题持续存在

米切尔曾坚定认为:"歧视的存在基础是教育,而不是经济。"[15]换言之,要实现性别平等,女童的教育至关重要。我国《宪法》第46条就明确规定"中华人民共和国公民有受教育的权利和义务"。受教育权是一项基本人权。早在1986年,我国就颁布了义务教育法,提出所有适龄儿童、少年必须接受国家提供的基础教育。该法案将宪法上的权利实然化,回答了什么是义务教育并将实施措施予以具体规定。这在实质意义上保障了我国儿童的受教育权。20年后,新的义务教育法在2006年通过并予以实施,进一步强调义务教育的公益性、统一性和强制性原则,努力通过教育资源和资金投入的调整来实现教育的公平公正。具体而言,受社会经济发展水平和历史原因的影响,我国义务教育的状况存在明显的不均衡,如东、中、西部教育水平的差异,城市与农村教育条件悬殊,不同学校之间办学质量的差距。那么,如何保证义务教育的均衡发展、实现教育公平则成为我国儿童发展所必须要解决的问题。

在公共教育体系中,农村地区的儿童往往是因为教育条件、发展机会的相对匮乏较城市儿童处于弱势地位。但是,还应当发现,有这样两类群体:一类是农村留守儿童[16],由于父母双方或一方外出打工,他们被留在农村与隔辈亲人共同生活,或者是寄住在父母亲的亲戚、朋友家里。他们不仅仅存在教育资源的不平等,还缺少父母的关心和照顾;另一类是城乡流动儿童[17],也称进城务工人员随迁子女,从农村到城市的变动往往使他们无法直接衔接城市的教育资源,更无法获得与城市儿童一样的教育环境。

教育部发布的《2014年全国教育事业发展统计公报》指出,我国义务教育阶段在校生中的农村留守儿童和城乡流动儿童一直是一个庞大的群体。就2011年至2014年而言,他们的人口数量均占据全国中小学生的1/4(如图6所示)。

其中,2011年全国义务教育阶段在校生中农村留守儿童数量为2200.32万人,2013年增至2271.07万人,2013年和2014年农村留守儿童数量有所减少,但总体上稳定在100万人的增减幅度。同样地,2011年进城务工人员随迁子女有1260.97万人,并且随后三年的人口数量一直维持在1300万人左右。

---

[15] [英]朱丽叶·米切尔:《妇女,最漫长的革命》,陈小兰、葛友俐译,载李银河主编:《妇女:最漫长的革命:当代西方女权主义理论精选》,三联书店1997年版,第38页。

[16] 农村留守儿童,是指外出务工连续三个月以上的农民托留在户籍所在地家乡,由父、母单方或其他亲属监护接受义务教育的适龄儿童少年。

[17] 进城务工人员随迁子女,是指户籍登记在外省(区、市)、本省外县(区)的乡村,随务工父母到输入地的城区、镇区(同住)并接受义务教育的适龄儿童少年。

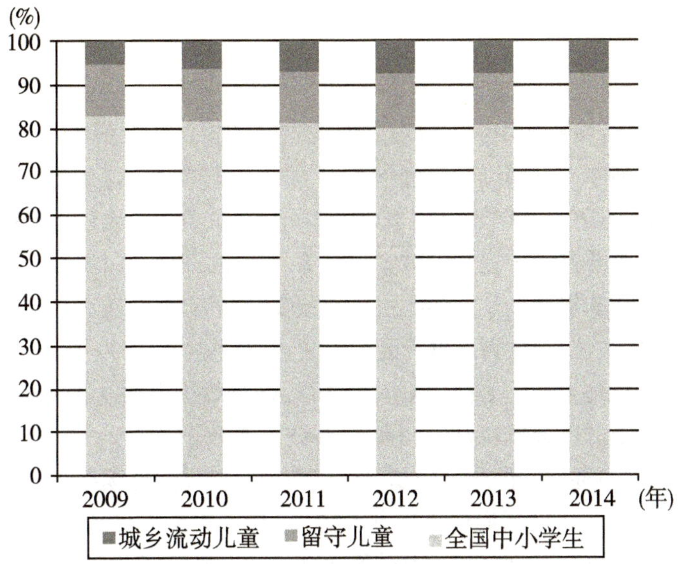

图6　留守儿童、城乡流动儿童比例

资料来源:2009~2014年的年度全国教育事业发展统计报告。

关键问题在于,这类庞大的群体并没有获得平等的教育机会、教育条件和家庭教育,特别是女童。其一,由于农村社会大多还残存着重男轻女的思想,加之抚养孩子的生活压力,许多家庭在有选择的情况下通常倾向于带着男孩出外出务工,给予一定的照顾。这意味着,相较女童而言,男童在受教育方面有更多的优先权,或者是能在生活上得到更好的照顾。其二,留守儿童、城乡流动儿童这一群体的出现恰恰是因为城乡二元体制解体、经济发展不均衡导致农村劳动力的无序流动。就农村留守儿童而言,大量农村劳动力的流动还伴随着农村就读学生数量的减少。这也将造成农村中小学因为收支不平衡而难以继续、教学质量严重下降的局面。相应地,由于社会公共服务体系的建设存在一定的滞后性,大部分农村中小学生无法享受正常的教育条件;就城乡流动儿童而言,生活环境的流动性往往伴随着教育环境的变动。从农村到城市,从城市到城市,城乡二元分割的教育制度给儿童带来的是不同教育制度差异的负担。且不论户籍制度的障碍,公办学校与私立学校的区分,仅仅因为呈现教育的差异就使城乡流动儿童已经失去了同城市儿童一样的教育条件。其三,留守儿童,顾名思义,是与留守的祖父母、外祖父母,或者是父母的亲戚朋友共同居住的,那么父母对于他们的关心、照顾往往是空白的,更无法谈及良好的家庭教育。

农村妇女和女童作为双重弱势群体,先天的不足往往使她们从一开始就处于劣势地位,并导致她们在个别领域权利遭受侵害的可能性增大。一方面,弱势群体权利受侵害的事件频发,并且状况始终无法得到太大改善。另一方面,在官方的宣传文件和调查研究报告中,很少有她们的声音,特别是农村妇女、性侵受害儿童、城乡流动儿童等弱势群体。矛盾之处在于,通览中国人权白皮书、妇女发展纲要、人权行动计划,抑或是近期发布的《第三期中国妇女社会地位调查报告》,均没有关于该弱势妇女群体权利状况的表述。这一状况是值得我们思考的。

五、结 语

纵览20余年连续发布的中国人权白皮书，不难发现，自新中国成立便实现了中国女性对公民权利的普通享有，使其成为法律意义上的社会主体。不仅如此，女性人权在中国语境下呈现出开放、平等、包容的样态。无论在政治领域、经济领域还是文化教育领域，中国女性权利的发展由普遍平等逐步走向实质平等。例如，开展专门的女性干部培训班，以二次资源分配的方式来提升女性的参政水平和参政层次，实现女性对参政权的实质享有；又如，建立社会支持系统，尝试着通过社会的帮扶力量，在女性获得平等权的基础上进一步突破女性在传统家庭模式下的社会角色和责任，以释放更多的女性发展空间。这些都是我国女性发展史上的巨大成就，也是不可忽视的正能量。

但是，女性群体内部发展的失衡问题仍然存在。农村妇女持续存在政治参与度低、经济利益低、受教育水平低的“三低现象”；儿童方面，相关数据也显示，儿童受到的关心呈下降趋势，女童遭受性侵的案件频发，农村留守女童的受教育条件持续恶化，城乡流动儿童的受教育环境一直处于不稳定的状态。这些事实，我们不仅能在网络社会中看到、听到，也能在实际生活中感受到。这表明，中国女性权利发展已经进入一个新的时期，精准把握包括农村妇女、女童等在内的特定群体，直面经济、文化等具体问题，实现女性权利的精准发展已经成为中国人权白皮书关于女性发展的重要议题。

刑事诉讼中被害人权利保护研究

——以认罪认罚从宽制度为视角

刘东红*

一、引言

现代刑事诉讼的历史似乎只是被告人的诉讼地位不断改善和提高的历史，其渊源可以追溯至1215年的《大宪章》。自18世纪的启蒙运动以来，被告人的诉讼权利和诉讼地位，更是在各个方面不断提高。至第二次世界大战后，在人权保护潮流的大背景下，以《世界人权宣言》和《公民权利和政治权利国际公约》为标志，在世界范围内确立了被告人刑事诉讼的最低待遇。[1] 然而，与此形成鲜明对照的是，被害人权利保护与损害救济却长期被人忽视，近现代各国刑事诉讼法对刑事被害人的地位或权利基本上不予关注，其地位等同于证人。迟至20世纪70年代开始，这种情况才得以改观，由个别英联邦国家制定了专门的被害人权利保护法，发展到法治国家对被害人权利保护和损害救济的普遍重视。如今，大多数发达国家在被害人保护方面已经制定了许多具有可操作性的法律和制度，这为我国当前推行认罪认罚从宽制度带来新的启示。

认罪认罚从宽制度是当下刑事诉讼制度改革三大主要任务之一。它是宽严相济刑事政策的法治路径，高度契合我国当前刑事司法稳健运行的迫切需要，对于缓解司法资源的有限性和日渐增长的案件数量之间的紧张关系有特殊意义。"推进认罪认罚从宽制度，能够调动犯罪嫌疑人主动认罪认罚的积极性，使其获得宽大处理的司法判决后果，既体现对犯罪嫌疑人、被告人权益的充分尊重，也有利于探索形成非对抗的诉讼格局，实现司法资源的优化配置。"[2]

显而易见，认罪认罚从宽制度在一定程度上是从节约司法资源和保障犯罪嫌疑人、被告人权益的角度加以考虑的。相比之下，对被害人权益保护的考虑，则要小很多。那么，这种制度的推行，会不会以牺牲被害人权益为代价，或者不考虑被害人的权益救济途径？如果完全剥夺被害人对于认罪过程及结果的参与权和意思表达权，无疑会让被害人走上申诉、上访之路，从而引发新的社会矛盾，有损司法权威。但是，被害人的参与程度究竟应该如何把握？被害人介入过多则增加协商的难度，减损认罪认罚从宽制度的效益。

---

* 西南政法大学法学理论专业博士研究生。

[1] 详见《世界人权宣言》第11条和《公民权利和政治权利国际公约》第14条。

[2] 参见陈卫东：《认罪认罚从宽制度研究》，载《中国法学》2016年第2期；陈卫东：《认罪认罚从宽制度试点中的几个问题》，载《国家检察官学院学报》2017年第1期。

二、被害人权利保护方式的演进

(一)同态复仇——人类社会早期的被害人主体地位的表现方式

公元前18世纪的《汉谟拉比法典》规定了同态复仇,如法典“第一九六条:倘自由民损毁任何自由民之子之眼,则应毁其眼。第一九七条:倘彼折断自由民[之子]之骨,则应折其骨。……第二〇〇条:倘自由民击落与之同等之自由民之齿,则应击落其齿”。这是最典型的以眼还眼、以牙还牙的救济手段。由于同态复仇引发新的社会矛盾,因此,随着社会的进步,到了罗马帝国早期的《十二铜表法》,尽管仍然保留着同态复仇的痕迹,不过金钱救济成为被害人的主要救济手段,如在第八表的“伤害法”部分第二条规定,“如果故意伤害人肢体,而又未与[受害者]和解者,则他本身应遭受同样的伤害”。

在诉讼方式上,到了罗马法时代仍区分私诉和公诉,相对应的概念是“私犯”和“公犯”。周枏指出:“王政时期罗马已将违法行为分为公犯和私犯。当时公犯是指通敌、叛国等危害国家利益的罪行,所有罗马市民均有控告的权利和义务,但实际上只有那些权势者才敢于起诉,由国家直接加以刑事制裁。公犯也经常损害个人的利益,但究属次要。私犯则是侵害私人的财产或人身,这在当时被认为是对公共秩序影响不大的行为,行为人一般仅负损害赔偿责任,对被害人给付金钱,原则上也只有被害人才有权起诉。”[3]而私犯包括:盗窃、强盗、胁迫、欺诈、对物私犯、对人私犯等。对于私犯,由于“商品交换普及以后,同态复仇就发展为赎罪金制度,由行为人对受害人给付一定的金钱作为补偿”。可见在罗马法早期,仍然保留着同态复仇的规定,甚至与金钱救济并存,这体现了诉讼文明的渐进性特征。此后,经罗马裁判官的改良,取消了同态复仇,一律改为罚金制裁,并依据损害大小、情节轻重、损害的部位等具体情况来衡量赔偿的金额。

(二)被边缘化——中世纪时期被害人权利保护的状况

欧洲大陆从弹劾式诉讼向纠问式诉讼演进的历史背景是,中世纪时期,由于欧洲大陆小国林立,长期处于封建割据的状态,王权利益受到地方诸侯的挑战,因此,为了加强王权的统治,惩罚各种破坏社会治安的犯罪行为,维护社会稳定,纠问式诉讼模式得到统治者的青睐,并从14世纪开始,纠问式慢慢取代弹劾式诉讼,成为中世纪欧洲各国刑事诉讼的主流,公诉取代了私诉,追诉犯罪成为国家的专利。法国最早建立公诉制度,“14世纪初国王菲力四世建立了检察制度,设立了检察官,检察官一方面代表国王对各封建领地和地方当局实行监督,另一方面也以国家公诉人身份对犯罪进行侦查,听取私人对犯罪行为的告密,对犯罪者提出公诉并指导法院的刑事诉讼”。[4] 与此同时,被害人的权利保护和损害救济却逐渐被统治者忽视和弱化,被排除出刑事诉讼程序,惩罚犯罪、维护社会稳定成

---

〔3〕 周枏:《罗马法原论》,商务印书馆2002年版,第842页。

〔4〕 最早建立公诉制度、由专职检察官追诉犯罪的国家是法国。参见徐静村主编:《刑事诉讼法学》,法律出版社1997年版,第18页。

为诉讼的主要价值目标。

由于纠问式诉讼模式最早是在教会法里产生的，中世纪的教会在世俗生活里享有崇高威望，甚至超越王权；教士们也享有各种特权，有人便利用特权实施一些不法行为，损害教会利益，教廷为了追诉教士犯罪、避免丑事外扬，往往采取秘密审判的方式启动刑事诉讼，且由被控告人自己来承担证明自己无罪的责任。在教廷追诉教士的诉讼中，并无直接的受害人，或者说受害人就是教廷自己，也就是说教廷既充当控告者又充当裁判者的角色。因此，在教会法的纠问式诉讼里，是不必考虑如世俗生活里特定被害人的权利保护和损害救济等诸多问题的。也可以这样说，纠问式诉讼从其诞生之日起，在程序上就不存在为特定受害人考虑救济权的空间。这一点与以往的弹劾式诉讼形成鲜明的区别，也对后来的诉讼机制产生了深远的影响，开创了被害人被边缘化的先兆。当纠问式诉讼模式逐渐被世俗政权所采用时，也同样继承了这种将被害人利益边缘化的诉讼机制。

（三）此消彼长——18世纪以来被害人与被告人权利保护对比

在中世纪时期，欧洲大陆的被告人地位处于刑事诉讼史上最黑暗的时期：普遍实行有罪推定、刑讯逼供，被告人沦为诉讼的客体和纠问的对象。这种局面一直延续到了近代。以启蒙运动为标志，英国的霍布斯、洛克，法国的孟德斯鸠、卢梭等提出恢复人的理性和价值的主张，意大利法学家贝卡利亚发表著名的《论犯罪与刑罚》一书，对中世纪普遍存在的刑讯逼供的野蛮性进行了深刻的批判，提出了划时代的“无罪推定”主张。以法国资产阶级革命家们在1789年制定《人权宣言》为标志，“无罪推定”以法律文件的形式得到确立，被告人的诉讼地位从此大幅度提升。比如，在1808年12月16日颁布《刑事诉讼法典》后，被告人已经享有了无罪推定的待遇，[5]该法还规定了被告人的其他诉讼权利，如辩论原则、辩护原则，废除法定证据制度，代之以法官自由心证原则，等等。然而，对被害人的保护和救济却没有进入当时立法者的视线，在1808年的法国《刑事诉讼法典》中找不到一条关于被害人损害救济权保护的规定。在被害人与被告人的地位比较中，法律保护的天平已经明显开始向被告人倾斜。

进入20世纪，提升被告人诉讼地位的步伐在加快。1948年12月，联合国通过了《世界人权宣言》，接着于1966年12月通过《公民权利和政治权利国际公约》；同时，各区域性的人权保护公约也相继颁布，如《欧洲人权公约》（1950年11月）、《美洲人权公约》（1969年11月）、《非洲人权和民族权宪章》（1981年）等。这些人权公约以国际法的形式确立了刑事被告人诉讼权利和诉讼地位的最低标准，如无罪推定、沉默权、辩护权、保释权、接受公正审判权、一事不再理等。然而，在这一时期，几乎没有任何针对刑事被害人的损害提供救济保护的相应的国际法文件；在前述几个国际性及地区性公约中，也只强调对被告人的人权保护，却无一例外地忽视了对被害人的保护。直到1985年，联合国才通过一个名为《为罪行和滥用权力受害者取得公理的基本原则宣言》的司法文件，该宣言只有区区21条，内容简单而抽象，远没有《公民权利和政治权利国际公约》那样具有可操作性。

可见，从中世纪以来一直延续至20世纪70年代，刑事诉讼的历史是一部被告人诉讼

---

[5] 参见陈光中：《21世纪域外刑事诉讼立法最新发展》，中国政法大学出版社2005年版，第35页。

地位不断提高和改善的历史,也是被害人的诉讼地位不断弱化的历史。

(四)权利回归——20世纪70年代以来被害人权利保护的写照

从20世纪70年代起,被害人损害救济权开始被许多发达国家重视起来。而且这种对被害人权利的关注,呈现出普遍性、全面性、实质性的特征。普遍性表现为不是单个国家偶尔为之,而是广泛的国家在不约而同地实施;全面性表现为赋予被害人更多地从侦查阶段到审判阶段的各种程序性权利(参与权、知情权、告知权等);实质性表现为十分重视对被害人损害赔偿的救济权。其共同特征如下。

1. 加强了对被害人保护的立法。各国不分判例法还是成文法传统,纷纷出台了对被害人权利保护和损害救济的立法。比如,德国,先于1976年5月11日通过《暴力犯罪被害人补偿法》。在该法实施10年后,为进一步提升被害人的刑事程序地位,于1986年12月又通过《改善刑事诉讼程序中被害人地位第一法》(以下简称《被害人保护法》),该法除了规定被害人一系列程序性权利外,还规定犯罪行为人是否对被害人已进行赔偿,应当作为法官量刑依据之一。2004年6月24日,再次通过《被害人权利改革法》,该法规定受害人有一个原则上的请求权:请求刑事庭对他针对被告人在民法上造成了损失的诉愿,以可执行的方式作出判决。

同样,法国也几乎在同一时期对《刑事诉讼法典》进行了持续不断的修改以进一步加强对被害人的保护和救济。其先后通过了1977年1月3日第77-5号法律、1981年2月2日第81-82号法律等以加强对被害人的保护,尤其是2000年5月16日颁布的2000-516号法律称为关于加强无罪推定和保护被害人权益的法律,可见法国对被害人保护的重视程度。再如日本,早在1958年和1980年分别通过了《关于证人等的被害给付的法律》和《犯罪受害等给付金支付法》。近几年来,除了对《刑事诉讼法》进行修改以进一步加强对被害人的程序性保护外,还于2000年制定《关于以保护犯罪被害人等为目的的刑事程序附属措施的法律》等专门性法律来加强对被害人的保护。

英国是世界上较早关注被害人权利的国家。1957年,英国监狱改革家、法官马杰丽·弗莱(Margery Fry)女士发表了《为被害人之正义》一文,得到英国政府的重视。在弗莱法官的推动下,英国政府于1963年组成了一个专门研究被害人补偿制度的委员会。[6]此后,司法改革更多从被害人的立场上反思被告人的诉讼权利,如沉默权、保释权、禁止双重危险等。最新的立法——2003年11月20日通过的《2003年刑事司法法》,分别从赋予控方上诉权、对严重犯罪(谋杀、杀人和强奸等重罪)采用"禁止双重危险例外"原则,在量刑上明确规定了需要考虑的因素包括"公共保护和补偿"等,把对被害人的救济补偿纳入量刑的考虑因素。

美国在被害人立法方面走在许多国家前面,先是在一些州开始,[7]然后再由国会制定统一的被害人保护的成文法,如《被害人与证人保护法》(1982年)、《犯罪被害人法》(1984年)、《被害人权利与复原法》(1990年)、《被害人权利法案》(1994年)等。而且,据

---

[6] 参见[意]加洛法罗:《犯罪学》,耿伟等译,中国大百科全书出版社1996年版,第734页。

[7] 参见陈光中:《21世纪域外刑事诉讼立法最新发展》,中国政法大学出版社2005年版,第184页。

美国当代法学家弗洛伊德·菲尼(Floyd Feeney)介绍,在2000年到2004年,对被害人权利的兴趣仍然是美国刑事司法的重要主题。这部分讨论一些重要的新步骤以努力使一条保护被害人权利的修正案写入美国宪法,以及对恢复性司法的概念显现出的兴趣。后来,又有25位参议员共同提议要求国会通过一项有关被害人权利和救济的宪法修正案。可见,美国对被害人的保护和救济,即将上升到宪法保护的高度,而且从目前发展的趋势来看,美国最终通过这样一项宪法修正案的可能性非常大。

2. 侧重对被害人损害救济权的落实。自20世纪70年代开始,无论是各国的刑事诉讼法典还是保护被害人权利的特别法,无不将损害救济作为被害人享有的最重要的救济权利。德国在《刑事诉讼法典》的第五编"被害人参加程序"规定了被害人的一系列诉讼权利,如广泛的自诉权、附诉权、程序告知权、程序参与权等;在第五编的第三章即"对被害人作补偿"部分还规定,被害人可以以口头或书面的形式提出救济申请,刑事法官可以先行就被害人的请求权作出肯定判决,对于赔偿裁定,刑事法官可以将裁定是否暂时执行依附于提供担保,法院也可以许可被告人提供担保,使裁定暂时不执行。这表明在德国,对被害人的损害赔偿作出的裁判的执行效果十分理想。同时,德国刑诉法自1994年起规定量刑时要考虑犯罪行为人(对被害人)的经济补偿。在特定的前提下,犯罪行为人如果已经补偿了他的行为对受害人所造成的损害,法院甚至可以完全免除该行为人的刑罚;如果犯罪行为人已经对《德国刑罚典》第46a条意义上的行为后果给予了经济补偿,检察机关可以根据《法典》第153b条第1款不起诉,中止诉讼程序。

在英国,首先,王室检察官在决定是否起诉而对案件进行公共利益检验时,"被告人已经弥补了损失和危害"成为23项可以撤销诉讼的考虑之一;其次,根据《2003年刑事司法法》规定,量刑委员会将"公共保护和补偿"纳入量刑考虑因素之一;最后,对于被告人没有赔偿能力的损害救济,英国政府也十分关注,长期以来,刑事司法制度一直被认为应对那些受到刑事犯罪行为伤害的而且不能从犯罪者那里获得补偿的人提供补偿。于是,继刑事赔偿委员会之后英国成立了刑事伤害赔偿局,其职责是根据刑事案件的受害人情况裁决赔偿,寻求为受害人提供与民法相当的赔偿。而作为英联邦国家的新西兰,则早在1963年就成立了刑事损害赔偿法庭,并在1964年1月颁布了《刑事被害补偿法》。

美国同样将损害救济摆在十分重要的位置。最近几年,随着被害人权利保护运动的发展,要求被告人向被害人进行金钱赔偿已经越来越得到人们的关注。科刑法院可以依照其享有的缓刑科处权将损害赔偿作为缓刑适用的条件……大约有一半的州和联邦政府列举了需要支付损害赔偿金的罪行。在有些州,比如,伊利诺伊州的法典第38编(刑法和程序)第1005章第5节第3.1条,规定了12项"减轻是由",其中一项是"被告人对被害人赔偿了或者愿意赔偿因其犯罪行为所造成了损失和伤害"。

日本在第二次世界大战前受德国法影响,其刑诉法规定了刑事附带民事诉讼,到了1948年7月颁布的现行刑诉法则废止了这一制度,原因是受美国法影响。但日本法对损害救济向来是比较重视的,早在1958年就颁布了《关于证人等的被害给付的法律》[昭和33年(1958年)法律第109号]。后来,受世界范围内的被害人保护运动的影响,日本再次于1980年颁布了《犯罪受害给付金支给法》[昭和55年(1980年)法律第36号]。因此,有的日本学者把被害人的损害救济分为三种:现金救济方法、物的损害的恢复和恢复精神性损害(通过程序参与)。[8]

3. 强调被害人在恢复性司法和犯罪和解中的主体地位。关于恢复性司法的缘起,最早产生于加拿大的刑事诉讼程序以外的社区矫正系统。第一个受害人——犯罪人调解是在1974年的加拿大安大略省的基陈纳市开始提出的。之后各类美国社区项目把受害人和犯罪人促到一起商谈,目的是提供个人补偿与和解。恢复性司法是针对犯罪的一种方法,该方法试图使罪犯表达懊悔或采取措施修复他们对被害人所造成的伤害来弥补他们的罪行。这样的矫正和救济机制很快在美国、英国、澳大利亚和新西兰等国家产生了重大影响。到20世纪90年代中期,在北美已经有超过300多个这样的项目;英格兰和威尔士也有相同数量的类似项目。这些项目的宗旨是:由犯罪人、受害人、他们的家人和其他社区成员组成调解组,目标主要集中在犯罪造成的损害并寻求双方同意的解决办法。由于这样的救济机制具有"恢复被害人的物质和精神损失、恢复他们的安全感、恢复被破坏的关系、尊严和自尊"的功能,英国首先在将这种机制纳入青少年犯罪司法系统,并于1998年和1999年分别颁布了《1998年犯罪和无秩序法》和《1999年青少年司法和犯罪证据法》。目前,英国的恢复性司法的对象仅限于青少年犯罪者、初犯和轻犯。美国在2000年至2004年,对恢复性司法的兴趣也大大增加,虽然项目的数量尚少,但增速较快,以满足处理案件的需要。

从实际的效果来看,实施"恢复性司法"项目对国家、被告人和被害人均有很多好处。因此,有人认为,恢复性司法的主要功能在于:一是从实质上保护被害人的权益;二是有利于矫正犯罪;三是修复被破坏的社区关系;四是多元化地解决纠纷,进行司法分流;五是可以节约办案经费。对国家而言,减少了改造罪犯的成本;对被告人而言,获得从轻或减轻处罚;对被害人而言,获得了损害救济。

三、被害人权利保护在我国刑事诉讼中的现状

现代刑事诉讼发展至今,我国刑事诉讼面临的主要任务仍然是如何在《公民权利和政治权利国际公约》等人权公约框架下尽快确立犯罪嫌疑人、被告人的最低待遇标准。因此,在刑事诉讼法的发展问题上,我国既要面对如何进一步提升嫌疑人、被告人的诉讼地位的难题,又要面对如何同时加强对被害人的权利保护这个新问题。笔者认为,这两个问题其实并不矛盾,相反,两者的协调解决对于实现司法的目的更具现实意义。

(一)被害人的程序参与权形同虚设

概括而言,我国刑事被害人在三个阶段的参与权分别是,在侦查阶段的控告权,在审查起诉阶段的申诉权,在审理阶段的程序参与权。而程序参与权设置的象征意义远大于实际意义。比如,虽然被害人是诉讼当事人,但对于判决结果却不享有上诉权;再如,被害人作为诉讼当事人出席庭审,必然持有不同于公诉方的诉讼价值和目标,从而使刑事诉讼的控辩审三角关系变成四角关系,诉讼机制因此而扭曲;从实际效果来看,公诉机关以国

---

[8] [日]田口守一:《刑事诉讼法》,刘迪等译,法律出版社2000年版,第39页。

家的名义“横亘在被告人与被害人之间，近乎公式化的诉讼程序、疾恶如仇的检察官、铁面无私的法官以及咄咄逼人的律师，使得被害人对于案件的处理没有任何置喙之地”。因此，被害人的参与权实际上可以归为“名不副实、角色冲突、结构失衡和秩序混乱”。[9]

（二）被害人的损害救济权被严重忽视

从我国《刑事诉讼法》来看，涉及被害人损害权利救济的似乎只有第170条“审查起诉”规定了人民检察院审查案件，应当讯问犯罪嫌疑人，听取辩护人、被害人及其诉讼代理人的意见，并记录在案。辩护人、被害人及其诉讼代理人提出书面意见的，应当附卷。而在整个刑事诉讼阶段，无论是公安、检察还是法院，只是在需要调查、核实证据时，才会想到被害人。在整个诉讼过程中，被害人都等同于证人。这与德、法国家明确规定“有权成为民事当事人”并予以制度性保障的做法是存在差距的。因为在我国实务中，相当部分的被害人是没有提起附带民事赔偿的，其原因就是司法机关没有相应的保障义务，导致被害人无法及时行使损害救济权。另一个事实是，在我国，被害人聘请律师参与诉讼的比例十分低，无法及时有效地行使诉讼权利。这与被告人权利提升形成鲜明对比：我国的刑诉法规定了法律援助制度，即人民法院有义务在某些条件下为被告人指定辩护人。

（三）“被害人—加害人”和解机制尚待确立

由于我国刑诉法缺乏鼓励“被害人—加害人”和解的机制，导致我国的刑事审判活动成为单纯的治罪过程，被告人是否悔过，跟其最终的量刑关系不大；被告人是否以行动来向被害人弥补损失，也通常与最终的判决结果影响不大。由此带来了双重结果：一方面，更多的被告人被投入监狱，加重了国家的司法成本，或者延长了被告人经监狱改造的时间，而经过监狱“改造”后的被告人往往反而越难重新回到社会；另一方面，受到犯罪严重侵害的刑事被害人，却在整个刑事诉讼过程中一无所获。

四、“被害人—加害人”和解机制的构建

刑事和解制度，日本学者形象地将其称为“审判下的交涉”，在西方被称为“加害人与被害人的和解”（Victim - offender Reconciliation，VOR），因其具有突出的司法效益而愈加受到人们的青睐。它以补偿和保障被害人利益为核心，尽可能为加害人创造改过自新的机会，最终实现其顺利回归社会，从而恢复业已受损的社会关系。这种制度既不是单纯地追求正义，也不是仅追求效益，而是在追求正义结果的过程中兼顾效益，并以此达到加害人和被害人的双赢，进而达到保障人权的终极目的。

（一）“被害人—加害人”和解机制的历史和域外考察

犯罪心理学表明，被害人有三大需求：一是被告人获得公正的量刑；二是赔偿的欲望；三是得到尊重。我国古代在“和为贵”和“和合”等传统文化理念主导下，一直渗透着非对

〔9〕 陈光中、江伟主编：《诉讼法论丛》（第9卷），法律出版社2004年版，第134页。

抗性解决纠纷的基因。早在西周时期,我国就出现了“调人”,这种身份角色与现代司法中的纠纷调解人相似。即便是在科技文明高度发达的今天,仍然有不少地方存在“惹上官司是耻辱”“能不打官司即不打官司”的习俗。我国古代的调解机制在息讼、缓解民间矛盾等方面作出了积极的实践。但是,这种调解往往只追求息事宁人,明断是非并非调解的首要目标。这种化解矛盾的方式容易导致合理诉求没有得到满足而引发新的矛盾。并且,它主要依赖参与调解的官员和家族长者的个人威望。为了尽快促成双方和解,调解人甚至采用强制手段和动用私刑,常常导致被害人的权益无法实现反而受损加重。

在西方,罗马法和日耳曼法都蕴含着朴素的刑事和解思想,其立法理念认为被害人在受到伤害之后获得来自犯罪嫌疑人的赔偿是其享有的权利,不过,此时功利救济占据主导地位。随着轻刑化趋势的发展,教育刑逐渐成为发展潮流,犯罪嫌疑人的权益受到了重视和维护,但是被害人的权益却没有得到应有的关注。在现代刑事司法中,被害人往往失去了诉讼当事人的地位,甚至沦为支持公诉的证人。直至“被害人—加害人”和解理论的兴起,才在充分维护被害人权益的基础上赋予双方更多的选择权。美国、英国、德国等主要西方国家纷纷在司法实践中引入操作方案,直接导致了“恢复性司法”运动的兴起。而1990年的德国少年法院法、1994年的德国新刑法以及1999年德国新刑事诉讼法,更是在立法上直接肯定了此种制度实践。延续至今,各国司法在此领域的研讨和实践未曾停歇。

(二)认罪认罚从宽制度与“被害人—加害人”和解机制的有效衔接

无疑,认罪认罚从宽制度为我国当前司法困境中的“被害人—加害人”和解机制的创建提供了可能。但是,现有的制度设计却并未将被害人作为程序运作主体予以规定。被害人究竟能否在认罪认罚从宽处理程序中拥有相应的诉讼地位、拥有何种诉讼地位以及享有何种权利都尚待探讨。“应当允许被害人参与到认罪协商中来”,[10]“赋予被害人在认罪认罚从宽制度中发表意见的权利。”[11]如果在实践中完全不给予被害人适度的活动空间,可能会导致特定案件被害人的强烈反弹。基于此种考虑,被害人的程序参与权就应该在认罪认罚从宽处理制度运作中予以体现,使其在程序运作和实体处罚结果上享有一定的程序影响力。笔者主张,为了避免由于被害人带有较为强烈的个人情绪,即便在被追诉人认罪认罚的情况下也要求从严处理,与司法机关存在较大分歧而造成认罪认罚从宽制度难以落实的情况,建立“被害人—加害人—司法机关”的三方商谈机制,商谈结果记录在册并附卷,但是,从宽处理的最终决定权由公权力机关掌握。如若在商谈中未能获得被害人谅解并接受其罚款,则对加害人的从宽处理幅度减小。这样做,“既可以体现立法对被害人权利保护的重视,也可以通过程序参与为被害人发泄情绪提供出口,防止被害人因为被完全排除在认罪认罚程序之外而采取缠诉、上访等极端做法”。[12] 而认罪认罚在某种程度上是被追诉人与司法机关之间的刑事和解。引入被害人参与和解机制,既对国家、被告人和被害人三方均有益,又与法治社会建设的目标相一致,完全可以在我国的刑

---

〔10〕 叶青、吴思远:《认罪认罚从宽制度的逻辑展开》,载《国家检察官学院学报》2017年第1期。

〔11〕 陈光中、马康:《认罪认罚从宽制度若干重要问题探讨》,载《法学》2016年第8期。

〔12〕 陈卫东:《认罪认罚从宽制度试点中的几个问题》,载《国家检察官学院学报》2017年第1期。

事司法实践中逐步实行。

五、余论

相较以前,我国的被害人权利保护和救济机制已有了很大的进步。新刑事诉讼法规定的刑事和解,是基于“国家尊重与保障人权”尤其是被害人权利和当事人意思自治而构建的。通观近现代各项被害人权利保护和救济措施的尝试和努力,无论是新中国成立前的各种调解(和解)制度如《陕甘宁边区民刑事案件调解条例》,还是新中国成立后的《人民调解委员会暂行组织通则》、简易程序、刑事附带民事诉讼制度等,尽管可以看到刑事和解的影子,但离现代意义的刑事契约制相去甚远,甚至还有人将认罪认罚从宽制度简单粗暴地定义为“中国式辩诉交易”。这也从另外的层面上昭示着今后需要在被害人主体地位认同和权利救济上进行多维度的探索和实践。

从立法层面上看,就完善被害人保护的机制而言,有两种方式:一是今后在修改我国现行的刑事诉讼法时,充分吸收我国各地正在试行的刑事和解的成果以及国外法的成熟经验;二是可以在借鉴国外被害人保护立法的基础上,结合我国国情制定专门的《被害人保护法》。笔者认为,各地方刑事和解实践虽然积累了不少经验,但出台的法规文件毕竟参差不齐,因此,可以考虑由全国人大常委会通过一项专门针对被害人损害救济的法律,作为《刑事诉讼法》的下位法,比如,《刑事被害人保护法》,其内容包括:犯罪赔偿、国家补偿和社会救助三部分。犯罪赔偿部分的内容应与刑法和刑事诉讼法的内容相协调,即在量刑和刑罚的执行等方面鼓励将“被告人—被害人”和解和引入恢复性司法。只有把对被害人保护提升到立法的高度,回归被害人的诉讼主体地位,才能真正保护我国被害人权利。

书　评

基于恶的权利本体论构建

评艾伦·德肖维茨《你的权利从哪里来?》

肖　武*

时至今日,权利的理念已经深入人心,“以法律的武器维护自己的合法权利”已经成为众所周知的话语,人人皆知自己享有某些权利,但我们为何会享有权利,权利源自何处?关于权利来源的争论一直众说纷纭,有源自于上帝、自然、主体间的商谈、法律等不同的观点。美国哈佛大学法学院教授艾伦·德肖维茨(Alan Dershowitz)在《你的权利从哪里来?》[1]一书中提出了一个石破天惊的理论,他认为权利既不是来自于自然法,也不是出自于实定法,而是源于恶行,人们在对不义的经验总结中构建起权利体系。

一、权利概念的出现与延展

“权利”一词,肇始于西方,学界较为一致的观点认为,它最早现于中世纪,古希腊和罗马并没有出现权利的概念。在古希腊,人隶属于城邦,是天生的政治动物,整个政治社会是整体主义的社会,“古希腊的政治思想中个人概念并不突出,权利概念则似乎几近于从未形成过”,[2]在此时期讨论较多的是为权利奠定重要基础的正义问题。“希腊哲学家们并不讨论权利问题,这是事实。他们讨论的是,什么是正当的或什么是正义的。”[3]与希腊相比,古罗马对权利的研究在理论和实践上都向前迈进了一步,罗马法中的“*ius*”一词在某些情况下已经具有了现代意义上权利的含义。罗斯科·庞德认为,罗马法书本中“*ius*”的十种意义中有四种已经接近于我们对权利的理解,[4]契约和财产观念较为发达的罗马在事实上出现了许多权利的种类和形式,但是仍旧没有出现明确的权利概念,

---

* 西南政法大学人权研究院讲师,法学博士。

[1] 该书现有中译本:[美]艾伦·德肖维茨:《你的权利从哪里来?》,黄煜文译,北京大学出版社 2014 年版。

[2] [英]厄奈斯特·巴克:《希腊政治理论——柏拉图及其前人》,卢华萍译,吉林人民出版社 2003 年版,第 9 页。

[3] [美]罗斯科·庞德:《通过法律的社会控制》,沈宗灵译,商务印书馆 2010 年版,第 49 页。

[4] 根据庞德的概括,这四种最接近的意义就是:(1)受到法律支持的习惯或道德权威,如家长的权威;(2)权力,即一种受到法律支持的习惯或道德权力,如所有人出卖其所有物的权力;(3)自由权,即一种受到法律承认的正当自由,例如,一个人在他的土地上运用他建造房屋的天然才能,纵令这所房屋是一种粗陋不堪的小屋并触犯了他的邻人的审美感;(4)法律地位,即法律秩序中的地位,如 *Ius Latii*,一个不是公民但具有有限公民身份的人的法律地位。参见[美]罗斯科·庞德:《通过法律的社会控制》,沈宗灵译,商务印书馆 2010 年版,第 50 页。

“真正的自由,个人权利以及对个性的尊重,在希腊和罗马的文化里无处可寻”。[5]

到了中世纪,对“*ius*”一词的讨论较多,权利概念开始出现,包括自然权利、主体权利等。美国教会法学家布赖恩·蒂尔尼(Brian Tierney)认为,12世纪以来的晚期中世纪教会法学家的文本中“*ius*”一词至少包括三层含义:(1)客观的、正当的或理性的秩序;(2)作为道德的或法律的戒律;(3)主体意义上的个人权利。*ius*的第一层和第二层含义在重要性上让位于第三层使古典的自然法转变成了自然权利。[6] 约翰·菲尼斯(John Finnis)认为,权利(*ius*)是在罗马法中开始获得学术意义的,但是它在罗马法文本中的意思变成了纷争的对象,是托马斯·阿奎那(Thomas Aquinas,约1225~1274年)采纳权利(*ius*)的含义来展开历史的勾勒。[7] 有观点认为,权利概念起源的导火索是基督教世界中爆发的关于“使徒贫困”的争论,这场辩论的升级和讨论范围的扩大使各种各样的权利问题被卷了进来,并且在这场讨论中诞生了主观权利的概念。虽然具体的视角不一,但是较为一致的是,都认为在中世纪出现了诸如自然权利、主观权利等问题的讨论。

二、德肖维茨的权利理论及对传统权利来源的批判

(一)对权利来自法律之外的批判

德肖维茨认为,传统上对权利来源的研究主要有两条路径,其中之一认为权利来自于法律之外,例如自然、造物主、人类本能或其他客观现实。这种理论(或者更精确地说是一套理论)一般被称为自然法。[8]

讨论权利与自然法的关系,自然绕不开自然法与自然权利。根据学者梳理,就自然权利与自然法的关系问题而言,在当代论证中存在三种观点:第一派认为自然权利是从自然法中推演出来的,代表人物包括菲尼斯以及更早的雅克·马里旦;第二派则完全否定自然法和自然权利之间存在任何联系,代表人物包括米歇尔·维利(Michel Villey,1914~1988年)、阿拉斯戴尔·麦金太尔(Alasdair C. MacIntyre)、列奥·施特劳斯(Leo Strauss,1899~1973年)及其门生恩斯特·弗亭(Ernest L. Fortin,1923~2002年)等;第三派代表人物是蒂尔尼,一方面,他反对菲尼斯在其名著《自然法与自然权利》中的基本立论,认为在阿奎那的文本里找不到关于主体权利(subjective rights)的明确表述,另一方面,他也反对维利、施特劳斯以及麦金太尔的立场。蒂尔尼认为早在格拉提安的《教令集》中就有许可型自然法的影子,这是主观的自然权利可能的基础。[9]

---

[5] [美]卡尔·施密特:《基督教对文明的影响》,汪晓丹等译,北京大学出版社2004年版,第239页。

[6] See Brian Tierney, The Idea of Natural Rights: Studies on Natural Rights, *Natural Law and Church Law* 1150-1625, William B Eerdmans Publishing Co., 2000, pp. 32-34.

[7] 参见[美]约翰·菲尼斯:《自然法与自然权利》,董娇娇等译,中国政法大学出版社2005年版,第166页。菲尼斯认为,在罗马法律思想中,*ius*通常是指当事人之间根据法律对正义的分配;以及在那样的分配中某个当事人的角色可能是一种负担,而非利益——更谈不上选择的权力或自由。参见[美]约翰·菲尼斯:《自然法与自然权利》,董娇娇等译,中国政法大学出版社2005年版,第168页。

[8] 参见[美]艾伦·德肖维茨:《你的权利从哪里来?》,黄煜文译,北京大学出版社2014年版,第5页。

[9] 参见周濂:《后形而上学视阈下的西方权利理论》,载《中国社会科学》2012年第6期。

德肖维茨否认权利来自于自然法,他用略带轻蔑的口吻告诉我们,“自然法充其量不过就是法律或者道德的虚构”,[10]面对实定法的缺陷,我们确实需要更高权威的自然法来支持我们的见解和主张,但是“认为自然法对文明世界来说是有用乃至不可或缺的法律虚构是一回事,认为它实际存在则是另一回事”,[11]自然法只是人类的发明,绝非源自发现或启示。同时,被我们赋予神圣权威的虚构的自然法并不总是以有利的面相呈现于我们,德肖维茨认为,自然法的虚构既是有利的也是有害的,“事实上,自然法容易造成以正义自恃而目无法纪的现象(兼具正面与负面效果),从某种意义上来说,它提供了不服从实定法的理由。当目无法纪导致邪恶时,我们予以谴责”。[12] 在德肖维茨看来,“一方面,自然法的固有问题,在于它是一把指向民主与法治核心的双刃剑,而民主与法治这两个重要机制必须依赖每个民众都可接近的实定法才能运作。另一方面,自然法依赖的是精英从造物主与自然那里得来的信息,它们并非任何人都能接近,只有那些宣称自己有能力听到上帝的声音或诠释自然道德教诲的人才能接近”。[13] 基于自然法的虚构,被善恶两造的运用[14]等因素,德肖维茨认为权利并非源于自然法。

权利亦不是源自于造物主。美国《独立宣言》指出:“人人生而平等,造物者赋予他们若干不可剥夺的权利”,德肖维茨认为这只是美国人坚信的建国神话,建国之后开国元勋们把这些宣称的不可剥夺的权利一一撤销了。如果权利源自造物主之手,并且世上只有一位造物主的话,权利的内容将不会受时空影响而秉承一致,“然而经验显示这绝非事实”。[15] 没有谁真正见过或受过造物主的启示或赋予,造物主的律法可被用于善,但也可能被用于恶,甚至被敌对的双方所同时运用——小布什宣称上帝告诉他要攻打基地组织,而本·拉登则认为他是在真主的庇荫下攻击美国并希望以此获得真主的奖赏。很多人都认为自己了解造物主的意志,但我们对于造物主的意志却无法取得共识。“在这个许多人宣称自己了解造物主的意志,而人们既无法就造物主意志的内容也无法就辨识造物主意志的方法论取得共识的多样化世界里,造物主不应该被当成政治权利的来源而被引用”,[16]德肖维茨认为,即使没有造物主的介入,权利也必定能得到承认。

施特劳斯认为,自然的发现必定先于自然权利的发现,只要自然的观念还不为人所知,自然权利的观念也就必定不为人所知。[17] 虽然多数人主张权利源于自然,但德肖维茨却认为权利并不出自自然,因为自然是中立的。如同“天行有常,不为尧存,不为桀亡”,虽然尤维纳尔坚信自然与智慧和谐一致,奥古斯丁认为所有自然皆为善,西塞罗也

---

[10] [美]艾伦·德肖维茨:《你的权利从哪里来?》,黄煜文译,北京大学出版社2014年版,第54页。

[11] 同上书,第52页。

[12] 同上书,第56页。

[13] 同上书,第57页。

[14] 德肖维茨认为,每出现一个有关自然法善意运用的例子,人们就能举出更多恶意运用的例子。例如,布坎南曾将艾滋病描绘成“自然”对同性恋者“不自然”与“不道德”行为的“报复”;以色列一位拉比称犹太人遭到大屠杀是上帝对犹太人吃猪肉的惩罚。参见[美]艾伦·德肖维茨:《你的权利从哪里来?》,黄煜文译,北京大学出版社2014年版,第59页。

[15] [美]艾伦·德肖维茨:《你的权利从哪里来?》,黄煜文译,北京大学出版社2014年版,第19页。

[16] [美]艾伦·德肖维茨:《你的权利从哪里来?》,黄煜文译,北京大学出版社2014年版,第22页。

[17] 参见[美]列奥·施特劳斯:《自然权利与历史》,彭刚译,三联书店2003年版,第82页。

相信无论降临到自然过程中的事物为何,都应视为善,但我们更应接受斯宾诺莎的自然并未存有目的,最终因只是人类的想象的怀疑论观点。德肖维茨主张:“自然的规则早在人类有意识之前就已存在,即便没有人类,自然规则照样能在世上运作。自然自行其是,与人类道德毫无关系。”[18]如果权利是来自于自然,那么它应该像物理学或天文学的自然法则一样固定不变,然而,权利的内容是随着时空而不断变动的。

(二)对权利来自于实定法的批判

传统权利来源的第二条路径是实定法,它认为权利在法律之内,是法律本身所授予的。我们讨论权利时,并不仅限于法律权利,法律权利只是权利的一种类型,除此之外,还包括道德权利、习俗权利等。德肖维茨没有从权利类型的角度展开分析,而是以疑问式的方式对实定法来源给予批判,如果权利来自于法律,我们对既有法律体系的判断将缺乏依据,他以几个疑问对权利的实定法来源进行质疑,这些写下法律的人“决定不需要权利呢?或者要是他们拒绝制定许多人认为属于基本权的特定权利,如言论自由、法律平等或正当法律程序?这些权利会就此消失吗?”[19]基于这些疑问和存在的实定法对权利否认的现实,德肖维茨否认权利来自于实定法。

(三)权利来源的第三条路径——基于恶的本体论构建

在对权利源于自然法和实定法进行批判的基础上,德肖维茨提出了权利来源的第三条路径,认为权利来源于人类所经历的恶行。

与natural rights(自然权利)相对应,德肖维茨创造性地提出了nurtural rights(培养的权利)一词。所谓nurture,是指用权利检验不正义的历史,归纳所经历恶行的经验教训,并以这些教训为基础而建立和累积权利体系的过程。

在德肖维茨看来,将权利理论建立在人们所公认且力图避免的过去的恶行上,要比建立在众说纷纭的理想完美社会概念上来得实际。从恶行的经验反应中所产生的权利理论,要比以人类经验之外的来源为前提所产生的理论更具经验性、可观察性与可争辩性,并且无须依赖无法证明的信仰、隐喻与神话。[20]我们对什么是善的生活和最可欲的生活难以达成一致意见,但是对什么是恶行和不义却有显而易见的一致看法,“我们都几乎同意不会有人想看到犹太人大屠杀、斯大林大清洗、柬埔寨与卢旺达的种族灭绝、奴隶制度、私刑、宗教裁判所或超过十万名日裔美国人遭受监禁的事件再度重演”。[21]对于不义的认可便可促使人们设计出权利体系防治恶行的再次发生。

源于恶的权利并非静止不变,而是不断演绎和变动的,不义的恶行总在发生,对此的斗争需要持续进行。德肖维茨主张他的权利取向有比较浓厚的运动色彩,需要为此不断地进行评估与投入,“权利化过程总是不断在变动。它的步调将随着人类为恶的能力而

---

[18] [美]艾伦·德肖维茨:《你的权利从哪里来?》,黄煜文译,北京大学出版社2014年版,第28页。

[19] 同上书,第32页。

[20] 同上书,第7页。

[21] [美]艾伦·德肖维茨:《你的权利从哪里来?》,黄煜文译,北京大学出版社2014年版,第6页。

变。它是一段永无止境的历程,罕能产生静态的完美权利”。[22]

按照德肖维茨的理论,权利来源于恶,人类在对自身所经历的恶行的反思中构建起权利理论,维护自己的权利,防止恶行的再度发生。源于恶的权利本身是否也会产生恶呢?德肖维茨对此作了肯定的回答,权利也是会产生恶行的,权利并不能保证“正当”结果的出现,策略性地运用与滥用权利的例子在历史上屡见不鲜。权利来源于恶,权利也可能产生恶,此时便涉及利益的权衡。德肖维茨说:“权利不保证正当结果的出现。有权利的世界是个有风险的世界,但经验告诉我们,没有权利的世界风险更大。”[23]

三、对德肖维茨权利理论的评析

什么是权利,是一个难以回答的问题,[24]权利的由来更是一个持续争论而难有定论的话题。德肖维茨否弃了权利源于自然法和实定法的古典解答,创造性地提出我们的权利来自于人类所经历的恶行,在对恶行的经验总结上我们持续地构建权利体系,他还创设了“nurtural rights”一词。权利与不义有着较大关联,有观点指出,人类的权利发达史,将是一部交织着进步与堕落、正义与邪恶的历史,人类创设权利说到底是因为人类堕落到、邪恶到必须靠权利来保护自己,避免或扼制相互的侵害。[25] 源于恶的权利理论确能令人耳目一新并具有较强的启示性,但德肖维茨的权利理论也存在较大的局限性。

(一)经验的循环论证与动力不足

在社会的发展历程中,人们在不断经历并遭受各种不义,德肖维茨认为,正是源于遭受的这些不义,人们总结经验并据此构建权利,“经验”在其权利理论体系中占据着十分重要的位置,但也正是经验使得其权利来源的论证出现了缺陷。权利来源于对不义的经验总结,不义的判定标准是什么?造物主或自然?显然德肖维茨不会同意以先验式的准则来对何为不义进行判定,对不义的判断仍旧是只能通过经验,在不断的经验累积中对什么是不义有了认识。如此一来,其整个论证都是围绕着经验展开的,权利来源于不义的经验,对不义的判断也是源自于经验。或许正如德肖维茨自己所说,他是一个实用主义者、效用主义者、经验主义者、世俗主义者与道德相对主义者,[26]但这一反复围绕着经验展开的论证有陷入经验论的嫌疑,难以让人信服。

经验也不总是可靠和正确的,我们希望从恶的经验总结中构建起防止恶行再度发生的权利体系,如果经验错了,则难免刚走出劫难的世界又返回恶的深渊。德肖维茨注意到了经验也可能会出现问题,“如果权利是基于我们对恶行的经验而产生的人类发明,人类

---

[22] [美]艾伦·德肖维茨:《你的权利从哪里来?》,黄煜文译,北京大学出版社2014年版,第83页。

[23] 同上书,第118页。

[24] 康德曾说:“问一位法学家‘什么是权利?’就像问一位逻辑学家一个众所周知的问题‘什么是真理?’那样使他感到为难。”参见[德]康德:《法的形而上学原理》,沈叔平译,商务印书馆1991年版,第39页。

[25] 参见夏勇:《人权概念起源——权利的历史哲学》,中国政法大学出版社2001年版,第26页。

[26] 参见[美]艾伦·德肖维茨:《你的权利从哪里来?》,黄煜文译,北京大学出版社2014年版,第4页。

当然有可能误解经验教训，或是未能对恶行有所认识"，[27]在他看来，此时就涉及利益衡量的问题，有权利的世界是有风险的，但若没有权利，则我们要承受更大的风险，以恶行经验为基础的权利理论是试图在人类经验、人性与抽象的对错观念中找到一个适当的平衡点。在面对诸如恐怖主义、种族屠杀等问题时，毫无疑问我们会达成对抗的共识，经验在此不会出错，但置身于纷繁复杂且持续变动的多样化社会中，经验并不总是能产生作用，平衡并不容易掌握，"按下葫芦浮起瓢"的事时有发生，对风险大小的衡量难免会牺牲掉一些权利。

同时，虽然权利的构建是一个永无止境的持续过程，但德肖维茨源于恶的经验总结的权利理论在很大程度上是结果导向型的。面对恶的行为和结果，我们在经验反思中确立权利，以防止其再度发生，但这是后知后觉。在恶行发生后再确立权利，固然没有先知告诉我们要事先构建起权利的防线防患于未然，并且法律一经制定出来便已落后于社会，从经验层面看很多情况下法律的制定也是在需规训的行为发生之后，但经验也告诉我们这并不绝对，结果导向和后知后觉的权利构建可能是亡羊补牢，我们也需要未雨绸缪。

（二）对权利体系权威性的论证不足

德肖维茨认为权利是对国家权力的基本限制，无论是统治者还是被统治者都应基于人类经验加以遵守，[28]源于恶而构建起来的权利应当具有权威性。而权利的权威性来自于哪里，如何保证？对此，他的论证并不充分。

在德肖维茨看来，权利是培育（nurture）起来的，权利体系构建过程的核心，"在于持续不断地倡议经验证明能有助于防止恶行再度发生的权利"[29]"最能维护权利的方式是主动而持续地为权利辩护，而非被动地依赖'最高的权威'"[30]即权利的权威性和有效性来自于我们持续的为其倡议和辩护。显然，无论从理论或实践上，这种论证方式都不足以令人信服，倡议和辩护不足以支撑权利的权威性。

霍布斯告诉我们，为了摆脱人与人之间的狼与狼关系，克服对暴死的恐惧，残存的理性和对和平的向往促使我们订立契约组成国家，以保护个人。洛克认为保护财产的欲望促使人们相互之间订立了社会契约。无论在霍布斯还是在洛克那里，权利保障的背后都有强大的支持力量，即使这是将权利的自然法宣言转移到权利的实定法先制化。倡议和辩护最多只能引起我们的关注，无法产生权威，并且不是所有的表达、倡议和辩护都具有强大的威慑力和感召力。即便是相信权利源于主体间商谈的哈贝马斯，虽承认主观权利和客观法同根同源，是同构关系，不存在地位高低，但也认为从逻辑的角度看，人们首先互相承认各自的主观权利，然后觉得有必要把这些权利赋予法律的形式，从而获得法律的确认、保护和协调。

我们需要为权利而斗争，辩护和倡议有利于唤醒权利的意识，却无法产生捍卫权利的权威。我们所主张或提倡的权利，要想获得权威，必须有保证其权威性得以实现的力量，

[27] 参见[美]艾伦·德肖维茨：《你的权利从哪里来？》，黄煜文译，北京大学出版社2014年版，第124页。
[28] 同上书，第101页。
[29] 同上书，第129页。
[30] 同上书，第8～9页。

无论这种力量是国家强制力抑或其他。辩护和倡议无此之力，它们对于权利的权威性有投票权，但无决定权。

（三）权利与偏好的区分不足

当我们承认权利时，便涉及一个相关的问题，缘何我们所承认或某人所主张的是一项权利，而非单纯的个人偏好？如何通过权利限制多数人的偏好？

德肖维茨认为，权利在本质上是不民主的，因为权利限制国家执行多数人的偏好，权利是比多数人的偏好更持久、确定、具有历史根源和制度性的东西，[31]源自恶行经验的权利是变动的，但从程度上来讲，它比单纯的偏好要缓慢和审慎。同时，德肖维茨承认，权利与强烈偏好之间并不存在自然或神圣的区隔界限，二者的差异并非绝对或理所当然的，而仅仅是程度上的问题，取决于不断变迁的历史恶行经验。

权利与偏好的区分，在德肖维茨看来，主要是程度上的差异，区分的主要手段是借由经验。据此，德肖维茨认为他和德沃金的权利理论的取向上存在差异。德沃金的方法论大体是演绎式的，以平等主义、自由主义和民主国家作为前提演绎出政府应当同等对待每个公民，而德肖维茨的方法论是归纳式的，通过观察不同时空国家与人群的经验（尤其是不义的经验），总结归纳出确立于实定法的权利能产生较为正义的社会。

德肖维茨对权利与偏好区分的阐述并不详细，论证并不充分。如果说二者的差异主要体现在程度上，那么该如何把握这一程度，他并未明确，并且过于依赖经验。德肖维茨反对德沃金关于少数人的权利即使不利于一般利益仍应凌驾于多数人意志之上的主张，认为除非这些权利的确能从长远上让作为整体的社群变得更好。此时，德肖维茨难免又陷入了功利主义的窠臼，多数人偏好对少数人权利扼杀的问题仍旧没有得到解决。

五、结　论

关于权利的由来学界一直聚讼不已，德肖维茨对古典权利来源理论进行了批判，提出权利来源于人类所经历的恶行。源于恶的权利理论不是完满的，但对于我们，尤其是今天的中国，具有十分重要的启示意义。

德肖维茨认为，由于人类及人类组成的政府总是不断在其他人类身上加诸新的恶行，因此我们必须持续构建新的权利。从视政府为恶的角度来看，德肖维茨的权利理论值得我们深刻反思，政府滥用权力、剥夺人民权利就是为恶。维护权利就要限制权力，我们规范政府权力运行，把权力关进制度的笼子里，就是为了限权，维护人民权利。权力的滥用迫使我们为权利而斗争，维护自己的合法权利。

身处当下，权利来源的本体论基础似乎已经不是一个突出的问题，在走向权利的时代人人都知道自己享有某些最基本的、不可剥夺的权利。即使最无知、愚钝的政府和人也不会断然否定人们所享有的一些基本权利，即使那些恶行，也往往披着合法的外衣并打着权

---

〔31〕　参见[美]艾伦·德肖维茨：《你的权利从哪里来？》，黄煜文译，北京大学出版社2014年版，第97页。

利的旗帜。因此,我们要做得更多的是确认权利,为权利而斗争。无论权利是否来自于恶,德肖维茨基于恶行的权利理论,可以让我们对权利的重要性有着更加清醒的认识。

如德肖维茨所说,不义的经验可以刺激权利,但是真正的来源是人类从经验中学习以及在法律与意识中确立权利的能力。在权利的时代,各种不义刺激我们追求并捍卫自己的权利,并使这种能力不断提升。

译　　介

世界人口政策的道德目的与方式

[德]维托里奥·赫斯勒(Vittorio Hösle)　著*　陈鲁夏**　黄钰洲***　编译

人口增长毫无疑问是21世纪的一个重大问题。在这个星球上,这一问题与所有那些为人类前景蒙上阴影的问题联系在一起:资源枯竭与环境破坏的加剧;越来越多的人落到贫困线以下,饥馑的增加;随之而来的移民潮,导致了世界上大片地区陷入政治动乱,甚至最终酿成了军事冲突,包括大规模杀伤性武器的使用——所有这些问题都依赖于作为一个参数的人口增长。很明显,人口增长只是众多参数之一,而且,正如我们所看到的,富裕国家在强调这个参数上有着浓厚的兴趣——尽管这种兴趣常常并不是那么道德——并且致力于把所有的注意力都引向这个问题。因此,伦理学有权也有义务把这个问题上升为伦理反思的对象。尽管规范命题并不能从描述命题中推论出来,但伦理学必须认识到它所着力的领域。因此,下面首先我会对人口增长进行描述性陈述,然后转入对何种人口政策的目的与方式才是可被允许的问题的讨论。

一

首先让我以对人口增长的一般有机体基础进行反思开始。很明显,生命有一种内在的繁殖倾向。说那些在繁殖上要更成功的有机体比那些以较低效率进行繁殖的有机体有更多族群数量是一种同语反复。在后代中,"在其他条件不变的情况下"(*ceteris paribus*),那些能够提高寿命、速度、繁殖率的基因要比那些不能做到这些的基因更常见。如果我们考虑性繁殖,不难发现,那些产生同性或者独身行为的基因在进化中几乎没什么机会幸存下来。但是,我加了"在其他条件不变的情况下"这个限定,因为人口增长不可能无限制地继续下去,理由很简单,地球是圆的,而生命的资源基础是有限的。不仅是生命的无机前提条件限制了扩张,而且生存的有机体也会彼此限制。一方面,物种内部竞争是易于接受的,而物种之间的竞争却特别残忍,这种竞争无论何时都被视作"禽兽"所为:对大部分

---

* 德国著名的观念论哲学家,现任教于美国圣母大学,其代表著作包括《黑格尔的体系》(*Hegels System*)、《哲学对话》(*Der philosophische Dialog*)、《道德与政治》(*Moral und Politk*)、《客观观念论、伦理与政治》(*Objective Idealism, Ethics and Politics*)等,国内译有其哲学小说《哲学家的咖啡馆》(卫茂平译,复旦大学出版社2001年版)。本文编译自赫斯勒的"Moralische Ziele und Mittel der Weltbevölkerungspolitik"一文,原载《德国世界饥荒援助协会每日新闻档案》(*Dokumente Tagesberichte der Deutschen Welthungerhilfe e. V.*)(第4卷)《世界人口与世界食品供给》(*Weltbevölkerung und Welternährung*),Bonn,1994。

** 中国政法大学法学理论专业博士生。

*** 德国弗莱堡大学法学院博士研究生候选人。

人类来说,对其他物种的个体进行杀戮并不构成一个道德问题,但是对人类进行杀戮就绝然不是这样了。

依循我已陈述的,我们可以再次得出这一结论,有机体尽其可能地进行繁殖。这并不是矛盾的,即甚至在生命有机体领域,在一个物种内存在一些用以控制族群数目的短期机制。但是,如果说这些机制是为了促进族群数目的增长服务的,这些从长远来看都只是个案。在这一点上我们也许甚至可以解释布鲁斯效应(Bruce Effect)。众所周知,公老鼠都会分泌一种物质,这种物质的气味会导致怀孕的母老鼠流产,除非这种气味来自之前的交配伴侣。当前,最贴切的"社会—生物"解释当然是,通过这种方式,雄性使自己免于抚养继子,但是布鲁斯效应也贴合雌性的关切,在父亲缺席的情况下养育后代,雌性所能繁殖的自己的基因可能要少,在这种情况下雌性也许更愿意流产和重新受孕。[1]

在一篇关于世界人口问题的论文的语境下岔开话题到生物学似乎有些不太合适。但是这种印象预设了那种指导了现时代众多"社会—科学"理论的错误观点,并且主张人是与其他有机体完全不同的东西。这一点再明显不过,即人是有机体,异养有机体,或者更准确地说是动物,尽管毫无疑问人是一种非常特殊的存在物——一种能意识到自己并且拥有其他生物无法匹及的理智的存在物。人能够以一种与其他存在物完全不同的方式对其行动的后果进行预测,人必须在规范上与现实世界相对应来检验自己的行为——甚至以其自身的生命为代价。人甚至以消极方式将自己与此种生命的领域相关联。因此,人类行为的范围无可比拟地要比其他生物广泛得多。

人被置于生命与精神的枢纽,只能在一种理论框架内才能被理解,这种理论既不能无视生命行为科学的洞见,也不能秉持生物还原主义。人类行为的这种双重根源最明显的就在于繁殖行为。一方面,人们似乎难以有理由地对指导人类行为的一些规范具有生物基础提出质疑。性道德的双重标准——这在大部分文化中都是典型的——如此公然地与正义的基本原则相抵触,而在"社会—生物"解释上却完全讲得通。[2] 另一方面,特别是人类与文化因素,当然在形成指导繁殖行为的诸种规范上扮演了角色。对性冲动的抑制对不再受制于发情期的动物而言变得越发重要。这种控制可能导致了一种对自身繁殖的普遍拒绝,不止于此,甚至会与那种关涉人类生存的价值甚至作为总体的生命的怀疑主义联系在一起。在一些高等文化中,特定的宗教功能就与对繁殖甚至性行为的谴责联系在一起。同时,比之于动物,繁殖要对人类更重要。一方面,这是由于对未来特别是年老岁月的理性关涉;另一方面,它起源于对死亡的意识,亦即认为人意识到了自己的可死性(Mortalität),而孩子也许是能够满足人的不死追求的唯一途径——特别是对那种还未熟悉人格不死信念的文化来说。

然而,因为人类能够预期到过度人口增长的负面结果,早期人类发展出了种种控制手段——除了节育、堕胎,还如杀婴。有时特定的风俗发挥着对人口增长加以控制的潜在功能,尽管履行这些传统的人们也许以完全不同的目的对之加以认识。想想某些特定部落打猎季前的守贞期:它们表面上的功能是远离恶魔,但同时它们也控制了区域的过度狩猎

〔1〕 See R. Dawkins, *The Selfish Gene*, Oxford, 1976, p. 159.

〔2〕 See Ch. Vogel, *Vom Toten zum Mord*, München/Wien, 1989, S. 42.

问题。尽管如此，人口增长超过现存资源潜力仍然是不变的法则；而这也导致了饥荒、移民以及战争。

李斯曼（David Riesman，1909～2002年）在其著名的《孤独之群》（*The Lonely Crowd*）一书中把人类历史分为了三个人口学阶段，并且把它们与特定的文化—类型特征联系在一起。[3] 在传统导向的文化中出生率和死亡率都很高。婴儿出生与死亡在这些社会中稀松平常。尽管纯繁殖率波动巨大，一种普遍的人口增长趋势并没有占据上风。低预期寿命，高婴儿死亡率，并且年轻人占据社会的大部分比例。根据李斯曼的论述，一代人能够更迅速地取代另一代并且相比人口衰退时代伴随着更少的后果，基于这样的事实，这些社会的传统性格得到了延续。

传统导向社会崩溃的一个因素在于，由死亡率下降而同时出生率保持不变所引起的巨大人口浪潮。人口增长被医学与卫生以及食品生产和运输上的巨大进步所促进。尽管具有变革性的潜力，人口增长威胁了传统导向社会的稳定。现在所需要的是一种新类型的人，这种人不再为传统的道德规范所引导，而是遵从内心的指南：发展出内在控制。为了应对人口增长必须更迅速地获取资本。准备储存与稀缺意识就是后果。

下降的出生率导致了人口数目萎缩，而这使社会的主要问题从生产转向了消费。此时第三种人类类型产生了，李斯曼称之为外部导向。这种类型以富足意识和闲暇时光为特征。

李斯曼的理论并未免于遭受批判：这当然是对一个复杂过程的一种理想型简化。我认为，最主要的反对还在于这一事实，即人口浪潮本身并没有导致传统心智的瓦解：没有支配性的世界观（比如由新教所引起的）上明显的改变，内在导向的人类并不会自动发展起来。尽管如此，李思曼理论中让人着迷之处仍在于，它考察了人口发展的文化—历史后果，而不是完全孤立地对之加以审视。

富裕国家人类类型的问题也许在于人口衰减的到来，大体上人口稳定性的恢复（类似于传统社会，但是在一个更高的层次上）是一个优势。更高的层次是出现于工业革命背景下技术创新的后果。对比第一次技术革命，新石器时代的技术革命，使更大规模的世界人口成为可能。农业可以维持多于狩猎和采集所能供养的人。这个例子表明人口增长并不一定内在地就是坏事。新石器时代人口增长最终停留在了一种不会危害自然的更高的平衡层次上，并且还造福了自然。当然，第一次和第二次技术革命的根本性区别在于后者的无限性。在现代性中，无限是与数学和天文学上的积极属性联系在一起的；而由于利润问题，资本主义经济是与不断增长结合在一起的。[4] 不仅人口增长被予以积极评价，而且人均能耗也应该增长。[5] 在18世纪人口增长成为一个国家进步的指标。比如，卢梭就相信衡量一个政府品质的指标就是其臣属的增加。[6] 一方面，如今的富裕社会人口增长已经得到了控制，但是需求的扩展却并没有得到控制。一个成功政府的根本标准就

---

〔3〕 David Riesman, *The Lonely Crowd*, New Haven, 1950.

〔4〕 See V. Hösle, *Philosophie der ökologischen Krise*, München, 1991, S. 51, S. 62.

〔5〕 See L. A. White, *The Evolution of Culture*, New York/Toronto/London, 1959.

〔6〕 J. J. Rousseau, *Contrat Social*, III. 9. 另参 E. Burke, *Reflections on the Revolution in France* 以及 T. Paine, *The Rights of Man*, Garden City, N. Y., 1973, p. 142。然而，伯克并不像卢梭那样走得如此之远。

是人均国民生产总值的增长。

马尔萨斯(Thomas Robert Malthus,1766 ~ 1834 年),与约翰·皮特·吕斯米尔希(Johann Peter Süßmilch,1707 ~ 1767 年)一道作为人口学的创始人,以及达尔文最为重要的灵感来源之一,以高度的清晰性认识到了人口增长的危险。[7] 1803 年的第 2 版《人口原理》是一项关于现实人口学发展的极为丰富的经验分析,而匿名出版的 1798 年第 1 版根本上说则是针对古德温和孔多赛所鼓吹的历史—哲学乐观主义与进步信念而作的哲学著作。马尔萨斯试图表明,启蒙哲学家所希冀的那种普遍幸福状态是永远也无法达致的。而这也是他著名观点的语境。与那种流着奶和蜜的乌托邦观念相对立,他坚持认为食品生产领域无可置疑的进步注定会被人口增长所吞噬。更准确地说,他主张食品增长只能以算术级数率增长,而人口数目则可以以几何级数率增长。马尔萨斯理论的重要性不能依赖于具体陈述,其第一部分就是错误的。当然,马尔萨斯正确地相信,在某一时刻,人类会进入一个出生的人比可以供养的人多的时代——并不必然出现在某一代,但是会很快出现。在这种情况下只有积极的或者预防性的针对措施才会起作用。要么人类停止生育孩子,要么饥饿会杀死他们。这两种选项都是悲惨的表现,第一种会导致罪恶:“所有这些抑制都会化为悲惨与罪恶。”[8] 因此,悲惨与罪恶就是人类的永恒命运。积极、预防性抑制与悲惨、罪恶之间的划分明显是不恰当的,仅仅是因为“罪恶”这一术语打开了一种理解的规范层次。一般来说,马尔萨斯过于轻率、孤立道德化得为其历史悲观主义理论提供证据。尽管如此,在其著作的第 2 版中马尔萨斯自己纠正了第二种二元论,承认在悲惨与罪恶之外还有第三种可能性,他称为“道德抑制”。尽管他主张人类的生产潜力必须通过预防性抑制,或者通过饥饿来予以控制,但是,他承认预防性抑制不一定就是悲惨与罪恶的表现。它也可以产生于道德抑制中。马尔萨斯在这里真正想要表明的东西,他并没有说。尽管如此,与那些他人归罪于他的事情相反,他似乎并没接纳任何节育方式。相反,在其著作的第 1 版中,他似乎认为所有的节育措施都是不道德的,尽管他后来认识到了以一种既不是不道德也不会引起主观不适的方法来控制生育的可能性。

但是,马尔萨斯的著作并不仅仅是一项理论分析,也处理社会—政治问题。准确地说,这些陈述对他的坏名声起了促进作用。马尔萨斯反对皮特的济贫法。按照马尔萨斯的表述,皮特对穷人的支持或许是出于好意,但它是反生产性的(counter-productive)并且只会增加贫苦,因为它会刺激人口增长。[9] 因为超过经济增长率的人口增长必然会增加平均贫困率。此外,增加劳动供给会导致劳动价格下降。类似的思考是由马尔萨斯的朋友里卡多所发展出来的拉萨尔工资理论大众化的基础,即所谓的工资铁律,它主张平均工资不能高于维持生存的水平,如果超过了,这会导致儿童数量并且最终是劳工数目的增

---

[7] 吕斯米尔希和马尔萨斯在基础上和与伦理相关的差别,可参见 H. Birg,“Population Theory and Human Ecology”, *European Population/ Demographie Europeenne, Vol. II: Demographic Dynamics/Dynamiques demographiques*, Paris, 1993, pp. 509 – 525。

[8] Thomas R. Mathus, *Principle of Population An Essay on the Principle of Population and a Summary View of the Principle of Population*, Harmondsworth, 1986, p. 103. 我在 A. Flew 所做的出色的导读中找到了许多有益的建议。

[9] Thomas R. Mathus, *Principle of Population An Essay on the Principle of Population and a Summary View of the Principle of Population*, p. 103.

加,这样就会导致工资价格下跌(相反的情况会在工资水平低于维持生存水平的情况下发生)。当然这种逻辑假定,除了别的情况之外,生育行为保持不变。但是,生育行为在欧洲确实发生了改变,而且这种改变确实是导向对普遍贫困加以克服的诸多前提条件之一。令人印象深刻的是,在欧洲,对于人口增长的控制是在没有政府干预的情况下发生的。

许多欧洲以外的国家在19世纪晚期和20世纪进入了被李斯曼归为人口发展的第二阶段。尽管如饥荒、疾病以及战争这样的积极抑制(简言之,极端悲惨的抑制)正在发挥作用,它们也无力阻止人口的迅速增长。直到大约1800年人口还没有10亿,只花了130年时间就达到了20亿,然后用30余年的时间增长到30亿,又用15年时间增长了10亿,以及12年的时间达到了50亿人口。如果没有全新视野的积极或预防性抑制,22世纪中叶这颗星球上将会有超过100亿人。[10] 而这可欲与否?

二

就上面已经加以描述的问题所进行的规范反思必须在两种不同的分析层次上进行。首先,这种分析必须追问一个严格来说属于道德的问题:多大规模的人口数是理想的?其次,还须处理一个法哲学的问题:关于人口政策,何种规范可以堪称是遵循理性法则?第一个问题和第二个问题并不相同,因为并不是任何在道德上可欲的事情也是一项法律义务。一种道德上负责的人口公共政策原则就源于这两个层次。

就第一个问题而言,很明显,由于地球的限制,人口数必然有某种限制——至少,如果我们排除外太空殖民的可能性。技术进步以及由扩张的劳动力所引起的生产力增长可能导致食品生产暂时以几何级增长,但是人口数不可能无限地增长。首先,因为地理空间;其次,因为资源;最后,地球应对环境破坏的恢复能力是有限的。然而,对这种极限的数据进行精确的计算是极其困难的。首先,这种数据取决于所考察的地区:在南极洲或者撒哈拉住的人要比在德国的少得多。除此之外,食品生产不仅取决于自然因素而且要视技术与经济条件而定。因此,特定地区的文化条件也必须被纳入考量,因此,也就是说,我们不能假设人口全球性的再分配。其次,这种限制不能单单从人口数据中得出这一点也很重要。人口数量仅仅是众多变量中的一个。至少需求水平也是同样重要的:因为每一个发达社会新成员平均来说要对额外16个发展中国家成员产生环境影响,因此非常有必要讨论人口过度是否真正是发达国家的问题。[11] 甚至人口数量的后果、资源密集与环境枯竭的需求也不能回答这个问题。很明显,考虑到需求是可变的,如果动植物种类的数量下降,那么更多的人能够生存下来;极端地说,除了那些用作食品生产的家禽和作物之外,所有的野生动植物都可以消失。简言之,道德上可以推算出来的对人口增长数量的限制要从许多经验的和规范的参数中得出。

---

〔10〕 See K. Leisinger, *Hoffnung als Prinzip*, Basel/Boston/Berlin, 1993, S. 41. 我从这本出色的书中学到了很多。

〔11〕 参见克塞林(Th. Kesselring)的出色文章:"Umdenken ist wichtiger als Senkung der Geburtenzahlen", *Die Weltwoche*, 1993, 12, S. 65。

真正的理论问题在于这一现实,即难以否认理想的世界生物数量(population)最有可能就是人的数量。而这也就是如下的主张,即就所有我们已知的事情而言,人们假定人的生命具有最高的价值。接受这一主张至少已经成为我们文化中修辞的一部分,而且也反映在我们的法律体系中的规范性公理。我们无法避免得出这一结论,即尽可能多的人口数是值得追求的。确实,两种完全不同的道德哲学以极强的论证指向了这一方向:一方面,是天主教的道德教义;另一方面,是功利主义(准确说,是功利主义的原始版本),也就是说,功利主义的建立是在道德目的为最大多数人的最大幸福这一总原则上。对这一原则进行运用,我们就得出了帕菲特(Derek Parfit)所称的"讨厌的结论"。[12] 考虑 A 和 B 两种可能的情况,在 B 情况下人口数要两倍于 A。B 情况下的生存质量要明显低于 A,但是仍然要比 A 情况下一半的生存质量要高(为了简洁,我们假定在两种情况下所有人都享有一种平等的生存质量)。如果道德上以生命质量与数量的产出来计算,那么很明显 B 情况要比 A 情况更值得选择。这种推理路线也可以被适用到 Z 情况。在这一情况中人们只是刚刚超出活下去还有意义的门槛,但是在这种情况下,人口数量和质量的产出达到了最可能达到的数字。为了避免这一着实令人震惊的结论,功利主义传统提出了一种基于平均原则的新理论,按照这一理论,平均功利的增长才是真正作数的。这一理论只计算生命的平均质量,而不是享受生命的人的数量。帕菲特证明这一理论依旧非常荒谬。[13] 首先,有可能得出这一结论,即只有一对拥有广泛资源的夫妇会是理想的情形。其次,会得出另一个结论,即包含了众多群体而在这些群体中有一个特权群体的世界要比一个只有这种特权群体居于其中的世界更糟糕。即便这一特权群体的生活质量低于第一种情况,但是只要高于第一种情况的平均幸福水平,这个结论就是真的。帕菲特悲伤地援引西季威克(Henry Sidgwick,1838~1900 年):"他被问到他的书,西季威克说这书的第一个词是道德,而最后一个是失败。"[14]

如今人们可能反对,这些问题之所以产生是因为功利主义处理的是理论存在而不是现实的拥有权利的人的存在。在这一进路之内,一个人至少可以承认任何出生,或许也包含被孕育的人,例如,不被杀害的防御性权利。与之相似,一个人也可以承认法律上得到充分的发展的主张。这绝不是说繁衍后代在道德上优先于限制繁衍后代。功利主义假定了一种行动与限制上的广泛对称并且得出了以下观点:一个人绝不能杀害一个人。为什么是这样的呢?一个人是一个善。因而,创造一条新生命要优越于对一条新生命的出生予以限制,直到达到了最大可能的人口数量。因此,直觉上对我们来说显而易见,与未能创造一条生命相比,杀掉另一个人有着不同的道德处境,在对伦理问题进行反思之时,放弃功利主义以及与之相关的理论而转向基本权利的哲学或许是明智的。但这条道路在我看来也被堵死了。并不仅仅是因为这条进路未能将权利证明到一种令人满意的程度,而且它也没有回答这个疑问,即权利的享有者是否应当被创造出来。如同汉斯·约纳斯

[12] Derek Parfit, *Reasons and Persons*, Oxford, 1984, p. 381f.

[13] 同样的话也可适用于辛格(P. Singer)的建议("A Utilitarian Population Principle", in M. D. Bayles ed., *Ethics and Population*, Cambridge, 1976, pp. 81-99),其观点与平均功利的功利主义相差无几。这一卷还包括了一些重要的论文,比如贝尔斯(M. D. Bayles)自己和卡拉汉(D. Callahan)的论文。

[14] Derek Parfit, *Reasons and Persons*, p. 443.

(Hans Jonas,1903～1993年)正确地看到的,一种仅仅基于具有欲望与权利的事实主体之上的伦理学完全不能说明人的生命是否应该继续下去,无论其数目是多少。应用经典法哲学所要求的权利与义务严格对等,我们不会对为何——或许不是对,而是关涉——我们还未生育的未来世代负有义务这一问题有答案,因为还不存在的东西也不会被赋予权利。[15]

我承认我对前面所描述过的困境没有明确的答案。下面的一些思考只是对涉及我们可以进一步思考的方向的一些建议。首先,我主张一种偏向生存的不对称。已经存在的人类生命与仅仅是可能的人类生命相比有着不同的道德位阶,因为前者有一种自主的意志。自卫是杀死一个人的唯一合法理由,在为生存而斗争之中甚至有一种义务主张这一理由。关于有义务繁殖人类生命这一点上我同意约纳斯的观点——并不必然是为了个体而是为了人类。很明显集体原则的功利主义要优先于平均原则的功利主义——如果功利主义被彻底地应用。一方面,前者可能宣扬了一种过于宽泛的利他主义,而后者则与最粗野的自我主义相兼容,把世界人口减少到可以让每个人过上奢侈生活的最低数目[16]。阿道司·莱昂纳多·赫胥黎(Aldous Leonard Huxley,1894～1963年)的《美丽新世界》(*Brave New World*)绝不是一个理想世界。

这是否意味着没有那种"讨厌的结论"的替代选项?我确实相信,原则上一个人口更多而需求稍低的世界,要优于一个人口少一些但是需求却极高的世界。我认为,下面这些可能性可以中和这一原则最糟糕的结果。首先,如上所述,生物多样性的规模在决定人口数量的绝对限制上是一个重要的参数。一种强烈的人类中心主义,也就是说,只有人类拥有本质性的价值这一观念对我来说是荒谬的。尽管作为一种弱化的人类中心主义,我不怀疑任何一个人的生命要比任何一个动物的生命更宝贵。因此,对于物种的保护不能以生存着的人的生命作为交换,虽然我认为对之进行衡量是合理的,即为了保护濒危物种的缘故而对人类进行预防性的限制。有一个伦理原则可以支撑这一论证:它主张一种 n 个价值 W 的实体的状态没有这样一种状态有价值,即一种有 n 个实体,在其中只有 $m<n$ 个实体拥有 W 价值,而其他实体价值更低。这是因为多样性自身拥有一种价值。其次,人们必须承认单单有数量是不够的。人的生命,而不是生命自身,在这里是有争议的。尽管奢侈绝不会使生命更有人道,但是削减一定程度的生活标准不合于人的尊严却是正确的。智识和道德上的能力是人类高于动物之处。一定数量的人渴望一种理智的生活。因此,出于公平的缘由,这种生活也不能仅仅给予一小群人,完全有理由把计算建立在支撑这种生活所需的资源上——在我看来,这种生活所需要的资源并不一定很高。无论如何,在试图数量化生活的质量这一点上功利主义都错了。生活的质量无法量化,而且,特定的活动可以被指称为与作为一种智识生活的人类相适应。不止于此,在包括灭绝性的战争在内的极端苦难情况下,这也是真实的。如果说积极的而不是预防性的抑制以与有机界

[15] H. Jonas, *Das Prinzip Verantwortung*, Frankfurt, 1979, S. 84. J. Rawls, *A Theory of Justice*, New Haven, 1971, p. 126f., p. 136f., p. 284f. 罗尔斯在论证代际间正义的时候出现了问题;他必须——至少在他的一个论证过程中——假定一个事实上想要孩子的欲求,而这本身在道德上是没有基础的。

[16] 关于两种形式的功利主义之间深刻的道德差异,参见 J. Rawls, *A Theory of Justice*, Cambridge, Mass, p. 161f。

相同的方式作用,也就是说达尔文原则占上风的话,这是与人类尊严相违背的。马尔萨斯在这点上是正确的,即这种情况必须被生育控制手段所防止。最后,这一点是不言自明的,即我们无法设想短时间内人口的急剧增长之后是出生率的突然下降。即使我们只强调生命在数量上的提升,也必须长远地对之予以考虑。因此,下面的讨论可能涉及一些现状。既然我们还很难称得上拥有平衡的需求水平以及可持续的发展,既然我们的增长文化对未来世代的人口数量来说是一个严重的威胁,那么在对那些环境上过度利用以及那些过度利用了全球资源的地区的人口施加限制就是必需的。鉴于上面的考虑,马来西亚的人口也许可以毫无问题地继续增长,那么对撒哈拉地区以及高度工业化国家来说这样就行不通了。

那些在我们的文化中过着环境模范生活以及使用了更少资源的人们可以相应有更多的孩子,但是因为消费水平并不仅仅取决于他们所受的教育,也取决于作为整体的社会价值体系。作为平均水平的二孩家庭是时下最完美符合道德标准的(那些想要更多的孩子的人或许可以从街上收养一个孩子或者成为教父教母,因为已经存在的孩子要优于还处于可能中的未来的孩子,因为我们都知道,如果无人抚育,许多生存着的孩子都很难活下来)。但是,我并不想否认,如果我们有一种不同的需求水平,那么更大的家庭生活会更好。即使这会在未来某个时候达到,我们也会在某天达到那个进一步的增长在道德上已经不可能并且限制我们持守事实上的道德义务的点。此外,有人会为对那些人均资源消耗远远低于我们的国家施加人口增长限制而辩护,这并非不合理,因为长远地看他们希望以跟我们同样的方式来生活,而这是我们确实不能加以控制的。如果有三个选项,最佳选项不能施行,那么退而求其次从而避免最差的选项就是绝对合法的。既然在限制西方世界已经在全球加以传播的那种名誉和自尊的生活标准上不大可能取得成功,那么为了避免造成灾难,在人口数字这一参数上着手就是许可的。

在我看来,所有预防性的生育控制形式都是道德的。杀婴和堕胎当然不属于这一范畴,也不可能允许阻止胚胎着床。但是所有其他手段都是允许的。区分自然与人工手段在道德上没有意义,甚至使用诸如绝育那种不可逆的措施也绝不是不道德的——特别是在已经成为两个孩子的父亲或者母亲以后。这一点是必需的,即有关这些节育手段的使用负担应当在伴侣之间尽可能地加以公平分配。

到现在我已经强调了道德层面的问题,下面将进行一些法律上的思考。即使对最合理的法律来说,而且特别是对最合理的法律来说,也不能规定一切道德的事情。这是由于理性的法则:它包含了每个人都必须加以尊重的东西,而且只有那些基本的规则是这样的。这些基本规则主要是省略,而不是行动。从中可以得出,国家不能对人口增长施加强制,说服和财政刺激是唯一可以构想的可能性。但是既然促进人口增长的人口政策在全球范围内还不在日程上,而仅限于特定的国家之内,那么我就只关注这样一个问题,有哪些放慢人口增长的政策是被允许的?首先,很明显说服并不成问题,政府和国际组织可以,而且应该向每一个人指出,无论何时人口增长超过了经济增长,平均贫困即会增长。他们可以,而且甚至应当在公共教育系统之内,反驳那种——部分是生理上的,部分是文化上的——与这种看法相悖的价值。对少子家庭进行资金奖励同样也没有问题。对多子家庭征收高额的税收,在同等条件下,也是公平的而且也不能被看作一种惩罚,因为更多的孩子就对资源提出了更多要求。很明显必须要进行一些结构性的转变来促使可见未来增长率上的下降,因为这样做除了人口因素之外还有进一步的道德理由。我所想到的包括健康保障体系与退休计划的建立,降低婴儿死亡率,改善性别平等以及达到一种更公平的收入分配。但是我的思考会更进一步。那种由传统法哲学未经反思就假定的想生育多少孩子就生育多少孩子的权利,基于两种理由并不存在——从这两个理由中可以得出强制手段之为最终根据的合法性,当然这些强制手段也只有在所有其他政策失败之后才可以施行。一旦越过了达尔文式的为生存而斗争的门槛,生育另一个孩子也就意味着威胁其自身或者他人的生命。这是绝不被允许的。因此,甚至在生育了两个或者三个孩子以后进行强制节育也是可接受的。首先,如果没有其他的选择。其次,必须公平地进行。也就是说,必须以平等的原则进行告知。至少由于文化上的少数豁免规则也是合理的。也就是说,只要一个人相信,我所享有的权利不仅存在于个体层面上也是由文化所赋予的。因为还不清楚为什么那些拥有更大机会传播的文化会为了善而巩固其人口优势。尽管我认为,创造一种给予公民在其出生之时为了其自身及其后代以特定资源份额的法律体系,是值得追求的,那种认为未来后代的份额可以以市场的方式进行交换的观念似乎也是极其成问题的。尽管并不是每个人都想要孩子,养育孩子似乎对大多数人来说是一种过上有意义生活的必不可少的先决条件,失去拥有孩子的权利很可能会造成一种在做出这项决定之时所未曾预料到的空虚感。

反驳那种无限制繁殖权利的第二个论证起源于如下反思:即便父母生育了一个之后不会威胁到他人生存的孩子,因为这个孩子很早就会饥饿而死,人们也会坚持认为他们并没有做出公正行为。问题是,他们在对谁不公正?首先,很明显他们以一种不负责任的方式对待孩子,但是,因为孩子没办法抱怨被出生这件事,而且也不能运用强制力来反对他们,因此似乎也就还没有进入法律领域。当然如果有人相信,即便父母无法提供足够的食物,但一个孩子有权得到食物,那么情况就不一样了,这也意味着孩子有权对社会提出要求。当然,现代自由主义法哲学拒绝这样一种诉求:马尔萨斯指出这些孩子乃是被命运所抛弃,因为他们只能向他们的父母而不是其他人提出要求。长期来看,抛弃个人责任会对作为一个整体的社会产生灾难性的后果。但是,即便一个人认为那些生育了孩子而又无力抚养的人是不道德,以及即便一个人想强化内在责任以及内在化外在成本,那么就绝不会负责任地生孩子,如果让某人去弥补他人的错误,这就与最基本的公平原则相悖了。自由法治国家的发展走向福利国家指向了道德必然的方向。如果现代国家支持那些甚至成年了也不愿意工作的人,那么国家就更有理由为那些无辜陷入困境的人们提供最低生活保障。当然,如果社会有法律义务来保护那些被剥夺者,那么社会也有权利限制被剥夺者的数量。马尔萨斯的担忧,即救济穷人会导致穷人数量翻倍是完全不现实的。只要没有对诸如作为最后手段的绝育的限制,例如,以此来换取政府对前两个孩子的资助。我强调两个孩子是因为我并不想否认,即便是那些最没有能力养育他们自己以及他们的孩子的人,也有权利进行繁殖,即使这种权利必须受到限制。相应地,没有对社会一方施加任何实体性的义务而进行的大规模的绝育在道德上也是不可接受的。

但是哪个社会拥有这些义务以及被授权提出这些要求?由罗尔斯(John Bordley Rawls,1921~2002年)所发展出的最重要的福利国家理论,并没有公开地处理正义原则在国家或者国际范围内是否有效这一问题。倘若正义原则应用到任何进行合作的地方,认定现在这些原则也应当在国际范围内运用也就是讲得通的了。毕竟,我们确实拥有一个国际经济体系以及国际经济问题。但是,很明显,福利国家被限制在国家边界之内,这在一开始就是无法避免的。在没有一种共同分享的身份的情况下,建立团结原则(这也是福利国家的本质)是不可能的。进一步说,福利国家扩展到国际范围也为在国际关系中起作用的自然状态所妨碍,在这种关系中一个国家是另一个国家的威胁。最后,准确地说,尊重国家主权也要求每个国家要依靠自身来负责解决自己的问题。如果我可以说得直白点,无能而腐败的政客要对许多发展中国家的问题负责。而且主权国家的时代会继续存在下去也毫无疑问。现存国际整合的程度并未对国际政治组织的建立留下选择的空间。因此,对于更富裕的国家来说,通过财政手段减缓人口增长就是非常合适的,比如,建立一个全球性的退休制度,这可以作为全球性福利的第一步。这是公正的,也是命令性的,获得这些资助的政府要服从监控。这种资助部分是出于这些捐助国家的自身利益,部分也是道德命令。已经获得经济成功的国家之所以能够成功,是因为剥夺了这些国家的自然资源,因此也没有任何权利期待后来者的克制。既然为了全球资源保护,后来者被要求克制,那么就必须辅之以补偿支付的手段。在当前的现状中,并没有道德可以作为一个决定环境或人口规范的参照点。

但是,富裕国家在人口问题上最重要的任务还是在于通过降低他们自身的生活标准来降低危险,以及通过改革使其经济符合可持续原则。只要这些情况没有发生,人们就会不禁怀疑西半球公众对人口增长的关注真的是由一种心理机制所推动的,这种心理机制把对他人的不悦(这种情况伴随着一个人自身需求的高水平)转变为对他人的贬低。这种机制被称为投射,而且这也并非我们的孩子可以为之骄傲的事情。

Contents in Brief

Theories

State Extraterritorial Obligation in the Area of Civil and Political Rights

Yu Liang　Huang Meiyan
(Maastricht University, Netherlands; AllBright Law Offices, Shanghai, China)

It is well known that States have human rights obligations towards individuals within their own territory. This article challenges the traditional notion of limiting the scope of human rights obligations to State territory. In the era of globalization, State power may have significantly negative impacts on and may even cause direct damages to human rights in another country. State extraterritorial obligations have become a thorny issue in international law ever since the judgment by the European Court of Human Rights on *Banković and Others v. Belgium and Others* case in 2001. Early theories on extraterritorial obligations are incorrect in their presumption and methodology. The recent theory on extraterritorial obligations is more plausible, but it only makes sense for the interpretation of the European Convention on Human Rights. Based on the previous theories, this article provides a reasonable interpretation of the extraterritorial obligations out of the International Convention on Civil and Political Rights. We can anticipate that China would be increasingly engaged in international affairs with its booming strength. Therefore, extraterritorial obligations are more and more pertinent to China's practice. When China is considering to ratify the ICCPR, it should pay much attention to the issue of extraterritorial obligations. China should put forward a reasonable strategy in favor of its interests on condition that it respects universal human rights.

Article 2 consists of three paragraphs and the territory and jurisdiction clause only appears in the first paragraph. Article 2 (1) mentions both negative obligations (to respect) and positive obligations (to ensure). It also emphasizes the principle of non-discrimination. Article 2 (1) is not the exclusive expression of all state obligations, as Article 2(2) and Article 2(3) also convey the content of state obligations. In this sense, Article 2 (1) is only the descriptive but not the definitive provision of the state obligations. There is no reason, therefore, to take the territory and jurisdiction clause as the precondition for the whole range of State obligations.

Article 2(2) provides the substantive positive obligations and Article 2(3) provides the procedural positive obligations. They do not contain the territory and jurisdiction clause. Although it is hard to say all the obligations in these two paragraphs are not subject to state jurisdiction, at least some obligations are not conditioned by state jurisdiction. Even within Article 2(1), the territory and jurisdiction clause is not necessarily limiting the scope of both negative and positive obligations. The territory and jurisdiction clause should be read only together with the verb "ensure". This interpretation makes sense because the expression "all individuals within its territory and subject to its jurisdiction" is closely adjacent to the verb "ensure" and more importantly such interpretation could avoid the absurd result of indulging states in deliberately violating human rights abroad.

Human Rights, Eigentum/Property and State in Kant's Philosophy of Law

Tang Peifeng
(University of Freiburg, Germany)

The issue of ownership plays an important role in Kant's philosophy of law. It is key for derivation of the national legitimacy from the inherent rights(human rights). In the first part, this paper discusses the relationship between the inherent rights and Eigentum/property in Kant's philosophy of law. The first focus is the problem that how to combine the subject and object to constitute an Eigentum/property. Kant opposed Rock's thoughts and he traced the basis of Eigentum/property by using reflection method with the traditional concept of Roman law. Through reflecting the concepts of inherent rights and possession, he traced the concept of intelligibler Besitz/intelligible possession, and pointed out that only this concept was the basis of Eigentum/property.

If the first part answers the question of the relationship between inherent rights and Eigentum/property and seeks a rational way to establish Eigentum/property, the second part aims to answer the following question: as a concept of super space, how can a rational concept be used in the objects in time and space? Here comes to a classical problem in the philosophy of Kant, that is how to combine the contrary. Different from direct use of imagination to realize the combination of Verstand/Understanding and Sinnlichkeit/sensibilit in the epistemology, as a practical philosophy, what legal philosophy involves are rational concepts which cannot be explained by the law of causality. Therefore the communication between the contrary involves more complex relationships. This paper attempts to clarify the subtle relationship between the rational and understanding to reproduce Kant's reasoning process on this issue. But there is another goal in this part. That is to reveal some inherent difficulties of the communication mentioned above. These difficulties are just the background for national appearance and involve a temporary permission of Eigentum/property granted by Erlaubnisgesetz/permissive law in a state of nature.

The third part explores the original idea of the concept of Erlaubnisgesetz/permissive law. According to J. Hruschka, a famous Kantian expert, he interpreted that what permitted by Erlaubnisgesetz/permissive law is a kind of power which is of no great importance, which is based on academic history. The goal of this paper is to deny rationality of such a view and points out that Erlaubnisgesetz/permissive law relates to the provision of an exception.

The fourth part focuses on the discussion of the role of Erlaubnisgesetz/permissive law during the transition from natural law to the state. This part will reveal the role especially from the perspective of differences and similarities between Rousseau and Kant. In Kantian system, there is no Enlightenment of the divine Legislator like that in Rousseau Republic, instead it constructed a country by way of claiming Eigentum/property to each other and mutually force the other to join the state.

The fifth part takes up to study Kant ' s awareness of the problem embodied in Erlaubnisgesetz/permissive law. He spared no effort to deduce the basis for freedom theory in Erlaubnisgesetz/permissive law and permitted acquisition and utilization of Eigentum/property in the state of nature with the use of Erlaubnisgesetz/permissive law. In fact, this reflects his thinking about philosophical tradition, the French Revolution and Germany legislation reform activities. And finally, this also reflects his insights into the course of human history. Among these related ideas, the core idea is against sudden change and to advocate gradual reform. Only by basing on a rational competition system, as a category, can human being develop their rational ability and transit from the state of natural man to free man. From the individual level, they will suffer pain and misfortune, but from the point of view of a category, it' s a kind of progress. To cancel the competition is nothing but stop eating for fear of choking, because it will interrupt the process of human progress. Thus, they will virtually not be better, but fall into nothingness.

Study on a Judicial Conservative Transitional Justice: A Case Study in Taiwan District of China

Meng Lei
(Hunan Institute of Science and Technology, Yueyang, China)

Transitional justice refers to the set of judicial and non-judicial measures which include criminal prosecutions, truth commissions, reparations programs, reconciliations that have been implemented by the new democratic government in order to redress the legacies of massive human rights abuses. The judiciary authorities can play the important role in criminal prosecutions, reparations and truth disclosure.

The former KMT regime in Taiwan District of China had to start top-down transition to democracy in order to overcome a series of serious legitimacy crisis. The democratic transition has been initially completed when the authorities abolished the "martial law". How to deal with human rights violations during the authoritarian rule of the Kuomintang in Taiwan District of China became the most important transitional justice challenge which the authorities must be faced in the process of transformation.

Reparations became the main option of transitional justice since the criminal prosecution was so difficult to implement when the new democratic authorities began to deal with human rights violations after 1990s. Under this circumstance, Taiwan district's courts have played a certain role in the compensation of victims, however, never starting to judge the perpetrators and lay bare the truth of human rights violations. There are many reasons leading to negative inaction of the judiciary authorities including not purge the judiciary after democratic transition as Eastern European countries does and the judicial system do not agree with the idea of transitional justice.

Practice

On the Legal Protection of Personal Data Interests: An Information Property Right Perspective

Li Yuan
(Southwest University of Political Science & Law, Chongqing, China)

We are entering an era in which the value of information is widely valued. This dawning new era is characterized by the massive generation, sharing, mining, analysis and application of information. In view of this, many countries have elevated data and information to the level of their national strategy; in particular, the U. S government has designated data as "fuel of the future". In this sense, data and information have become a new type of economic assets, just like currencies or gold have been so far. In recognition of the potential value of personal information, business enterprises have been making frenzied efforts to pursue personal information, as a result of which, such personal information as search history, location information, web browsing habits, reading habits, leisure hobbies, credit information, etc., are being collected and used to a extent that is far beyond our imagination. Internet companies are storing and analyzing the personal data of users in an unprecedented way, and are carrying out precisely targeted commercial advertising and marketing of goods and services on the basis of individual consumer's preferences identified through their behavior patterns. In the process, the companies' ability to collect and analyze data is also improving by the day. So far, operators in the information industry have obtained huge benefits through their collection, analysis and exclusive possession of information.

Who, in the end, owns the rights and interests relating to personal information? Who owns the benefits derived from such rights and interests? If the policy makers fail to clearly define the ownership of property rights to personal information, formulate a set of default rules protecting personal information, or require that personal information cannot be used unless without the approval of the owner, then this series of inaction is tantamount to permitting the dominant players in the information industry to take over the property rights to personal information and in such a scenario, the autonomy of individuals vis-à-vis business enterprises will be eroded and their right to self-determination regarding information will be infringed.

At present, no statute has specified the ownership of personal information property rights. In fact, the strong competitors in the information industry have usurped property interests in personal information, which will have a range of adverse effects on information protection. Facing the conflict between the individual's right to self-determination in connection with their personal information and the right to promote the rational use and flow of information, if policy makers are inclined to protect the latter right, then information property rights are often granted to operators in the information industry. However, if policy makers are hesitant about identifying the ownership of information property rights, then such property rights will be seized by the information industry operators all the same. Indeed, in exploring the approach to the protection of personal information property rights, we need to realize that personal information has a dual set of values, namely, values for the individual and values for society, and malfunction of the information market will damage the individuals' right to self-determination and democratic self-government. In view of this, we need to: (1) review and adjust on an on-going basis the regulatory measures for personal information; (2) responding to people's demand for sharing information resource; (3) try to provide protection for personal information while creating the requisite conditions for the sharing of interests between individual information owners and information controller under specific circumstances.

This paper analyzes the birth of the information trading market, the booming development of the theory of personal information property rights, criticisms of the theory and errors and inspirations contained in such criticisms, the top of priority that should be granted to the clarification of ownership of information property rights, and the development of an approach to the protection of personal information property rights. However, it should be noted that the core issue in the protection of personal information property rights is not about whether the method of protection property rights protection should be introduced or to whom the information property rights should be granted; rather, the real issue is how to develop a reasonable protection whiling introducing such protection, so as to ensure due respect for personal private rights in the era of information technology and economic prosperity.

The Protection of Lawyer's Right of Reviewing Files in the Course of Investigation by European Court of Human Rights and its Implications

Li Ranyi
(Southwest University of Political Science & Law, Chongqing, China)

Effective defense should be made on the basis of getting enough information and evidence from the prosecutor by reviewing files. However, the defendant's right to review files in the course of investigation is limited to different degrees because of the requirements of effective investigation. This reduces the defendant to absolute inferiority, unable to contend with investigation organizations, especially in pretrial detention where basic rights are most severely violated. European Court of Human Rights once heard four appeal cases on the issue of the right to review files put forward by German authorities, in which defense lawyers were not able to do a timely and thorough review of the files in the period of detention review during investigation. According to Item 4, Article 5 of European Convention on Human Rights, everyone who is deprived of his liberty by arrest or detention shall be entitled to take proceedings by which the lawfulness of his detention shall be decided speedily by a court and his release ordered if the detention is not lawful. That is to say, the proceedings should comply with the basic requirements of judicial procedures, which should be adversary hearing proceedings, ensuring both the defendant and prosecutor are "equally armed". If the defendant is not entitled to reviewing files, he is not able to challenge the lawfulness of detention, thus "being equally armed" of both the defendant and prosecutor would not be realized in the proceedings, which fails to meet the requirements of "adversary hearing proceedings". As a result, European Court of Human Rights decided without exception that German authorities' denial of reviewing files by defense lawyers violated Article 5 of European Convention on Human Rights, and it further clarified that the defense lawyers' right to review files should not be denied by any means in the detention review proceedings during investigation. Specifically speaking, it was not allowed to replace the lawyer who reviewed files because of a detention warrant; it was not allowed to orally inform the lawyer of being replaced; it was not allowed not to provide all of the files to the lawyer, and the follow-up files should also be provided in time; the court that decided the lawfulness of the detention should actively ensure the lawyer's right, and if the procuratorate denied the file reviewing, the district court with judicial examination power should provide remedies to defense lawyers when reviewing the detention warrant.

The decision made by European Court of Human Rights has provided necessary protection for the defense lawyers' right to review files in the course of investigation as well as manifested the concept of due process of law and prioritizing rights protection. This has not only helped to improve German Law, but also provided inspiration to similar practices in China. Firstly, the fact that the right to review files during investigation cannot be guaranteed has a huge negative impact on the effectiveness of lawyers' questioning of the detention. The criminal procedures in China may establish defense lawyers' right to review files during investigation and its concrete realization stages. The requirements of the decision by European Court of Human Rights and the stipulations by the Criminal Procedure Code in Germany can serve as references. For example, necessary protection of the review rights can be provided to defense lawyers in the stages of reviewing arrest, reviewing the necessity of detention, and reviewing prolonging the detention. Secondly, for the sake of the duty of investigation and supervision and the convenience as the review subject, the investigation and supervision department of the procuratorate should also actively ensure the review rights.

On Treating Fetuses as Legal Subjects: Protecting the Rights and Interests of Fetuses Based on Criminal Law from the Perspective of Human Rights

Wu Ming
(Gansu Institute of Political Science & Law, Lanzhou;
Southwest University of Political Science & Law, Chongqing, China)

The criminal law in China adopts the idea of "independent breathing" after birth without treating or protecting fetuses as legal subjects. This not only denies fetuses as legal subjects, but also ignores the rights of the fetuses and mothers that should be protected by criminal law, leading to many tragedies. On the one hand the criminal law fails to establish the rights of fetuses, but it on the other hand makes adaptive provisions regarding the rights of fetuses. That is to say, it denies fetuses as legal subjects whereas made adjustments in judicial practices. In most cases, criminal law in practice deals with the killing and hurting of fetuses on the basis of partition offense theory, indirectly protecting the fetuses through protecting mothers. Since fetuses are not the legal subjects protected by the criminal law, it is not necessary to indirectly protect the fetuses by protecting mothers' right to health. And there is no legal ground to penalize the behaviors that only cause harm to the fetuses without hurting mothers. When interpreting cases of killing and hurting the fetus by partition offense theory, the issue of "whether the fetus is a person or not" has to be taken into account. Intentional injury of fetuses does not violate the reproductive right of parents or the right of life and health of mothers. Therefore, whether fetuses can enjoy minimum human rights has become an unavoidable issue in the academic community. With the development of fetal medicine and science and technology, deepening of the understanding of "respecting and protecting human rights" and corresponding adjustments of national family planning policy, the traditional idea of "a fetus is not a 'person'" has been greatly challenged. Fetuses and even fertilized eggs are attached increasing sociological significance, making the protection of rights of fetuses unquestionably important. In order to improve the ethical significance of modern criminal law and maintain the common value regarding fetuses in the modern society, fetuses should have right to develop healthily and smoothly into an independent living person without any illegal obstruction. Protecting the right to life and health of the "unborn" should not be based on whether they are legal subjects by criminal law, which, with its social duties, should make some clarifications and acknowledge fetuses including embryos and all the others stages of life as "attainable people" in the legal sense. However, fetuses are not complete legal subjects and the gap between criminal law and science cannot be bridged by simply adjusting laws. For improving criminal law in scientific sense, ensuring a reasonable space between the law and technology and keeping a balance among the functions of criminal law, fetuses should be treated and protected as legal subjects based on the principle of limit protection. This means to treating fetuses as natural persons, personalizing them and making them "persons" under special conditions in the legal sense, and to reasonably penalize those behaviors that harms the rights of fetuses.

Virtual and Real Image of Bank' s "Right of Set-off": Theoretical Analysis on the Nature of Bank' s Deduction for Debt Repayment Prior to Court' s Acceptance of Bankruptcy Petition and Practical Choice

Jin Xiaoping
(Southwest University of Political Science & Law, Chongqing;
Wenzhou Intermediate People' s Court, China)

In the practice of debt collection, a bank as creditor will usually agrees with the borrower that, if the borrower fails to pay debt as agreed in the loan contract, the bank has the right to deduct corresponding deposit directly from the borrower' s account to settle the debt. With regard to the nature of such agreement, theorists have been debating over whether it is a right of set-off by the bank or an act of withholding by the bank as trustee, but in essence it is a debate over the nature of depositing. With the advance of the reform of marketization of bank interest rate and the establishment of the bank deposit insurance system, the increasingly apparent tendency of the deposit as creditor' s contract and the prevalence of the bank' s right of set-off based on the theory of deposit as creditor' s contract has caused confusion among practitioners as for the conflict between scholars' favor of bank' s right of set-off and the theory of deposit as contract for real right in current legal system, but no sufficient importance has been attached thereto by both scholars and practitioners because in general civil cases determination of various nature of such act will usually lead to the same legal consequences. However, in adjudication of bankruptcy cases, determination of various nature of the agreement with the borrower whereby the bank may make deduction from the borrower' s account for loan repayment will result in substantial difference in legal consequences: in the case that the bank' s deduction for loan repayment occurs within 6 months prior to the court' s acceptance of the bankruptcy petition, if the bank is exercising the right of set-off, then the bank deduction for loan repayment will generally be found to be valid in accordance with Article 40 of the Bankruptcy Act and Article 44 of the Interpretation (II) of the Bankruptcy Act; if the act is characterized as entrusted withholding, then it is very likely to be lawfully revoked by taking full consideration of Articles 2 and 32 and Articles 14 and 16 of the Interpretation (II) of the Bankruptcy Act. Meanwhile, if the bank is entitled to exercise the right of set-off, the bank can maintain its right of set-off in bankruptcy after the court's acceptance of bankruptcy petition, and if the bank cannot exercise the right of set-off, the bank cannot dispose of the bankrupt enterprise's deposit in the account opened with the bank, which can only be satisfied with other creditors in proportion. It should be noted that, within the critical period of six months to one year prior to the court's acceptance of bankruptcy petition, once the bank makes deduction for loan repayment, it means the relevant loan is due, and subject to Paragraph 1 of Article 12 of the Interpretation (II) of the Bankruptcy Act which provides that "where any undue debt repaid by a debtor ahead of schedule during one year before the bankruptcy petition is accepted has become due before the bankruptcy petition is accepted, if the administrator requests revocation of such repayment, the people's court shall not support such a request", the nature of the bank's act of making deduction for loan repayment does not affect the effectiveness of such an act. Hence, whether the act of bank's deduction for loan repayment is individual settlement or a set-off will directly affect the effectiveness of its deduction for loan repayment, and be of great significance for protecting the rights of bank creditors and other creditors in bankruptcy.

Perfection of Housing Accumulation Fund System in the Trust Perspective

Fu Lixin
(Southwest University of Political Science & Law, Chongqing, China)

Housing accumulation fund system, as a social mutual policy of the housing social security system, plays an important role in the field of civil residence and development right. Aiming at providing special funds to solve the problem of the basic housing, the housing accumulation fund system is an important part of the housing system in our country as well. Housing accumulation fund system means that employers and employees pay the long-term housing savings, which belong to the individuals. However, the current system of housing accumulation fund in China is not satisfactory in practice. The Chinese Housing Development report of 2015 – 2016 claimed that the urban real estate speculation by high house prices limited the vast majority of new citizens to the temporary unstable rent in the edge of the city, which result in a state of "semi-urban or incomplete urbanization". Such situation should be improved as soon as possible, otherwise the process of urbanization will be blocked, and it will lead to a series of social problems and even serious social disasters. Housing accumulation fund system, as a financing housing fund to improve the citizens' housing affordability, arises at the historic moment, which is designed to meet the basic demand of housing of the new citizens.

By the end of November 2017, the total amount of housing accumulation fund in the whole country was 12.3 trillion yuan, and the total withdrawal amount was 7.2 trillion yuan, and the balance was 5.1 trillion yuan. According to the statistics of China's top five Banks' annual reports in 2017, the fifth largest bank values 8.93 trillion yuan according to the international financial reporting standards. In 2017, the size of the national housing accumulation fund will be in the same size with today's fifth largest bank.

Compared with the same scale funds of the commercial bank management system, the management of housing accumulation fund as the civil property administered by authorities is revealed full of chaos, such as wasteful expenditure and regulatory opaque. Further more, a famous financial website launched a questionnaire named "what do you think the housing accumulation fund system exist necessary?". A total of 180000 people voted, only 11% people supported that system of housing accumulation fund should continue to exist, the opponent ratio came to as high as 89%. Thus it can be seen that the chaos of housing accumulation fund management had raised the questioning about the value of the housing accumulation fund system itself. At present, the housing fund aiming at raising and financing has been gradually transformed to the mandatory saving of low rate of return. The income generated by the housing provident fund which belongs to individual ownership is mainly used for the maintenance of the large amount of housing accumulation fund management system and the construction of low-rent housing. In addition, housing accumulation fund system also suffer the region dispersion and the difficulty of centralized management, which trap the housing accumulation fund assets in high-risk state and manager's moral hazard problems emerge continuously.

This article tries to design a housing system from the perspective of maintaining the interests of the civil to build an open and standardized system of housing accumulation fund which put forward in the third Plenary Session of the 19th CPC Central Committee. By means of reconstructing housing accumulation fund system with trust legal relationship, allocating the rights and obligations between workers, local housing accumulation fund management center and the government of the government rationally, whichcould resolve the problems such as management disorders, opaque, waste in the operation of the capital maintenance in housing accumulation fund system. Housing accumulation fund trust is legal trust, self-benefit trust, management trust. Housing accumulation fund trust puts its capital as the trust property, the workers as the trustor and the beneficiary, housing accumulation fund management center as the trustee, relevant government departments as the supervisors. Under the supervision of the supervisors, the trustee strictly performs the obligations of the trustee to provide high quality, transparent capital management and value-maintaining and value-added operation. According to the principle of trust law, the added value of housing accumulation fund belongs to the trust property, so as to guarantee the beneficiary's beneficial right of beneficiary. Thus it can be seen that the application of the trust relationship in the housing accumulation fund system is more conducive to its real social housing security role.

The Sorrow of Rural Population Hollowing Out: The Imbalance of Rights of between Urban and Rural Residents' Rights

Wang Wenbin Zhang Jun
(Huazhong University of Science and Technology, Wuhan, China;
Southwest University of Political science and law, Chongqing, China)

Issues concerning agriculture, rural area and villagers are both vital in Chinese villager' wellbeing, and the progress of beautiful village and well off society construction. So far, with decades' efforts, although the infrastructures in rural areas and villagers' living standard have been greatly improved, we can not ignore two problems: the imbalance of rights between urban and rural residents, and the solidification of urban-rural dual structure. Generally speaking, some former and current policies' misleading have resulted in the facts that rural areas still play the role of "resources supplier", and there is few effective guarantee on famers and rural areas rights to development. Moreover, severe imbalance between urban and rural residents' rights has be gotten a new problem: rural population hollowing. Firstly, the large and expanding income gap between rural and urban areas attract villagers to become migrant workers in cities. Low and instable income as a farmer discourages villagers' faith in the economic development in rural areas, while being a migrant worker will get much more and stable income. From the perspective of a rational economist, most villagers choose to find a job in big cities for family expenditures. Some families even rely too much on rural migrant economy. Secondly, serious unequal collocation of public services between rural and urban areas reflects the inequality between rural and urban residents' rights to life, which makes villagers leave their homes for cities. Cities have surpassed rural areas in many aspects, like education, health care, and government supports on employment. Public services and products for villagers are much less than urban residents both in quantity and quality. Hence, some villagers have moved to city with family for better public services, which makes the rural population hollowing even worse. Thirdly, villagers' rushing into cities is partly because of the imbalance between urban and rural residents' political rights. As a rule, the way to realize political rights in urban areas is easier, and that's why some villagers leave their hometown. In addition, rural left behind groups' life in poverty is an obvious manifestation of the fact that villagers have fewer chances in rights. In a word, the significant way to fix up rural population hollowing is to guarantee villagers and rural areas' rights to development equally as urban areas and residents. To be specific, first, complete rural environment for development, to facilitate the empowerment of rural areas; second, speed up the development of modern agriculture, and strengthen production foundation, to guarantee villagers and rural areas' rights to economic development, third, complete public services in rural areas, promote equality of public services between rural and urban areas, to ensure villagers' rights in public services, products and life. Fourth, provide targeted assist on left behind groups, to eliminate the phenomenon that villagers and rural areas having fewer chances in rights; fifth, educate villagers in the awareness of rights, and act as the subject for equal rights to development in a more effective way.

Protection of the Rights of Minority Ethnic Groups: Principles and Modes

—An Analysis of 15 Human Rights White Papers Released from 1991 to 2014

Wang Minxuan
(Santa Clara University, U. S. A)

Human rights should be accessible to all; nonetheless, there is variation among individuals in terms of their access to human rights, due to the difference between them. A case in point is minority groups, as the protection of whose human rights is an important part of the efforts to safeguard human rights and is increasingly becoming a matter of international concern. In China, the protection of minority ethnic groups' human rights is a crucial part of China's human rights commitments, and how to further improve the human rights conditions of minority ethnic groups has become a significant topic in the studies on the human rights of minority ethnic groups. In 1991, the Chinese government released its first white paper on human rights, and since then has made it a rule to release such documents on a regular basis. By the year 2014, a total of 15 human-rights-themed white papers had been published, which presents China's understanding of and attitude toward human rights, and demonstrate China's achievements and experiences in promoting human rights. In particular, all those white papers adopt the protection of the rights of China's minority ethnic groups as a key topic, and from the perspectives of history, politics, law and society, describe China's efforts to protect and guarantee such rights on the basis of illustrative examples and solid data and outline the human rights conditions of China's ethnic minorities. In view of this, this paper analyzed the 15 human rights white papers released by the State Council Information Office from 1991 to 2014, and reviewed the improvement in the protection of ethnic minorities' rights during the same period.

A solid approach to human rights protection must combine equal protection for all and special protection for specific groups, and the protection of the human rights of minority ethnic groups is no exception. China provides universal protection to the civil and political rights, economic, social and cultural rights of its minority ethnic groups, and on the other hand, it also offers special or prioritized protection of the rights of ethnic minorities. Such protection is based on a number of essential principles, among which the principle of equality is the primary guiding principle while the principles of indiscriminate equal protection, special protection and legal differential treatment are manifestations of such guiding principle. To put it more specifically, the principle of indiscriminate protection means that members of minority ethnic groups, as citizens under domestic law, are entitled to indiscriminate equal protection given the fact that human rights protection is universal and general in nature; the principle of special protection, in turn, means that while equal and indiscriminate protection lays the foundation for the protection of human rights of all citizens of a nation-state, ethnic minority groups, compared with the majority ethnic group in the country, they are still disadvantaged in many aspects in terms competitiveness and access to opportunities. In view of this, it is reasonable that the law should offer special protection to ethnic minorities. The legal differential treatment principle, in turn, means that whether equal protection (which derives from the requirement that human rights protection must be general) and special protection (which is based on the unique ethnic characteristics and possible disadvantages of minorities) are adequate remains a question to be solved. Judging by actual practice, in spite of equal protection and special protection, minority ethnic groups, most of whom live in remote and poverty-stricken areas, may nonetheless face some disadvantages, such as relative backwardness in terms of politics, economic development, social development, and educational attainment. To eliminate such backwardness may take a fairly long period of time, and during the process, the state has the obligation to support the minority ethnic groups. And such support, when it is sanction by law, will then be manifested by the legal differential treatment offered to such minority ethnic groups. Judging by China's experience in protecting minority rights, it can be seen that China followed the equality principle and placed special emphasis on special or targeted protection on the basis of universal protection.

Arrangements for the protection of minority rights are mainly made in the form of government policies; further, within the framework of laws, the Chinese government is also working to bring rights protection in line with the rule of law. Such a combination of policies, which are more flexible in nature, and laws, which are more stable in nature, ensures timely and comprehensive protection of rights. Such integration of the passiveness of laws and activeness of policies sets a proper bottom line for rights protection on the one hand, and paves the way for better and more pro-active rights of rights. China's two-thronged approach to rights protection that combines laws and government policies not only suits China's reality but also is conducive to achieving the ultimate goal of achieving rule-of-law-based governance. On a higher level, such an approach to rights protection also embodies China's efforts in achieving justice and equality throughout the country, and boosts the efforts to achieve the objective of ensuring human rights protection with Chinese characteristics.

On the Presentation of Women's Rights in China's Government White Papers on Human Rights

Lin Shasha
(Chongqing Arbitration Commission, China)

Women play a crucial role in modern civilizations, so that there can be no liberation or progress for the human race without those for the women. The acquisition of a right must be preceded by awakening of the right-holders to their entitlement to the right and the struggle of all relevant groups for the right. Women's rights are no exception and the history of human civilization is a history of women's struggle for their rights. "Women's rights are human rights" is a cornerstone of modern concepts of human rights, as well as the approach to designing a blueprint for women's rights, indicating the direction in which efforts to promote women's rights should move. Over the years, human civilization has moved through a number of stages in terms of women's rights: the first awakening of women to their rights, women and development, and finally to women's involvement in development. Such a process demonstrates that the liberation of women is not only an important issue in the contemporary world, but also an important cause that hails back to the very beginning of human race. Women's path to liberation starts with the consciousness of women's rights, is extended forward through the practice of women's rights and ultimately returns to interpretation and understanding of women's rights. In this sense, reviewing women's rights is one of the most direct and effective approach to understanding women's development or liberation.

As feudal China was always characterized by a rigorous hierarchical system, there was no history of women's rights before the dawn of modern China. The suppression of women's rights in pre-modern China, metaphorically, was like a sharp sword hung directly above the liberation of women and shackled the efforts to develop women's rights. In this sense, the liberation of women and establishment of women's rights heralded the collapse and disintegration of the pre-modern system. The founding of the New China, the People's Republic of China, in 1949, ushered in the development of women in the true sense of the term. In the decades following that landmark event, China has always attached great importance to safeguarding women's rights and promoting various causes relating to women, making great strides in all areas relating to women's rights. In particular, over the years China has released a number of documents on human rights, i. e., white papers on human rights, which essentially constitute a "declaration of human rights" as far as contemporary women's rights in China are concerned. In spite of these positive developments, the development of women in China has been facing a number of daunting challenges. A number of cases involving the infringement of the rights of certain disadvantaged groups have been exposed and similar incidents continue to emerge, which, however, has to yet to receive due attention in China's human rights white papers.

In its introduction part, this paper briefly reviewed the evolution of women's rights in the world, arguing that the awareness of human rights, from the very birth of such awareness to the movements to protect human rights will boost the liberation and development of women. In the first section of this paper, a proposal is put forward, which divides the Chinese women's path to liberation into three parts, namely, liberation of women as a class, equality between men and women in rights and the development of women. In the process, China's human rights white papers have come to be viewed as the declaration of rights for all women of China. In this sense, China's white papers on human rights, which is part of China's efforts to protect and promote human rights, are an important and indispensable perspective through which to study women's rights in China. On the basis of this, the second section of the paper looks into these white papers to review the development of Chinese women's rights in five areas, namely, politics, economy, culture & education, marriage & family, and health, and then proceeds to discuss Chinese women's path to liberation: from equality in rights to special protection, and presents the mechanism through which Chinese women's rights are realized, a mechanism that has shifted from reliance on government policies to dependence on the rule of law. Generally, the development of Chinese women's rights has been moving ahead. Nevertheless, on the basis of a cross-analysis of women's rights in the above five areas and access of different groups to those rights, section 3 of the paper argues there is a conspicuous defect in the presentation of women's rights by China's human rights white papers, namely, the absence of disadvantaged groups in the presentation, at a time when the protection and improvement of the rights of those groups are facing serious obstacles, such as the frequent occurrence of sexual violation of underage girls, the continued undermining of the right of left-behind children and migrant children to receive education, among others. The failure of such groups to receive the attention they rightly deserve in China's white papers on human rights is highly significant and worth pondering.

Study on the Victim Rights Protection in the Criminal Procedure: From the Perspective of the Leniency System

Liu Donghong
(Southwest University of Political Science and Law, Chongqing, China)

In the criminal procedure, a great attention is paid to the victim's right protection, but it cannot get the position which they deserve. In many countries, the victim is only put in the position of the witness legally. Until the 1970s it begins to change. From the time of early homomorphism revenge to the rise of criminal reconciliation and restorative justice of the human society in the 1970s, the ignored rights of the victim are vigorously strengthened by the aspect of the special legislation. The main status of victim's lawsuit presents a right return process. In the context of the "trial centered" lawsuit system, the effective implementation of the leniency system should pay full attention to the rights of the criminal victims.

In Chinese criminal proceedings, the three stages of participation of the criminal victims are: accusations of rights in investigation stage, the right of appeal of examination and prosecution stage and the trial stag. In fact, it is believed that the symbolic meaning is far more than the actual meaning. The victim's right of participation can actually be classified as misrepresentation, role conflict, structural imbalance and disorder. From the perspective of China's criminal procedure law, only the provisions of No. 170 article on the protection of victims' rights stipulates the link of the victim's participation in the content of "review and prosecution". In the whole process, the victim is equal to the witness. There is a huge gap between the practice of "having the right to be a civil litigant" and giving institutional guarantee to Germany and France.

Because there is the lack of encouragement mechanism of "the victim - offender reconciliation", which causes our country's criminal justice activities become a simple little process, whether the defendant repentance or the final sentencing, it has little to do with it. The criminal victim who is seriously infringed by the crime has no gain in the whole criminal proceedings. To this end, the victim should be allowed to participate in the plea bargain, which gives the victim the right to express his opinion in the leniency system. If the victim's activity space is not given completely in practice, it may lead to a strong rebound of the victim in a particular case. Basing on this consideration, the victim of program participation should be set in the operation of the system of the forfeit pleaded guilty which shows leniency to reflect, to make it on the result of the program operation and physical punishment and has certain influence. To avoid the relatively strong personal emotions of the victim, the confessed forfeit also requires strict processing, even under the condition of the accused man, and the judicial organs should have considerable differences which cause greater confessed forfeit. Their system can be considered to establish "the victim – offender – judiciary" tripartite mechanism face to face.

The Construction of the Right Ontology Based on Evil

—A Review of Alan M. Dershowitz's Rights From Wrongs: A Secular Theory of the Origins of Rights

Xiao Wu
(Southwest University of Political Science & Law, Chongqing, China)

On the origin of rights, they originated from natural law, positive law or among the subjects according to different theories. Dershowitz criticized the traditional theory of right source and thought rights come from the evil of human experience. He believed that people summed up experiences and lessons from evil, promoted rights based on these lessons, and then built the rights system. Corresponding to natural rights, Dershowitz creatively put forward the term of nurtural rights. Rights are established by examining the history of injustice, summarizing the experiences and lessons of the evil and established on the basis of these lessons. The process of gradually establishing and accumulating the rights system is "nurture". In addition, besides claiming that rights originated from evil, Dershowitz also admitted that the rights (which originated from evil) themselves would produce evil. He thought rights did not guarantee the emergence of legitimate results. The world of rights is a world of risk, but experience tells us that the world without rights is more risky.

Compared with the traditional source of rights theory, Dershowitz's theory of rights is newer and somewhat convincing, but it also has some limitations: first, there are insufficient experiences of circular reasoning and motivation. Dershowitz believed that it was just from injustice the people suffered that they summed up experience and established rights. "Experience" plays a very important role in the theoretical system of rights, but it is the experience that makes the argument of the source of rights defective. The whole argument is based on experience, with rights from the experience of injustice, and judgment of injustice is also based on experience. There is suspicion of empiricism for this repeated argument around experience and it is not convincing. Second, there is not enough argument for authority on the rights system. In Dershowitz's view, the best way to maintain rights is to actively and persistently defend rights, rather than passively relying on "the highest authority". Defense and advocacy are conducive to awakening the awareness of rights, but they cannot produce the authority to defend rights. In order to obtain the authority, for the rights we claim or advocate, there must be some power to ensure the realization of its authority, whether this kind of power is the force of the country or other. There is no such power for defense and advocacy for they only have the right to vote but no decision for the authority of rights. Third, there is no enough distinction between rights and preferences. Dershowitz believes that the right is not democratic in nature, because the right limits the national implementation of most people's preferences. Rights are more durable and determined than most people's preferences and they have historical origin and the system. The distinction between rights and preferences is mainly about the degree of difference and the main means of differentiation is through experience. Obviously, Dershowitz's explanation on the distinction between rights and preferences is not detailed and there is no enough argument. If the distinction is mainly reflected in the degree, then about how to grasp the degree, he hasn't made clear. Moreover he rely too much on experience.

Therefore, we should have sober knowledge about Dershowitz's theory of rights and be more cautious for grasp of rights.

图书在版编目(CIP)数据

中国人权评论．第9辑／张永和主编．--北京：法律出版社，2018

ISBN 978-7-5197-2577-8

Ⅰ．①中… Ⅱ．①张… Ⅲ．①人权-法律-研究-中国 Ⅳ．①D920.4

中国版本图书馆CIP数据核字(2018)第182219号

中国人权评论·第9辑
ZHONGGUO RENQUAN PINGLUN·DI 9 JI

张永和 主编

策划编辑 沈小英
责任编辑 陈 妮
装帧设计 李 瞻

出版 法律出版社
总发行 中国法律图书有限公司
经销 新华书店
印刷 北京虎彩文化传播有限公司
责任校对 杨锦华
责任印制 吕亚莉

编辑统筹 财经法治出版分社
开本 720毫米×960毫米 1/16
印张 13
字数 300千
版本 2018年11第1版
印次 2018年11月第1次印刷

法律出版社／北京市丰台区莲花池西里7号(100073)
网址／www.lawpress.com.cn
投稿邮箱／info@lawpress.com.cn
举报维权邮箱／jbwq@lawpress.com.cn
销售热线／010-83938336
咨询电话／010-63939796

中国法律图书有限公司／北京市丰台区莲花池西里7号(100073)
全国各地中法图分、子公司销售电话：
统一销售客服／400-660-6393
第一法律书店／010-83938334/8335 西安分公司／029-85330678 重庆分公司／023-67453036
上海分公司／021-62071639/1636 深圳分公司／0755-83072995

书号：ISBN 978-7-5197-2577-8 **定价：**66.00元
(如有缺页或倒装，中国法律图书有限公司负责退换)